高自尊养育

[英]
梁贺岚 著
DR.Holan Liang
江兰 译

INSIDE OUT PARENTING

文化发展出版社
Cultural Development Press

图书在版编目 (CIP) 数据

高自尊养育 /（英）梁贺岚著；江兰译 . —北京：
文化发展出版社，2020.9
ISBN 978-7-5142-3108-3

Ⅰ . ①高… Ⅱ . ①梁… ②江… Ⅲ . ①家庭教育②儿
童心理学 Ⅳ . ① G78 ② B844.1

中国版本图书馆 CIP 数据核字（2020）第 169348 号

高自尊养育

作者：[英] 梁贺岚　译者：江兰

责任编辑：孙豆豆
产品经理：张金蓉
特约编辑：胡瑞婷
出版发行：文化发展出版社有限公司（北京市翠微路 2 号 邮编：100036）
网　　址：www.wenhuafazhan.com
经　　销：各地新华书店
印　　刷：天津旭丰源印刷有限公司

开　　本：700mm × 980mm　1/16
字　　数：210 千字
印　　张：19.5
版　　次：2020 年 11 月第 1 版　2020 年 11 月第 1 次印刷
I S B N：978-7-5142-3108-3
定　　价：49.80 元
如发现图书质量问题，可联系调换。质量投诉电话：010-82069336

前言

“天啊，这是什么事！”我低声咒骂道。

我每天都要很紧凑地安排去托儿所的时间，这一次我们原本也有望按计划进行——直到我三岁的女儿莫莉意识到她的新鞋上没有自己的名牌。这简直就是个灾难！

我试图安慰她，今天不会有什么事的，并承诺晚上给她贴上名牌。我跟她解释，由于我马上要主持会议，可能会迟到，必须赶紧送她到托儿所，所以现在不能帮她贴名牌，但莫莉完全不理会我的话。

我先试着哄骗她，然后贿赂她，甚至威胁她，但一切都无济于事。最后我不得不让步，不耐烦地拿起名牌，暴躁地把它们塞进她的鞋子里。但为时已晚，令莫莉愤怒的不再仅仅是鞋子，而是已经波及对整个世界的不满。

她仍然拒绝穿鞋，我不耐烦地大声喊道：“现在我要迟到了！”莫莉也跟着一边跺脚一边大喊大叫，直到我意识到可以直接把她抱起来，夹在腋窝下，强行把她扔进车里。而当天我只能开车外出了。

这绝非易事。想象一下，我满心羞愧、拖着脚走向停车的地方，祈祷不要碰到邻居们。莫莉像根木头一样被我夹在胳膊下，没穿鞋，又踢又叫。与此同时，我 18 个月大的儿子 D（中文意思是“小弟弟”，我们一直这样称呼他）像个超大的吊坠挂在我身上，双臂紧紧搂着我的脖子。各种各样的护理用品乱七八糟地堆在两个袋子里，压得我胳膊肘变形，阻碍了我手指的血液循环，而那双引起争议的鞋子就在袋子里。我看上去就像一个衣衫褴褛的疯女人，身上挂着各式各样的东西。与此同时，莫莉还在不停地尖叫："你弄疼我了！"用这种方式，向周围邻居宣告我的恶行。

正是在成为"模范母亲"的那一天，我决定写一本关于养育子女的书。如果这听起来有悖常理，那肯定是因为我还没有坦白故事中最有趣的部分。在那个小插曲之后，大约一个小时，我终于到达会议现场。我坐在那里，严肃地讨论"放任式养育"对孩子心理健康的影响。相信我，我一直记得这其中的讽刺意味。

你看，我是个儿童精神科医生和心理学家。对我来说，处理莫莉的崩溃情绪本应是我的第二本能，但事实并非如此。在这次令人羞愧的失败之后，我开始写下育儿过程中更荒唐的时刻，因为在某种程度上，它们引起了我的兴趣："一个儿童心理专家一定会懂得更多吗？"我不停地问自己这个问题。

在生孩子之前，我一度认为自己是"育儿专家"。我向父母们提出各种育儿建议，这对我来说就像穿衣吃饭一样简单自然。"我知道如何养育孩子，我是一名儿童心理专家"这句话似乎天然带着自豪的徽章。然而当我真正成为一名母亲时，我才意识到一个令人羞愧的现实，那就是——根本不存在所谓的"育儿专家"。从本质上来讲，养育子女往往是一个出于善意的反复试错的过程，这个过程是必要的，因为近些年来，父母在孩子成长的过程中扮演着越来越重要的角色。

从前，孩子只被照料而不被倾听，而现在，我们已经有了很大的进步。

过去相当普遍的情况是，普通孩子被交给保姆、家庭女教师或寄宿学校抚养，流浪的野孩子则被塞在烟囱里，无人照看。现在我们知道，将养育子女的主权交给其他人，意味着可能把结果也留给了别人，把孩子的成长过程以及他们的未来都交在了其他人手上。

我们似乎走向了另一个极端，对于养育的态度发生了翻天覆地的变化。现在的父母，不再像以前一样忽视对孩子的教养责任，相反，他们往往对孩子有着近乎偏执的关注。我常常想，是不是因为我所从事的专业真正对社会做出了巨大的贡献，促使人们意识到爱和理解对孩子的重要性呢？尽管愤世嫉俗者可能会说，这是因为我们绝大多数人雇不起保姆、家庭教师，也负担不起寄宿学校高昂的开销。不管原因是什么，毫无疑问，现在的父母真正关心的是，如何给孩子一个最好的人生起点。而且，从纯粹自私的角度来看，有什么能比拥有一个幸福、亲密、充满爱的家庭更令人满足的呢？

作为儿童心理学家和精神病学家，我的工作是什么

我想，大家不应该认为儿童精神病学家就是儿童心理学家，前者是受过独特训练的稀有品种。在儿童心理学家学习心理学的时候，儿童精神病学家还需要兼顾医学和外科知识。许多儿童精神病学家，包括我自己，也同时会攻读心理学学位，在专攻儿童心理学之前，需要从事医学、成人精神病学和心理治疗的工作。

总而言之，整个受训过程至少需要十三年之久，其间还会有几次重大的考试。如果你真的像我一样热爱这门学科，那就需要更长的时间。因为你一定要长期投入精力去进行研究，尝试找到有关儿童发展和心理健康问题的答案，并试图解决这些问题，这就是我所走的路。

我的兴趣范围不仅包括儿童的想法、感受和行为，还包括它们是如何被基因和大脑运作方式所影响和强化的。换句话说，我能从我的神经递质中读懂我的荷尔蒙，我对神经突触就像对精神分析一样熟悉。

我想你完全可以说我对孩子的心理状态了如指掌。但是，即便是专家，在面对一个尖叫着发脾气的孩子时，也可能束手无策。每位新手父母都会担心自己是否合格。许多与我同时代的女性，在处理董事会策略方面得到的建议，比在处理托儿所里愤怒的孩子的建议要多得多，这种现实也加剧了我们养育孩子时的不确定感。

是的，我可以确定我就是其中之一，我当然没有准备好从一个事业有成的人，变成一个整天给孩子擦屁股的人。作为一名科学家，在养育孩子的现实面前，我被打回原形。为此，我甚至更深入地去研究科学论文，并开始听儿童发展领域顶尖专家的演讲，所有这些都是为了帮助我改善养育方式。在工作中，除了有许多机会与儿童打交道之外，幸运的是，我可以通过工作接触到一些有关养育子女的最有趣的科学理论。我将在本书中与您分享这些信息。也许，令人欣慰的是，即便是医生和科学家，做父母时，他们也会犯错。

作为一名儿童心理咨询师、儿童精神科医生，我的观点受到心理学和神经学的双重影响。毋庸置疑，我了解有关儿童心理健康的事实和数据。数据很直白：75% 的成年人心理健康问题始于 18 岁之前，50% 在 14 岁之前就出现端倪。对我而言，这清楚地表明，想要促进人的心理健康，我们需要看看他青春期之前发生了什么。如果我们想要成为快乐、健康、成熟的成年人，首先需要在童年和青少年时期成为快乐、健康的孩子。

心理学研究中有一个有趣的新进展，它的研究重点在儿童的“复原力”（resilience），对于复原力的专业定义是“个体成功适应不良经历的动态过程”。儿童发展领域的研究人员提出了这样的问题：在遭受同样程度的霸凌 / 压力 / 创伤后，为什么有些孩子仍然神采奕奕，有些却终身情感残疾？实际上，“复原力”这个词描述的是各种因素的混合体：“自尊”“适应能力”“勇气”“自我价值感”“积极行动的能力”“性格的力量”，以及一系列我认为目前英语中还没有恰当的词汇描述的类似品质。让我们暂时把这些神秘的东西称为“内在品质”。我相信，真正让一个孩子或一个成年人成为“他们自身”的东西，来自这些隐藏在内心深处的品质。当你第一次见到一个孩子时，你无法看到那些品质，但它们对孩子的活动和发展至关重要。

但这些东西来自哪里？它们是与生俱来的吗？是遗传的吗？是通过正确的养育发展起来的吗？针对这些问题的讨论，将贯穿本书。科研证据支持这两种理论，而先天和后天往往交织在一起。至少对西方社会的儿童来说，“培养”与养育方式有关，更具体地说，是指积极的养育方式——父母主动参与其中，对孩子充满兴趣，尽自己所能去培养他们。

从神经学的角度来看，大脑是一个奇妙的器官。在医学院，曾有人问我为什么想学习精神病学。对我而言，答案显而易见——大脑使我们成为独一无二的人类个体。关节、肠道和循环系统在动物体内的工作方式大致相同。但是我们的思想及其物理载体——大脑——把我们区分开来，让每个人都成为独一无二的自己。

儿童的大脑在母体怀孕的前三个月里开始形成，在生命的前五年到前七年，大脑持续地快速发育，直到童年中期发育速度才会放缓，而第二拨大脑发育开始于青春期之前。我知道，大脑，尤其是孩子的大脑，具有惊人的适应能力。众所周知，小孩子就像海绵，比成年人更容易学会外语和乐器。我知道大脑也负责“内在品质”——情绪复原力、自尊、性格——正如它负责学习外语和音乐一样。因此，如果在孩子生命的这些早期阶段，音乐和语言是大脑固有的功能，那么“内在品质”，不应该也是这样吗？如果是这样的话，那么，养育孩子的关键部分就发生在孩子很小的时候。从出生到七岁的这段时期，是孩子形成自尊、人际关系模式、能力和态度的蓝图最关键的时期。《圣经》里有一句话：“给我一个孩子，到他七岁时，我会让你看到一个男人。”这是千真万确的。在最初的七年里，父母的参与会对孩子产生最重要的影响。

积极养育的力量

我们能意识到自己作为父母将对孩子产生巨大的影响这件事情是令人

生畏的，而当下各种甚嚣尘上的育儿观念更是让我们困惑不安。就我个人而言，我认为虎爸虎妈、直升机父母、注重细节的微观管理者、超级组织者、教育孩子不乱扔食物的父母和一心只想着辅导学业的中国父母，他们都搞错了优先顺序。他们一直为各种小事操心，操心的都是对孩子的成功而言不那么重要的那些方面。

对一个蹒跚学步的小孩子来说，扔不扔食物、吃不吃藜麦，或者能不能背诵拉丁词汇，真的有那么重要吗？我把这些东西叫作“外在的东西”——那些相对肤浅的东西，无论是外表、举止，还是能让孩子们拿到证书的所有其他的东西（父母可以向他们的朋友们吹嘘的）。我认为，问题的关键在于“内在品质”，这是你最不能犯错的部分，从长远来看，也是最值得做的部分。这些东西你虽然看不到也摸不着，但可以从孩子身上清楚地感受到。为什么我在本书中要强调“高自尊”这个概念呢？因为我们尽一切努力帮助孩子变成耀眼的人，但没有人会给他们的自尊心颁发一个 A+。说实话，如果没有自尊，孩子终将无法实现自己的成就，他们在人际关系中往往处于卑微的地位，甚至可能拥有一段灾难性的关系，也许，幸福将永远与他们无缘。

在我看来，父母将孩子所有的事情都捆绑在一起——让孩子进入“精英学校”，拿到 A+ 的考试成绩，拥有完美的钢琴演奏技能，能流利地讲三种语言，并成为网球队队长——所有这些不过是锦上添花。就像是蛋糕的裱花层，毫无疑问它们甜美而闪耀，但没有下面的蛋糕层作为根基，这些都没有什么用。我们应该把精力放在真正重要的事情上，关注孩子的内心：

这是他们的核心和基础。

我们需要从内而外地构建它们，而不是过分关注外在的表现和细节。我相信即使所有的努力没有立竿见影的效果，长期回报也必然值得。

当然，如果你像我一样，偏爱一点锦上添花的东西，你会很高兴地发现，当孩子拥有坚实的安全感、自信和自尊核心，他们更容易在社交、学业和创造力方面茁壮成长。从这个意义上说，虎爸虎妈们是对的：发展孩子天赋的养育方式大有裨益，不仅仅对学业成绩，对其他的重要技能（从社交能力到创造力）也是如此。所以，也许我这种内心受挫的虎妈也能拿到母亲合格证。

“由内而外”育儿法

我在本书中提出一种由内而外的育儿法。虽然外在的东西看上去很吸引人，但我相信养育孩子的重点，应该是从孩子内心深处那些至关重要的、看不见又神秘的特质——内部硬件——入手，它能赋予孩子复原力，使他们能够面对生活中的无数挑战。这个核心是孩子最为根本的基础，正如我之前所说，它形成于大脑仍在发育中的童年早期。在稳定而又有弹性的核心基础上，婴儿才能逐渐成长为一个快乐、健康、全面发展的儿童。

我将向你们展示，父母的爱、关心、关注和情感如何在生物层面塑造孩子的大脑，从而深刻地影响他们的心理，并改变他们的生活方式。书中详细介绍了科学研究如何奠定我的育儿哲学，以及我如何将这些研究转换为实践，并提供一些实用的建议。由于支持我这些理论的最佳证据就在我的眼皮子底下，因此，全书中我将尽量以我自己的孩子为例，介绍一些我不得不面对的困境，以及我的解决方案。

育儿这件事说起来容易做起来难，而且我也并非永远都是正确的，正如你所看到的，即使是“育儿专家”有时也会像夹着一块木头那样，窘迫而慌乱地抱着号叫的孩子。

我很高兴地告诉大家，在“托儿所事件”的五年后，在经历了无数令人尴尬的插曲、失眠的夜晚和许多个小时的研究之后，莫莉现在是一个快乐、聪明、大胆、表达清晰的八岁女孩，她热爱芭蕾和游泳，拥有超越她年龄的洞察力。她在班上很受欢迎，在她不掐她弟弟的时候，她会在过马路的时候牵着他的手，以确保他的安全。

与此同时，我儿子现在是一个富有创造力，并且善于分析的六岁孩子，他喜欢搞一些疯狂的发明，比如用透明胶或松紧带把一些家具捆绑在一起，或者在他的“实验室”中花费数小时，把洗涤液和颜料混合在一起制作药剂。就像他的发明一样，他聪明又傻气。当然，他们出现这些转变的部分原因是他们长大了，所以更容易管理。但我确信，我一路上学习到的东西不仅帮助他们成长为快乐的孩子，而且确实也帮助我和我的丈夫安德鲁成为更好的父母。我希望这对你也有帮助。

C o n t e n t s

目录

Part 1 / 内核

Chapter 1 / 固定的内核：基因

为什么说孩子的性格是天生的？

Chapter 2 / 可塑的内核：自尊

复原力、自我价值感，等等

Part 2 / 基础层

Chapter 3 / 第一层：社交技能

为什么有些孩子总能成为聚会上的焦点？

Chapter 5 / 第三层：行为和自控力

"蝇王"和爱丽丝的蛋糕

Part 3 / 表层

Chapter 6 / 第四层：智力

为什么虎爸虎妈的教育模式未必都是错的？

Chapter 8 / 第六层：身份认同感

为什么熊妈妈要穿围裙？

Part 1

内核

Chapter 1

固定的内核：基因

为什么说孩子的性格是天生的?

我在公共汽车站等车时感受到了第一次宫缩，这标志着我过去生活的结束，以及我作为母亲的新历程即将开始。事实上，我过去的生活就像是为这一刻所做的准备。我对自己为做母亲所做的准备沾沾自喜：一份好工作、一段美满的婚姻、支持我的朋友。一年前，我和安德鲁搬了家，这样我们就能离我的家人更近。在此之前，我曾徒步穿越秘鲁印加古道，在喜马拉雅山拍摄蓝色罂粟花，登上了肯尼亚山山顶，在纽约、香港和开普敦参加派对。终于，我对旅行感到疲倦，准备在家休整一段时间。作为家庭生育计划的一部分，我甚至根据自己的日程表，设法在最佳时间九月分娩。当然，在曾经作为医学生受训期间，我已经接生过五个孩子。我觉得我很清楚生孩子是怎么一回事。我自认为已经完全做好了准备。

不过，养育的故事并非始于这个公交站，而是早在九个月之前就开始了。

卵子和精子

大多数父母认为养育始于第一个孩子的出生。不过，儿童精神病学家知道养育从受孕开始。孩子大部分的命运（未来的健康、教育水平和职业）在出生之前就已经被决定了，如果把基因测试、怀孕和分娩史与你的家庭生活的详尽历史结合起来，便可以对你孩子的未来做出一个合理的估计。当然，这不是“决定论”，而是对概率的评估。

众所周知,人类的生命始于卵子和精子。卵子包含着来自母亲的DNA（脱氧核糖核酸）编码信息，以及启动繁殖所需的燃料和初始化“软件包”。而小得多的精子包含着来自父亲的DNA编码信息，以及一条能让它游动起来将信息传递给卵子的尾巴。重要的是，包含在卵子和精子中的DNA编码的遗传信息，这是生物学相关性的基础。

但这些信息是什么？从何而来？

大体而言，你的DNA是一本说明书，包含如何制作“你”的说明。这些说明被编写在你的基因中。你体内的每一个细胞：肝细胞、血细胞、皮肤细胞，它们都包含一整套DNA。因此,《犯罪现场调查》[1]的侦探可以从嫌疑人衬衫上的一滴血中提取DNA，并将其与受害者的DNA进行比对，从而将衬衫的主人带回到犯罪现场。唯一不包含完整指令（DNA）的细胞是卵子和精子，

1　犯罪题材电视剧，讲述刑事警察局的法庭犯罪调查员如何在作案现场取得证据破案的故事。

它们每个只包含一半的染色体信息。女性的卵巢和男性的睾丸分别是卵子工厂和精子工厂，在这里，DNA 翩翩起舞，随机被切成两半，然后打包成卵巢中的卵子和睾丸中的精子。

正如辣妹组合的歌曲 *Two Become One* 一样，精子和卵子相遇的故事在受孕时结束。之后，基于父亲和母亲的信息组合，开始为新个体制作新的“说明书”。

为什么研究遗传学，对于养育孩子如此重要？

虽然我认为后天养育很关键，但作为一名科学家，如果我不事先声明基因会对孩子产生重大影响，那我就是个冒牌货。哪怕不是脑外科专家，你也能发现，同卵双胞胎（共同分享 100% 的 DNA 和同一个子宫）肯定比异卵双胞胎（拥有相同的子宫环境，但只有 50% 的相同 DNA）要相似得多。首先，异卵双胞胎可能性别不同，他们之间的遗传相关性与任何其他兄弟姐妹之间并无差异。这一点也得到有关双胞胎和领养儿童的科学研究的支持。针对一系列疾病（学习困难、注意缺陷多动障碍、精神分裂、抑郁、焦虑、自闭症以及身体素质）的研究证明，同卵双胞胎比异卵双胞胎更相似。即使这对双胞胎被分开抚养，情况也如此。这便是基因效应的有力证据，已没有人再费心去反驳它们的重要性。

但环境和基因分别在多大程度上影响孩子的成长，这方面的争论还在继续。由于这两者之间相互关联又相互影响，我很乐于保持中立态度，认为两者各占 50%。

实际上，研究正朝着相对比例的方向发展，认为这一比例因人而异，而且随着时间的推移，比例也会发生变化，因为先天和后天以复杂的方式相互作用——这使过分简单的“先天和后天之争”已完全过时。百分比并不重要，重要的是，基因是一个重要的因素，而且它们是我们所知道并能控制的因素之一。在“基因控制”概念出现后，人们不由自主地想到优生学、基因疗法、基因工程和定制婴儿，等等。所有这些不但耗费昂贵，也存在伦理争议，因此不能广泛使用。其实，我们忽略了最简单和最广泛使用的基因选择法——自己选择。

遗传学的研究只是为我们已经知道的事情提供证据：苹果不会落在离苹果树太远的地方。自古以来，早在试管婴儿和定制婴儿的辩论之前，饲养狗和马的农夫就已经知道为它们选择交配对象，以使它们的后代更为健壮。在人类身上，吸引力基于反映健康的身体特征（高大的身材、光亮的皮肤、发达的肌肉）和社会成功（穷国的胖子和富国的瘦子）。无论是东方还是西方，传统上，家庭都根据家庭背景为孩子选择追求者，这背后的假设很合理：孩子可能与他们的家庭相似。

如今，人们更重视个性和智力，而不是健康和男子气概，但同样的原则仍然适用。如果你不喜欢你伴侣的性格，也无法忍受他/她的家庭成员，那么很有可能你会不“喜欢”你孩子的性格。如果你也不喜欢自己或自己家里的任何成员，那情况就更糟了。

这听起来可能政治不正确，过于务实，也不浪漫，但作为行为遗传学家，我认为成为一个好父母的重要一步是找到适合的伴侣。不仅要爱你，支持你一生，而且要为你提供气质和个性不会与你相冲突的孩子。这一点很重要，因为孩子不像爱人或伴侣，你可以离婚，也可以离开原先的爱人和伴侣（在社会和宗教允许的情况下），但你的孩子是你的，不管你喜欢与否，至少在他们 18 岁以前，他们都是你的责任。

值得庆幸的是，找到合适的人并不像听起来那么难，因为大多数人都想找到他们真正喜欢的伴侣,以及爱情。这是一种被称为“选型婚配”的现象——人们倾向于找志同道合的人结婚。你选择与谁结婚或者相恋并非随机的，而是高度可预测的。“喜欢”很重要，因为良好的身体吸引力、运动能力、性能力和持续热情的渴求可以挽救任何婚姻，但这些特质对帮助你“喜欢”你的孩子没有任何好处。如果你或者你的伴侣可以享受十八年没有性生活的相处，那么至少你有很大的可能在遗传的角度拥有你喜欢的孩子。

鉴于现在可以通过捐精和捐卵的方式体外受孕，那么一个很有趣的思考是，想一想你对捐赠者的要求（你想让你的孩子成为什么样子的人）和你选择伴侣（你想要怎样的丈夫 / 妻子）时的要求是否一致。如果两者之间差异很大，那么你可能会遇到麻烦。因为不可避免地，你的孩子会与你的伴侣有相似之处。一个富有攻击性的、强势的、有影响力的大男子主义者可能是令人兴奋的征服对象，作为伴侣，他能为你提供强有力的身体保护；但是一个富有攻击性的、强势的五岁的儿子？那只会让你早生华发！同样，如果你心目中理想的妻子是一个漂亮、被动、头脑比较简单的女人，那么，你或许得接受你的孩子可能不会是天才。

尊重孩子的天性：每个孩子都有与生俱来的独特优势

如果你想了解孩子的能力，始终要考虑遗传因素。

比方说，你希望孩子成为刺绣高手，虽然你不太可能“遗传”做针线活儿的能力，但你可以遗传“视力”“精细运动能力”“专注力和关注细节的能力”和“低感觉寻求倾向”。只要给予正确接触的机会、热情和鼓励，所有这些都能让你的孩子在针线活儿上出类拔萃。如果你、你的家人、你的伴侣和他/她的家人都不具备这些核心能力，那么你孕育下一个“世界刺绣冠军”的梦想也并非遥不可及，但难度肯定会大一些。

养育、指导和教育肯定能克服许多遗传劣势，但它们能否胜过其他同时具有遗传和环境优势的儿童？不太可能。在最高水平的竞争中，遗传总是会发挥作用，这一点可以从任何一届奥运会百米短跑决赛阵容的种族上看出来。

虽然我认为不能排除儿童的潜力，但多年作为儿童心理咨询师的临床经验告诉我，忽视儿童的天性和与生俱来的倾向可能会严重损害儿童的自尊，而自尊是孩子的情感支柱。父母盲目地帮助和怂恿孩子进入学术竞争激励的学校，而使孩子过早地面对自己能力上的局限性；或者孩子原本喜欢安静地阅读，却被迫参加竞技体育活动和竞争激烈的游戏，这些都有可能会使孩子觉得活着还不如自我毁灭。

这就是遗传背景知识可以提供帮助的地方，凡事预则立，而采取什么行动将由家长决定。

遗传负荷和配偶选择

在受训期间，我曾帮助那些有自闭症家族史的夫妇进行基因咨询评估。自闭症是指可能存在遗传基础的、与社会互动和交流有关的一系列障碍。最常见的自闭症形式被认为是一种多基因障碍，风险由六个或更多尚未确定的基因造成。事实上，大多数遗传特征，如智力、攻击性和注意力持续时间，也可能是受多个基因组合的影响。基因咨询评估包括对自闭症患者的家族史进行极其彻底的研究，以寻找自闭症的症状及其更广泛的谱系，尽可能地追溯到前代以获得信息。它的工作原理是，家庭中存在的“遗传负荷”越多（患有这种疾病或特征的家庭成员越多），并且拥有它们的成员与这对夫妇的关系越近（这意味着共享遗传物质的可能性越大），这对夫妇的孩子患自闭症的统计概率就越大。父母及其兄弟姐妹与任何一个孩子都有 50% 的共同基因，祖父母、父母的兄弟姐妹和同父异母 / 同母异父的兄弟姐妹有 25% 的共同基因，曾祖父母和堂兄弟共享 12.5% 的基因，以此类推。

我没有想到的是，在诊所里，当我们告诉这些具有前瞻性思维的父母，估计出他们的孩子患有自闭症的统计概率时，人们的反应千差万别。我们把同样低的统计概率转发给其他几对有类似基因的夫妇时，大多数父母都乐于接受这种非常低的风险。然而，有一对夫妇，他们的反应非常极端，完全出乎意料，妻子决定与丈夫离婚，因为丈夫的家族史与自闭症有关。

我在这里只以自闭症的特性为例，但这种基本的遗传负荷分析可用于任何遗传特征上，比如美貌、身高、智力和犯罪倾向；它的背后有一些科学道理，但我在这里提到这些主要是出于兴趣，而不是真的建议你应该按照这样的方式择偶。

卵子

由于我们在讨论遗传贡献的话题，我认为分享我自己的家族史作为这一过程的生动例证会增加一些趣味性。虽然我认为我的育儿立场是“高度科学的”，并且受到“基于证据的研究”的驱动，但现实从没有这么客观冷静。我继承了来自我父母的基因，此外，我对养育子女的看法也受到我自己生活经历的影响，而这反过来又影响着我父母的生活。

我出生在中国台湾，父亲是土木工程师，母亲是一名中学的科学教师，我是家中第三个也是最小的女儿。我父亲的家族，连同他之前三百年的梁氏家族，都是在台北以西耕种田地的农民。20 世纪 40 年代的台湾与今天熙熙攘攘的发达的台湾完全不同，当时以农业经济为主，农民靠天生活，非常艰苦。在成长的过程中，父亲总是用他过去悲惨的经历教导我们。如果我们抱怨不想去上学，就会被训斥：“你现在能上学真是太幸运了！我小时候得求着你奶奶才能去上学。去学校往返十英里[1]，我只能穿着你爷爷的旧裤子光着脚走着去。我脚上长满了老趼，还经常会被划破，流血。”而我们会用巨蟒剧团（Monty Python）的短剧无情地取笑这件事，“这没什么呀，我小时候不得不光着身子，手脚并用地爬过漆黑的地下隧道去上学”，等等。

1 1 英里≈1609 米。

然而，在我心里，尤其在成年后，我真的很尊重父亲为了让我们能过上更好的生活而付出的努力。他家中有十一个孩子，他是第五个，他之前的哥哥姐姐们小学都未能毕业，便被迫在附近的工厂做童工，在那里他们每天都遭受身体和语言上的虐待。在发现自己也将面临同样命运的时候，父亲哭了，有位邻居恰好看到了这一幕，这位邻居非常同情他。邻居听说我父亲是班上最聪明的孩子，便说服我祖父母允许我父亲至少接受一年的中学教育。这一年结束的时候，父亲再次哭泣和恳求——“再让我多读一年”——直到我祖母意识到，所有这些哭泣和对知识研究的迷恋已经使父亲过于柔弱而无法适应工厂工作，因此他被允许继续接受教育。不过，在假期里，他不得不在田地里或工厂里工作，作为对他没有承担的家庭负担的“补偿”。在学期里，由于住得离学校太远，他只能睡在有钱的同学家的沙发上，直到最后他进入大学学习土木工程。毕业后，他在中国台湾的一座港口找到了一份水利工程师的工作，成功地摆脱了体力劳动，进入了专业阶层。作为一名工程师，他努力工作了十年，尽可能多地存钱，最终他实现了自己的梦想：申请出国留学，先是在荷兰攻读硕士学位，然后又在英国斯旺西大学攻读了土木工程博士学位。

与此同时，我母亲是家中七个孩子中的第五个，她的父母是台湾地区的小学教师和校长。在东方，教师很受尊敬。因此，我母亲比其他孩子更有特权。例如，她是班上唯一穿鞋子上学的孩子。学校曾举办一场以一双鞋为奖品的数学竞赛，她赢了，因此成为学校里唯一拥有两双鞋的人。我母亲在大学里学习的是昆虫学，但这不是她的第一选择——她在考试中没有取得理想的成绩，因此未能就读她期望的专业。她恳求她的父亲允许自己重新参加考试，但他告诉她，她是个女孩，因此注定要成为一名教师，最终成为一位母亲，所以在大学里学什么并不重要。这就是我母亲的故事，一个在学术和社交上都很有能力的女人，心不甘情不愿地成了一名昆虫学家，然后，正如她父亲所预言的那样，成为一名中学的科学教师和一位母亲。

母亲生我的时候，父亲已经在荷兰学习了，因此给了我一个不寻常的名字。在那个时候，我已经有两个姐姐，分娩对母亲来说已经不是个新鲜事。她骑上电动车，自己一个人去了医院。宫缩的时候，她正在车流中穿梭，不安地意识到骨盆底的支撑力由于胎儿大型颅骨的冲击而削弱，第三个孩子很可能会突然生出来。尽管如此，她还是设法及时赶到了医院，扑通一声，我就这样掉了下来。没有助产士、没有热水、没有家庭礼物——只有务实的想法。

以防我说得还不够清楚，我再总结一句：我是个幸运的受益者，我的基因来自两个非常棒的人。

精子

1997 年夏天，我在剑桥大学拿到了实验心理学学位，准备继续攻读临床学位。假期，我去看望在加州大学伯克利分校攻读统计学博士学位的姐姐。作为一个实用主义者，我有个想法，如果我整个夏天都在学打台球，那么我回到英国之后，就会掌握一项“勾住”男人的好技巧。所以我姐姐和我花了一个夏天打台球，这在美国很流行。回到剑桥之后，我利用我在酒吧里面新学习到的台球技能，十分钟之内“勾”到了我未来的丈夫——安德鲁，一位自信的研究生新生，来自南非，研究经济学，梦想利用他的技能使他的国家摆脱不平等和普遍的贫困。虽然这个梦想从未真正实现——生活将他引向了其他职业，但他仍然坚守自由和平等的价值观，这也是我爱上他的原因之一。

我再也没有打过台球。

后代

安德鲁是个善于交际的聪明人，性情随和，没什么攻击性，盲目乐观（我的孩子们身上的这些特质让我的生活变得容易得多），这是我的运气，还是一种选型配对？好吧，他轻松乐观的态度常常令人愤怒。比如说，他在外出时倾向于打开窗户，敞开后门，因为他的乐观心态，始终认为在伦敦被盗的可能性很低。即使我打电话痛骂他，回家后仍然发现后门大开着。他也无法理解，只是说："好吧，什么都没发生，对不对？"而我颤抖地打着电话，哭着说："但很可能会发生的！可能会发生的！天啊！"

好处是，我从他的 DNA 中得到的是一个女儿，莫莉，她轻松、随和。当她从攀爬架上掉下来摔断了左腿（由于漫不经心的爸爸的看护），在最初的疼痛消失后，她再也没有抱怨或呻吟，而是高兴地说："嗯，我的右腿没事！"就连学校的女校长也向我坦言："谢天谢地，摔断腿的是莫莉，而不是班上其他人，大概只有她不会抱怨或大惊小怪！"的确，有时候当我为这事那事而心烦意乱时，莫莉会以迈克尔·温纳（Michael Winner）的方式告诉我："冷静，亲爱的！"挺惹人厌的，但有时候很有用。

比起莫莉，我们的儿子则更加小心谨慎和神经质。有一次，两岁不到的他离开医生的诊疗室后就开始又哭又闹。这让我有些恼怒，我不知道他为什么忽然这么不讲道理，直到最后他说 ：“我的外套。”他记得我们把他的外套落在了诊疗室。我本来可以亲吻他，安慰他，但我也因为丢了东西而苦恼。我明明可以说“啊，乖宝贝，我现在就去拿回外套”，而不是让自己因为这件事情而担心得引发胃溃疡。另外，D 不喜欢敞开后门，他明显更像我。

所以我们又回到了遗传上，那么，养育该如何在其中发挥作用呢?

掌控孩子成长的环境，正面影响孩子的天性

大多数人乐于“相信”先天的遗传可以影响我们的头发颜色、血型和特定的疾病,至于“性格”“智力”和“态度”,人们更愿意看到环境因素的影响。这多半源于人们对“决定论”的恐惧 ：人类的命运在出生时就被决定了，人类的意志和奋斗纯属徒劳。具有讽刺意味的是,“养育”——“环境”的代名词——也有自己的决定论形式，你可以看到，许多人一生都在努力逃离家庭、阶级和出生环境这些牢笼。

我感兴趣的是天性和养育之间的相互作用。令人惊讶的是，关于这两者的争论竟然会持续这么久，因为这两者如此紧密地交织在一起。最根本的是，基因的成功完全取决于它对环境的适应能力。认为自己可以拥有“好基因”和“坏基因”是一种误解。基因组合就像是大自然在反复试验，每一次受孕

都尝试一种新的组合，一部分基因能在特定环境下存活下来，是不会消失的。因此，特定基因的成功纯粹由环境适应性来判断。一个环境中的“好基因”可能是另一个环境中的“坏基因”。比如，导致镰状细胞的基因通常被认为是坏基因，因为它会导致贫血。然而，在疟疾流行的非洲部分地区，这种镰状细胞基因实际上是一种“好基因”，因为它可以预防疟疾。当我们讨论身体状况时，遗传这个概念似乎更容易被社会所接受，但同样的原则也适用于遗传决定的人格特质。

比如攻击性。攻击性的元素是由基因决定的。以养狗为例：某些品种的狗更适合做保安犬，它们的攻击性更强。没有人会用一只小哈巴狗或者贵宾犬看家护院。当然，你可以把一只狮子狗或哈巴狗养得更有攻击性，但不会像训练德国牧羊犬或斗牛犬那样容易或有效，因为有些东西是天生的。

而且，这些攻击性基因本身并不是“坏基因”。在某些环境中（比如世界末日、迷失在遍布野兽的黑暗森林、特勤局、竞技体育、竞争激烈的就业市场），它们可能是迄今为止最好的基因。为孩子的特定遗传特征提供合适的环境，对于最大限度地发挥他们的优势和减少他们的劣势来说很关键。人们对基因解释持谨慎态度的另一个原因是，对基因改造、基因选择以及“改造天性”这些想法的担忧。人们常常觉得过分相信基因解释，要么会导致出现优生学的危险苗头，要么就只能忍受遗传倾向。其实，事情要简单得多。现在我们能在很大程度上欺骗天性。

因为生活在一个有验光师的年代，我妥善地解决了近视的遗传问题。如果不是这样的话，我现在可能已经死于拥抱一只被我误认为是我妈妈的灰熊。

世界上最常见的遗传倾向——黑头发——每天都在全世界范围内被环境改变——一点染色漂白剂足矣。环境解决方案可以消除许多遗传“弱点”。

天性如何影响养育

考虑到后天养育可以影响天性，我们不应该讨论先天与后天是否对立，而应该着眼于如何才能更好地培养天性。作为父母，我们能够彻底掌控孩子的环境，尤其是童年早期（最重要的影响时期之一）的环境。我们不仅可以提供安全和舒适的环境，还可以提供爱、温暖和理解，书籍、玩具、语言交流、音乐、良好的社交互动模式，选择正确的托儿所、小学，等等。通过了解我们自己，并观察孩子由“基因决定”的个性特征，作为父母，我们能够塑造和调整他们的环境以满足他们的需求。

当然，大多数家长已经这样做了。在你为孩子选择托儿所、小学和中学时，不仅要考虑到你希望学校会传递给孩子的价值观，还要考虑孩子的特殊性以及他们将如何融入学校。把一个瘦小、聪明、热爱学习又讨厌运动的男孩，送到一所专门从事橄榄球运动（需要翻来滚去）的学校，是目光短浅的做法。如果你的孩子有特殊的需求，比如自闭症，那么目前为止最有效的治疗方法是改善他们所在学校的环境，这远胜于任何药物或其他疗法。

还有更多……

父母养育孩子的方式也应取决于孩子的遗传属性。大多数父母不愿承认他们对待不同孩子的方式有所差别，但实际上他们总是如此。尽管人们很容易将这种区别对待归咎于父母，但事实是，养育子女就像任何其他亲密关系一样，是一个双向过程。通常，父母的养育方式是对孩子行为举止的回应，而行为举止可能受到孩子被遗传决定的天性的影响。

如果你不相信我，想想看你抱着一个没有任何理由就整天哭个不停、脾气暴躁的婴儿，你有多大的可能性会心情愉悦？再对比一下，如果你抱着的是个整夜都睡得很安稳、整天乐呵呵的婴儿，你会是什么反应？如果你很诚实，你就会知道这两者完全不同。

基因决定孩子的特点，也会引导他们寻找属于自己的环境，如聪明的孩子加入国际象棋俱乐部，运动能力强的孩子加入运动队。随着孩子年龄的增长，他们越来越有能力塑造自己的环境，选择自己的朋友。这听起来好像与遗传学没有多大关系，但如果你赞同“漂亮的人”倾向于一起出去玩，聪明的书呆子们倾向于互相帮助，而大学的运动员们总是黏在一起，那么你就是承认友谊存在遗传因素，因为我们都知道外貌、智慧和肌肉结构都深受遗传影响。

童年的经历如何影响我的育儿理念

那么，我自己的童年是如何影响我的养育理念的？

举个例子，当 D 大约 18 个月大的时候，我清楚地记得我和莫莉在地板上爬来爬去，像两只疯狗一样狂吠，而 D 站在他的小床上，看着我们捧腹大笑。这一幕我之所以记得如此清楚，是因为这是对我最早的记忆之一的直接再现，那时我站在我的小床上大笑，而我的姐姐们纯粹为了逗我开心，像鸭子一样嘎嘎叫。我从小就记得这些愚蠢而有趣的时刻。

20 世纪 80 年代初，我母亲和父亲一起来到英国：这是她第一次乘坐飞机旅行，带着三个孩子（分别是三岁、五岁和六岁），当时她一句英语都不会说，就这样到了一个语言不通的环境。我现在仍对她怀有最高的敬意——尽管我是一位经验丰富、装备精良的旅行者，但仍然很难带着我的两个孩子出国度假。我的父母在英国开始新生活时并不富裕，五口之家靠着父亲的博士津贴过着俭朴而幸福的生活。我们只有很少的玩具，我还记得我和我的姐姐们用麦片包装袋的纸板做了一副象棋！我们自娱自乐，阅读伊妮德·布莱顿（Enid Blyton）的书，抱着从学校二手交易市场上买回来的泰迪熊，请求我们的朋友和我们分享糖果和巧克力。我们没有洗衣机，妈妈就用搓衣板手洗所有的衣服。她还为我们织衣服。20 世纪 80 年代，斯旺西的商店不卖面条之类的“异国食品”，她会用面粉和水做手工面条，然后挂在厨房的扫帚把上晾干。我们的生日聚会上没有表演者，也没有充气城堡。妈妈和爸爸拉紧一张毯子，我和朋友们在上面蹦来蹦去。我们认识到物质并不重要，因为我们拥有最重要的礼物：家庭。我知道这对我和我看待为人父母的方式影响很大，如果我能把这种精神灌输给我的孩子，那我将深感欣慰。

父母通过移民到英国，实际上彻底改变了我的生活环境，也因此改变了我的人生轨迹。如果在中国台湾，我将处于社会主流位置，能够自然地融入社会，无须解释或感到被排斥。而在 20 世纪 80 年代的威尔士，我是班里唯一的“黑鬼”（我被他们这样称呼）。南威尔士对我们来说是令人惊奇的，因为一切都很新颖不同，需要一些时间来适应新地域。不仅仅是因为寒冷、总是下雨和无法与任何人交流（我们不会说英语），还因为食物、音乐、文化的差异，而且缺少任何社会支持网络，并且，一切都是未知的。

我记得妈妈问我上学的第一天过得怎么样。“幽灵跟着我在学校里面转悠。”我告诉她。现在回想起来，我觉得这很有意思，因为当时班上所有的孩子都跟在我后面排成一行，就像是本尼·希尔（Benny Hill）表演的结尾部分。他们显然对我很好奇，想要观察他们遇到的第一个“中国人”，甚至是第一个“非白人”。而对我来说，他们皮肤苍白，就像幽灵。

移民会给人们产生深远的影响。我的父亲，曾在中国台湾经历了阶级歧视，现在在英国经历种族歧视，他给我上了人生的一课：“作为一个中国人，你会被歧视，但如果你加倍努力，你会成功。人们会认为你没有能力，但如果你有证明自己能力的证书，他们就会被迫承认。”和其他中国父母的孩子一样，我也受到虎妈式教育的影响，包括对努力工作和学业成绩的高期望。所以在我五岁的时候，有一段时间被锁在房间里，直到我能背诵出从 1 到 12 的乘法口诀表。或者在 A-Level[1] 考试前夕，妈妈抓住我的肩膀，看着我的眼睛，说：“你是我们把孩子送进剑桥大学的最后希望。”然后，他们又会告诉我不要有太大压力。

然而，我的经历又与其他一些虎崽不同，我总是能感受到来自父母的爱，而且他们会强调生活，而不仅仅是工作。我妈妈在餐桌旁教我和姐姐们数学，

---

1 英国学生的大学入学考试课程。

在这个过程中，我们一起学习，这些课经常变成我们之间的闲聊，充满乐趣。妈妈经常鼓励姐姐们帮助我。父亲会让我们做一些活动，比如写诗、记录花园里的鲜花或素描水果。他总是帮助我们，鼓励我们，欣赏我们。所以，学习也意味着与父母共度时光，这是我们非常珍视的。

童年早期的大部分时候，我们都在埋头苦读母亲布置的额外的数学作业，作业上印着一位台湾地区哲学家的名言“有时候要犯傻”。我精打细算的父母为印制这个作业本攒了很久的钱，它在家里占据很重要的地位。因为这句话是用中文写的，对于孩提时的我并没有什么意义。但是现在成年的我回想起来，意识到这句话对我父母来说非常重要，因为这是他们精神的缩影——下意识地传递给了我：虽然努力工作和成功很重要，但它们并不是最重要的。偶尔做一些不理性的事，纯粹为了好玩，也同样重要，甚至，在严肃的成年生活中尤其如此。

无论我从基因中继承了怎样的能力，我都得到了一个爱我、鼓励我努力工作、争取成功的环境的支持。我作为一个和其他人肤色不同的人的成长经历——在一个没有人吃海藻的年代，我的饭盒里面都是紫菜（“呃！那是什么？她在吃鼻涕”），这使得我习惯了与众不同，习惯了有时会被边缘化。事情可能会变得很糟糕，我可能会因为自己与众不同而厌恶自己，但我从家庭中获得的力量使我变得强大：我学会了接受我的差异，不随波逐流，而是做自己。

因为持有努力学习和决心成功的价值观，学校生活对我们来说实在是很轻松。我们上的是当地的州立小学，没有学费，两个姐姐和我都设法进入了当地的文法学校。最终，我以全 A 的成绩进入了剑桥大学学习医学——尽管这是我的第二选择，因为我想去艺术学校，显然，这是我的父母绝对不允许的。从最初的失望中，我得到了另一个人生教训：尽管物质上的东西并不重要，但经济上的独立绝对可以买到选择和自由。这些态度和价值观让我决定，即便有了孩子也不要完全放弃工作，虽然那样看起来最容易。

本章总结

虽然基因很重要，但我们的生活经历也将极大地塑造我们。这两个因素都会影响我们童年的选择，而童年的选择反过来又会终生塑造我们。正是这种持续的先天和后天的相互作用造就了今天的我们。虽然，在接下来的章节中，我将明确表示养育很关键，但最好的养育是根据孩子基因导致的优点和弱点量身定做的。因此，我总是鼓励父母要更重视和理解自己孩子的遗传决定性。忽视遗传学（这是 20 世纪最伟大的科学成就之一）的重要性——会适得其反。父母可以为孩子提供适应他们天性的环境，而不是采取一种放之四海皆准的方法。我们当然也必须接受孩子在任何领域的能力表现，最终都会受到我们遗传给他们的基因的限制。

这很重要，尽管我们都希望自己的孩子在班级 / 学校 / 世界上是“最棒的”，但这种可能性很小。我们应该接受他们的本来面目，帮助他们成为最好的自己。我们不应该总盯着孩子，而是应该好好审视自己。以我为例，我从一开始就警告我丈夫，如果他希望培养一群篮球运动员或百米短跑运动员，那么他最好重新考虑是否要娶我，因为我的家族遗传中没有身高方面的优势，也缺乏快速抽动肌纤维。而因为有他，我就别指望我的孩子以后唱歌不跑调了。

不过，我认为，我们在一起应该能创造出一个所向披靡的拼字游戏高手。

Chapter 2

可塑的内核：自尊

复原力、自我价值感，等等

如果我的孩子是巧克力，我希望他们是费列罗巧克力，而不是草莓奶油巧克力。我知道这听起来很奇怪，但想想看，费列罗有独特的多层结构，每个部分有不同的特点和不同的用途：外层的金纸不仅具有吸引力，还有保护作用；带有坚果的外层巧克力能增加质感，咬起来嘎吱作响。醇厚的奶油巧克力酱层增加了一种柔软的感觉，其核心是固体——坚硬的坚果。这真是太棒了。

相比之下，草莓奶油巧克力（总是我的巧克力盒里最后剩下的东西）太软、太甜，而且单调。如果你让它们都接受某种"压力测试"，比如被高压水枪冲洗，其真正的价值才得以显现。虽然这两款巧克力看起来都非常美味，但只有费列罗巧克力能保留下来坚硬的核心，而草莓奶油巧克力会被彻底冲刷掉。所以在高压水枪下存活下来的能力，必须得到尊重。当然，有些儿童和成年人一生中从未遇到压力、不幸，也未曾给自己的生活施加过压力，这就是为什么很多“草莓奶油巧克力”生活得很好。但是当生活给你下了个套，打出一个曲线球，迫使你面对压力时，你内心深处最好能拥有强烈的自信。

自尊的本质，是拥有坚实而强大的内在

作为一名精神科医生，我看到人们应对压力的方式千差万别。正如我在前一章中所解释的那样，虽然基因在人们面对压力的脆弱性和复原力中都扮演着重要的角色，但这并不是全部。养育也起着很大的作用，养育对儿童复原力塑造的主要作用是培养自尊。自尊就像费列罗巧克力的坚果核，是一种内在的力量，能确保一个人能承受压力而不会崩溃瓦解。

当我使用“自尊”一词时，我用它来代表“内在品质”：相信自己是一个优秀的人，有能力取得成就，值得被爱，而不是自命不凡或者自视甚高。“自我价值感”或“自信”也适用于此。我之所以要明确这一点，是因为根据我的定义，许多表面上妄自尊大的人，实际上是低自尊的，而评估某人的“内在”不能流于表面。

不管一个孩子是多么才华横溢，多么成功，他都需要强韧的精神，正是这种内心固有的力量让他得以生存和茁壮成长。大部分自尊形成于生命早期，这就是为什么在孩子生命的早期，父母参与照顾孩子如此重要。

对于父母来说，好消息是，我们可以直接对此施加影响，因为这个核心建立在早期养育带给孩子所有的爱之上。

所以，你是在说“你所需要的就是爱”？

是的。

“俗气”，我知道你心里会这样想。但是在你砰地合上这本书，要求退钱之前，想一想：“这不是一本狂热地、嬉皮式地、神经兮兮地建议我们通过一起唱 *Kumbayah*[1] 来拯救世界的书。”我会告诉你为什么爱是如此重要，在养育方面，有时我们会犯怎样的错误，以及为何会犯这些错误。

自尊的核心是知道我们被爱和值得被人爱。在接受认知行为治疗训练时（CBT：青少年抑郁症和成人抑郁症的主要推荐心理疗法之一），我了解到，在一个人的生命早期，他会形成一种世界观或一套信念，尽管很隐蔽，而且往往是无意识的，但它将决定一个人余生的思维和行为模式。

人们在抑郁时，信念体系是消极的，导致他们用消极的眼光看待所有情况。会认为别人的赞美是虚伪的，认为成就总是取决于运气，认为关系不会长久。CBT 治疗的目标是与来访者一起寻找驱动这种心态的“核心消极信念”。你认为不同的人会有不同的信念，对吗？然而，我在实践中发现，人类个体的心灵并非那么独特。其实，让那么多优秀的人陷入困境的核心信念可预测且有限。事实上，这种核心的消极信念几乎总是“我不够好，我不值得被人

---

1 *Kumbayah* 曾是美国 20 世纪 20 年代的黑人灵歌，也是 20 世纪 50 年代美国人野营时喜爱的歌曲，有着和谐欢乐的含义。

爱”的不同版本的重复。

为什么这些核心信念很重要？

如果你有自尊，你会拥有一个基本信念：相信自己是一个好人，有能力取得成功，值得被爱；即使遇到逆境，你也会认为它是暂时的，可以被克服。你会相信自己有能力解决任何问题，然后继续前进；你相信不管发生什么，你的朋友和家人都会爱你，支持你渡过难关。即使你没有朋友或家人，秉持“自己值得被爱”这样的基本信念，意味着你会期待获得爱，你将带着自己能得到帮助的期望寻求帮助。如果这是你的起点，那么很明显，你将能经受住许多风暴。

让我们考虑一下相反的信念——你是无用的，不值得被人爱（低自尊/低自我价值感/低自信），那么所有的逆境都会进一步证明你很没用，并会加重你的痛苦。你会在痛苦中感到孤独，不会寻求帮助，因为你会觉得自己应该受到惩罚，而且无论如何，没有人愿意帮助你。你的精神世界非常孤独，一旦出现逆境，它便是滋生心理健康问题的沃土。

这些核心信念何时形成？

在童年早期。

谁有助于形成这些核心信念？

父母。

父母如何才能让孩子相信自己是可爱的？

通过表达爱意。

自尊的基础：让孩子感受到被爱

我想有时人们会忘记“爱”就像是热量，如果仅仅是理论上的存在或者难以接近，都没有用处。假设在你的花园底部有散热器或热源，但没有打开，那么晚上它们就无法给你温暖，你唯有感受到它的“热量”，才能感受到它存在的价值。

在我的工作中，几乎所有的父母都会说自己爱孩子，我相信这是真的。许多父母夜以继日地工作，赚钱养家以便给孩子提供更好的生活。许多父母牺牲他们的工作，只为让孩子能接受诸多辅导和课外活动，确保他们能有一个最好的开始。许多父母以爱孩子的名义，允许他们做想做的任何事。然而，根据我的经验，觉得父母爱自己的孩子其实很少。也许他们只是忘恩负义的小浑蛋？

或者可能是这样：爱你的孩子是一回事，让他们从内心深处坚信他们是被爱的，则是另一回事。前者可以在办公室或厨房水槽里完成，后者要难得多。

我认为有时父母也会对爱感到困惑。他们认为爱是需要赢得的，或者是有条件的。他们认为无条件的爱很过分，很奢侈，会“宠坏”孩子。他们相信，否认爱，可以激励孩子为了获得他们的认可而努力。于是，他们，以及他们的孩子开始相信成就（或成为某种人）会带来爱。许多伟大的成功人士从小就相信这一点。对他们来说，成就会让他们“值得被爱”，而自尊建立在成就和爱之上。许多人对成功的渴望来自赢得父母的爱（模型 1）。

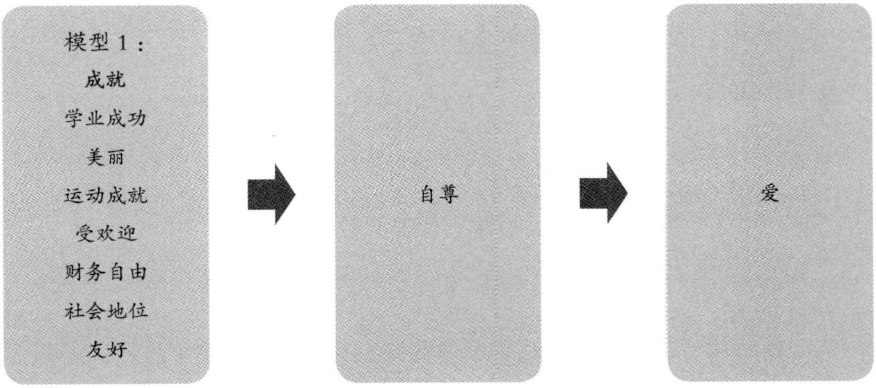

但还有第二种模式，其中爱是基本核心（不以任何成就为条件），其本身就能带来自尊，而这种建立在爱的基础上的自尊可以推动成就。从“诺贝尔奖”到“奥斯卡奖”，各种各样的获奖者在获奖感言中都表达了对父母无条件的爱和支持的认可。

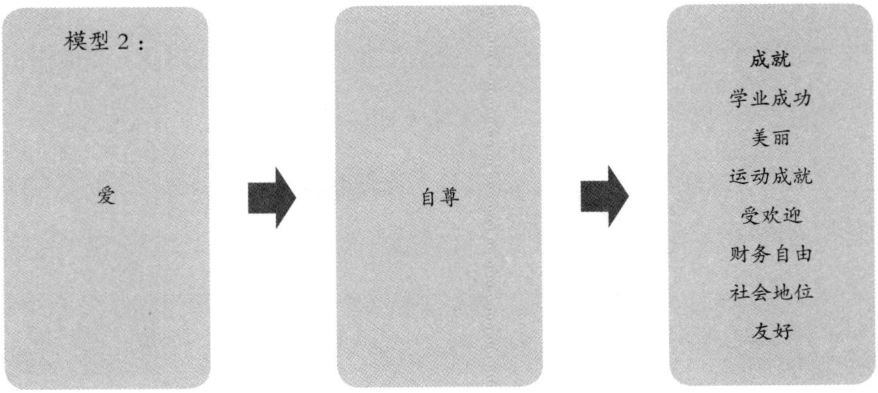

这两种模式都有效，有很多成功案例都源于人们想要证明“恨他们的人”是错误的。然而，第二种模型比第一种模型强大得多。当爱取决于成就时，如果你的成就减少，你的自尊和爱（取决于成就是否足够）就会减少，这将是一枚非常难以下咽的苦果，实际上会让一个人失去一切。

也许，第一个模型可以解释为什么许多成功的、了不起的人仍然觉得自己一无所有，或者永远“不够好”。而在第二种模型中，即使你的成就在下降，自尊受挫，爱也不会受到影响，万物之源依然存在。

确保别人感受到爱相当不容易，所以我认为重要的是要强调让孩子感受到你为爱他们所付出的努力。这有点像你开始一段新的恋情：你把旧的灰色宽大的内衣，换成一些漂亮的新内衣；避免放屁；经常问你的新伴侣今天过得怎么样；总是挤出时间一起去度假。同样的道理，一开始你的孩子也需要浪漫（付出额外的努力让他们感到被爱，感到自己是特别的）。一旦建立了安全的爱情关系，不可避免地就会失去自由，但如果早年打下了稳固的基础，那么就没有什么可以动摇爱。

我坚信爱的表达很关键，我坚持以第二种模式养育我的孩子。我希望我和我丈夫的爱成为孩子成功的动力（哪怕失败，无论如何我们都会爱他们）。作为父母，有时候不知道“如何让孩子感到被爱”，医学院、心理学或精神病学培训都不曾涉及这个话题。没有科学论文能回答这个问题，你也不应该让任何伪科学、通俗心理学书籍告诉你答案。然而，有些建议是有科学依据的。一些在动物和人类身上进行的看似无关的实验，倒是指出了我们（也许）应该做的事情。

如何表达爱——婴儿

许多父母认为养育孩子就是把他们放在安全的环境之中，喂养他们，给他们换洗衣物。当然，对于新手父母，有时候的确会觉得生活已经缩减到只是处理“进食”和“排便”，以及洗衣服、洗衣服、洗衣服！然而，大多数父母不知不觉中把精力用在了许多其他的事情上，而我们给予婴儿的爱和感情远胜于任何例行的喂养时间表。

孩子需要温柔的抚摩

20 世纪 60 年代，一位名叫哈洛的心理学家对猴子进行了一项开创性的实验。他发现小猴子更喜欢和毛绒绒的假猴子（可以给它们温暖），而不是可以给它们食物的铁丝假猴子待在一起。这个有力的证据表明，如果让婴儿在温暖的爱和食物中做出最终选择，他会选择爱。近期研究表明，在一窝老鼠中，母亲舔得最多的幼鼠发育得最好，而母亲舔得最少的幼鼠发育最不良。有一些母鼠根本不舔它们的幼鼠，这些幼鼠成年后更有攻击性或更内向。如果把这些幼鼠交给那些舔舐幼鼠的母鼠抚养，这些幼鼠成年后并不会变得很有攻击性，也不会变得很内向。这表明，这些幼鼠并非天生就有“攻击性”或“行为退缩”，或者，哪怕有的话，也因为舔舐而消失了。针对猴子的实验发现了类似结果，而那些患有产后抑郁的母亲的孩子，也出现相似的情况，婴儿普遍表现得更内向。

小贴士：拥抱有益

人类的拥抱相当于动物的抚摩和舔舐。还有什么比亲吻和拥抱更能表达爱的呢？忘掉维多利亚时代的压抑和僵硬的面孔吧，我非常赞成表达情感。经常这么做吧。尽可能多地和孩子互相拥抱，尤其是第一年。爸爸的拥抱和妈妈的一样有用，爸爸拥抱得越多，父亲和孩子之间的联系就会越紧密。妈妈们不需要占有欲太强，爸爸和孩子之间的良好关系意味着妈妈可以少辛苦一些——无论是现在，还是将来！

产后抑郁的母亲主要困难之一便是不知如何对婴儿做出恰当的反应。通常情况下，症状轻微的母亲仍然可以完成基本的任务——喂养和换尿布——以至于许多产后抑郁者未被发现，更未得到治疗。对患有产后抑郁症的母亲来说，更大的困难是对婴儿的情感需求做出敏感、及时和适当的反应。抑郁的母亲和非抑郁的母亲在拥抱婴儿的次数、与婴儿面对面互动的次数，以及当婴儿哭泣时照顾他的时间上有明显差别。这些细微的差别常常被忽视，甚至被视为无关紧要。事实上，直到最近，它们对儿童心理发展（抑郁、焦虑、行为问题和智力）的重要影响才被证明。如果你担心你或你的伴侣在宝宝一岁的时候可能患有抑郁症，那么一定要寻求帮助，这不仅是为了父母当下的幸福，也是为了孩子的长期幸福。

别再和孩子玩“哭泣的游戏”

由此，我们可以看到父母敏感、及时和恰当的反应对孩子的情感和智力健康影响深远。“响应式养育”意味着父母应该满足宝宝的需求，无论是身体的还是情感的。那么，这将把当今流行的一些育儿方式，比如控制哭泣法，置于何处？

这方面还很缺乏优秀的研究成果，因为坦白说，谁愿意将新生儿交给研究人员？你怎么能没有伦理道德地随机分配父母施加控制哭泣法？如果你分析选择使用控制哭泣法的父母，你能排除偏见吗？偏见难以避免，因为某些父母会选择这样做。然而，动物实验的证据始终表明，早期接触压力会导致激素调节路径长期变化，从而影响未来的发育和压力反应（见第4章）。那么，让婴儿长时间哭泣算是压力吗？

刚出生的时候，莫莉很爱哭。白天她就是一个天使，但每天晚上一过11点，她就变成了一个尖叫的女妖，要一直哭到凌晨4点。这种情况持续了至少三个月。即使有人抱着她，她也会尖叫。有一次，我一直在抱怨安德鲁和我因为熬夜而精神崩溃，我妈妈嘲笑我说：“那是因为你不知道怎么做。周五晚上我过来，我来照顾她，让你看看应该怎样带孩子。”安德鲁和我从来不挑剔别人送的礼物，我们高兴地分出空卧室，留下妈妈和莫莉。半夜一点，我们睡得正香，有人敲门。门外站着一位疲惫不堪、身高五英尺[1]的中国女士，

---

1 1英尺≈0.3048米。

她伸出双手，捧着一只尖叫的、面红耳赤的小怪物。每次怒火爆发时，这个小怪物的整个身体都在颤抖；每一次吸气都是为了下一次更猛烈的进攻。“莫莉不是个好姑娘！”我母亲说，她把莫莉塞回我的怀里，失败退场。之后她不再对我发表“你不知道怎么做”的演讲了。

不久后，在莫莉六周大的时候，我的姻亲来看我。他们鼓励我试试“哭泣控制法”，其基本原理就是让你的宝宝哭到因为疲劳而睡着。某些策略允许你改变检查他们的次数，但本质上，这个理论是通过对宝宝不闻不问的方式让他们学会自己入睡。“哭到累得睡着”被重新定义为“自我安慰”。经过40分钟的持续哭泣，据我目测莫莉没有任何疲倦的迹象。我知道她很有毅力，因为即使有我安慰，她也能哭上好几个小时。我感到非常难受，实在难以继续。

我脑海中浮现了依恋理论和动物研究的结果，最后，我放弃了。不管怎么说，我觉得自己完全错了，她的痛苦如此明显，在这样的情况下，我竟然试图在晚餐时礼貌地进行交谈。不过，安德鲁似乎没有这样的困扰，他只是打翻了一瓶酒。尽管姻亲们都说当年他们就是这样对安德鲁使用哭泣控制法的，看看他，现在不是挺好的吗？精神分析师认为，很多喜欢通过酗酒释放压力的人，小时候都经历过父母的“哭泣控制法”。我想这千真万确！

所有与此有关的研究都表明，对动物的研究可能无法转化成对人类的研究，即便是针对人类的研究，群体上微小而显著的影响并不能告诉你有关你孩子这个具体的个体的任何信息。他可能是个例外，可能是一个不会得肺癌的大烟枪。但“他最后挺好”这个论点很容易被推翻，因为人们永远不会知道事实另一面的真相——比如，如果没有任由安德鲁哭泣，他可能会成长得更好。

所有的研究都表明，父母必须最终决定什么是对他们和对家庭最好的。就我个人而言,我无法忍受对孩子采取“哭泣控制法”。虽然我相信它会奏效，莫莉也会更早地学会停止哭泣，但我觉得她人生中最初的经历之一不应该是独自哭泣。作为一名儿童心理学家，我知道那些被严重忽视的婴儿通常不会哭。当他们还心怀希望，期待有人会来时，他们会哭泣；而当希望破灭时，他们不再哭泣。他们已经认识到，世界很残酷，不要相信其他人会提供帮助。他们学会了封闭自我和自给自足。这不是一个有意识的过程，他们无法告诉你他们内心在经历什么，但当你遇到那些早期被忽视的孩子时，往往会感到有一种难以理解的冷酷，他们也很难建立信任感。我不希望我的孩子形成这样的世界观。

因此，我做出了一个选择（并迫使安德鲁同意我的观点），在他们的大脑充分发育之前，不会让我们的孩子独自哭泣。实际上，这是我凭空想象出来的一个年龄，但听起来不错，而且足够可信到能让安德鲁配合。没有被丢在一边“自我安慰”的莫莉，在一岁之后有时候仍然会上演一场哭泣游戏，而我觉得在这个年龄段采用哭泣控制法，我要心安很多。因为“爱”和“响应式育儿”是第一位的，在必要的铁腕纪律到来之前，我需要时间建立起安全依恋的亲子关系。因此，我认为控制哭泣法对于年龄较大的孩子较为适用，但不适合小婴儿。当然啦，D 哭得更少，睡眠质量也更好，因此，我从没有想过要对他采取哭泣控制法。

小贴士：如何处理宝宝的哭泣

· 回应宝宝的需求。

当宝宝哭泣时，他们需要你做出回应。大脑在童年早期正处于高速发展期，如果管理压力的荷尔蒙系统在这个阶段处于持续的压力之下，那么大脑就会被重新编辑。这可能会带来终身影响，导致孩子易感到焦虑和抑郁。我不是一个推崇“绝对的对错”的人，但我个人不主张对六个月以下的婴儿采取哭泣控制法，对一岁以上的婴儿也许可以谨慎地采取这个方法。作为医生，我们经常做“风险—收益分析”，我想家长们必须分析自己这样做的风险和收益。

如果一位有两个孩子的单亲妈妈需要充足睡眠才能照顾好她所有的孩子，那么她应该去做——与母亲抑郁的风险相比，哭泣控制的风险更小。但如果父母能够应付，可以尽量避免哭泣控制法。因为每个家庭的情况不同，所以尽管我个人不支持控制婴儿哭泣的做法，但不应该彻底否定它。

· 对别的妈妈的夸耀保持怀疑态度。

所有的新手父母都在心中没底的情况下苦苦挣扎，家长们聚在一起的时候，更是折磨人。在这里，你将听到其他父母夸耀自己的宝宝从六周大就可以整夜安眠，并且从未哭泣。如果你听到这些，请不要感到沮丧。请记住，年龄较大的、喝配方奶、经常使用安抚奶嘴的婴儿常常会睡得更好，而这些特定的选择有利有弊。最终，这些婴儿都体验到了被忽视感，往往有一种难以理解的冷酷，并且缺乏信任感。我不希望给我的孩子们培养出这样的世界观。所以我做出了选择（并迫使安德鲁同意我的意见），直到他们的大脑充分发育，才会对孩子们的哭泣不闻不问。实际上，这是一个凭空捏造的年龄段。养育D比莫莉要容易得多，我也可以吹嘘自己睡得有多好，但实际上这与我有没有能力无关。

作为一名心理医生，我更容易忍受那些在早晨咖啡时间沾沾自喜的人，因为我知道，人们对自己的描述往往不是全部的真相，只是他们对自己的描述。我曾花了好几天的时间倾听人们的痛苦，如果你在派对上遇到他们，或者看到他们在Facebook上美化过的生活，你会觉得他们的生活看起来相当"完美"。当有人吹嘘自己的时候，我会立马启动防御机制：他们可能没有袒露全部实情。而且我发现，表现得极为友好是一种有效的回应。

吹嘘的妈妈："我的孩子真是太好了！她每天晚上能睡八个小时，我从来没有这样神清气爽过！"

我（心想："你的宝宝可能只睡了四个小时，但出于某种原因，你觉得有必要夸大其词。也许因为你生活中有一些不想和我们分享的可怕的问题。"但我会这样说）："哇哦！这真是太棒了！你真是太幸运了，有一个这么可爱的孩子！"

这可能不是真心话，但它不会伤害任何人，而且会让你自己感觉好很多。

一种很好的洗脑方式

我们目前对养育的一些探索，源于约翰·鲍尔比（John Bowlby）和玛丽·安斯沃思（Mary Ainsworth）的理论。他们的理论表明，亲子关系和依恋对孩子的成长有很大的影响，孩子的未来跟父母与婴儿的亲密程度直接有关，也跟婴儿与父母的依恋程度有关。

鲍尔比的理论认为，为了让父母形成对孩子的养育之心，他们需要与孩子建立一种“联系”。在我看来,这种“纽带”有点像洗脑程序,让我能这样想:“是的，我非常爱你，我愿意为你清理便便，我剥夺自己的睡眠以便日夜为你服务。”如果我们希望自己成为好父母，为婴儿各种各样的残暴行为负责，这种洗脑很有必要。

如果不对自己进行洗脑，我们很可能会变得疯狂和怨恨——如果世界上有其他人像我们的孩子那样对待我们，即使是深爱的人，我们说不定也会杀了他们。只有被洗脑了，你才能忍受。我会竭力鼓励父母全身心投入到对自己的洗脑过程中，唯有这样，才能更容易忍受不得不忍受的痛苦。想想看，当你与新雇主开始工作时，你要把建立良好的关系看作是进入公司必经之路。他们会用公司的惊人之处给你洗脑，为了保持理智，请喝一点冰饮料吧！

为了帮助自己进行洗脑，你需要尽快和尽可能多地拥抱你的宝宝，特别是在宝宝刚刚出生的时候。对一些家长来说，洗脑作用立竿见影；对另一些家长来说，洗脑可能需要一些时间，但通常会起作用的。有些人认为，怀孕九个月，母亲已经和宝宝形成了一种天然的纽带。但我并不这样认为，我认为建立亲子联结和建立其他亲密关系一样，需要共度亲密时光。这可能不会花太长时间，因为当你和宝宝度过第一个 24 小时的时候，你已经有了相当于 12 次约会的时间，而且很可能已经和宝宝同床共枕了。

整个过程，我大概花了三天的时间。我记得自己在怀孕的时候，看着身边熟睡的安德鲁（有些令人毛骨悚然的女人会做这样的事情），心想我怎么可能爱任何人超过爱他？莫莉出生后，我试图寻找我和孩子之间那种“天然的纽带”，但奇怪的是，我发现安德鲁仍然是我最爱的人。不过，令人惊讶的是，在莫莉出生后的第三天早晨，我醒来后抱着我的莫莉，看着在我身边打呼噜的安德鲁。然后，我把他捅醒，兴奋地说：“嘿，这件事终于发生了！我爱她胜过爱你！”

安德鲁花了更长时间体会到这一点，三个月后，他对我说：“哈！我爱她胜过我爱你！”

“很好，”我说，“记住这一点，因为如果我们都掉到了水里，我希望你先救她。”

在第一时间与孩子建立安全依恋

孩子和父母之间相互的爱被称为“依恋”。在出生的头六个月，婴儿会向任何人寻求帮助。把新生儿交给家人，婴儿会非常开心——只要这些人有一个温暖的身体，愿意拥抱他们，无论是妈妈、爸爸还是邮差，对他们来说并没有什么差别。

在六个月到一岁之间，婴儿渐渐形成辨识能力，开始寻求依恋某个特别的人。他们通常会选择曾经帮助过他们的人：当他们饥饿、寒冷或需要帮助时出现的面孔；对他们微笑、喂养他们、和他们玩耍的面容。作为父母，你应该真心希望这人是你，而不是保姆。

到了婴儿八九个月大的时候，这个人的身份就很明确了，因为婴儿会紧紧抓住这个人，只希望这个人能让他们平静下来。如果这个人离开，他们会大声吵闹。他们现在已经变成了忌妒心极强的“女朋友”。在鲍尔比时代，依恋的对象总是母亲，但在我看来，没有任何理由不能是父亲，或者是双亲。在这个双职工时代，确保孩子对父母双方都形成依恋非常有用，这样我和安德鲁都能起到同样的作用，而且可以互相替换。我知道有些人会说：“是的，我们想让他们和保姆建立一种强有力的依恋关系，因为我们都在工作。”但在我看来，这与初衷背道而驰。依恋对象是终身的，而不仅仅是为了圣诞节。如果你的孩子与保姆关系过于亲密，当保姆不得不离开时，你该怎么办？这也是我选择不请保姆的原因之一。

对于有工作的父母来说，这是最棘手的难题之一，解决方案没有对错之分，只能取决于这个家庭的全部成员——父母和孩子。在一些家庭中，父母把事业放在首位，其次才是孩子的需求。另一些人则认为孩子最重要，通常父母中的一方会牺牲自己的事业，但这可能会导致怨恨，对我来说，两种结果都不理想。作为一个社会，我们需要更慎重地考虑家庭生活的重要性，并不断推动法律的变革，以适应现代家庭。

我通过一种混乱的组合找到了家庭和事业的平衡。莫莉出生时，我正在欧洲最好的精神病学培训之一的项目中学习。我希望尽快完成培训，因此在莫莉七个月大的时候，我决定回去全职工作。与此同时，安德鲁的工作换得很及时，他获得了三个月的带薪假，因此我们全家得以在一起幸福地度过长达一个月的假期，之后我把照顾孩子的重任交给了他。这一切都发生在莫莉七个月到九个月大的时候，当她开始上全托的时候，她已经建立了对我们——她的父母——的安全依恋。

安全依恋是最理想的依恋模式。其形成与儿童时期甚至成年时期的各种积极结果有关。安全依恋的孩子有更加强大的复原力，在学业和社交方面有更多成就，身心也更为健康。

好消息是，通常 75% 的儿童会建立安全依恋。但是不安全依恋呢？这些儿童的整体发展状况较差，能实现的成就更少，更容易受到心理健康问题的困扰。如果你想在孩子身上建立复原力，安全依恋是关键。如果你想促进安全依恋，那么需要抓紧孩子出生后的头九个月，这段时间眨眼就会错过。

陌生情境测试

依恋理论的另一位主角玛丽·安斯沃思的工作可以帮助父母确定是否建立了依恋，以及这种依恋模式是否“安全”。她设计了非常著名的以一岁婴儿为实验对象的“陌生情境测试”。

这个实验的关键步骤如下：让婴儿在一个新的环境中与他们的母亲一起玩耍，房间中有一些玩具。接下来，一个陌生人进入房间，并尝试与婴儿交流。此时，陌生人建议母亲退后一步，再过一会儿，母亲会离开房间。陌生人会继续鼓励婴儿玩耍，最终母亲会再次回到房间。

研究人员们挤在隔壁房间，透过我们最爱的单向镜观察这一切，并做好观察笔记。他们将观察婴儿如何玩玩具，如何探索房间以及他们与母亲的亲近程度。他们还会观察，陌生人的出现是否会带来婴儿的变化，以及母亲离开时婴儿的反应。然后，他们将观察婴儿和陌生人之间的互动。最后，也是最重要的，观察婴儿重新见到母亲时的反应。

一个安全依恋型的孩子会这样做：当被带到一个新环境时，她一开始会和母亲待在一起。然而，新的玩具很有吸引力，所以她会想玩玩具。她会试探性地开始玩这些玩具，但为了寻求安慰，她会回过头看着妈妈，或者把玩具拿回来给妈妈玩。过一会儿，她会变得更加自信和独立，更大范围地探索房间，玩各种各样的玩具。当陌生人进来时，她又会变得害羞，回到妈妈身边,在妈妈身边玩。在母亲的鼓励下,她可以和陌生人交流。但当母亲离开时，她会感到不安，会表示抗议。她可能紧抓着母亲不放，不让她走。她可能会哭闹，发脾气，可能会拉住妈妈，试图挽留她。母亲走后，她会站在门口继续抗议，然后她可能会感到沮丧，变得安静和沉默寡言。再过一会儿，在陌生人的支持和鼓励下，她又会安定下来继续玩玩具。

如果你在阅读这部分内容时感觉很熟悉，那是因为"陌生情境测试"或多或少会在进入托儿所的日子里重复。这个实验很完美，因为这意味着所有打算把孩子送到托儿所的父母都会了解到他们孩子的依恋类型是否安全。未建立安全依恋的孩子可能会马上离开他们的母亲，或者当他们被带入新的环境时紧紧抱着母亲。他们可能只是随意地玩玩具，或者不像之前那样大范围地探索玩具或房间。他们可能会立刻对陌生人显得很熟悉，或者拒绝与陌生人互动。当他们的母亲离开时，他们可能抗议，也可能不抗议。然而，安全型和非安全型依恋的儿童主要的区别在于与母亲的团聚。

无论父母离开时的抗议有多么激烈（我见过尖叫、挂在母亲身上不放手、敲门、扯头发的孩子），安全依恋的孩子见到母亲回来后都会非常高兴。她会想再和母亲在一起，之前的一切都被宽恕和遗忘。不安全依恋的孩子往好里说是冷漠，往坏里说是通过主动忽视来惩罚父母。

所以，如果你曾经在幼儿园门口被一只湿漉漉的帽贝（一种海洋贝类生物，常吸附于岩礁上）黏在身上，不让你去上班，那么你应该心存感激，因为这正是一个安全依恋的孩子的特征。他害怕面对分离，只好用这种“死缠烂打”的方式试图留住你。如果孩子长大后，在你回来的时候，他们一副无所谓的态度，或者跷着脚坐在桌子上，漫不经心地对你说:“哟，你去哪里了？”那么，你该担心了。

如何表现爱——学步儿

随着孩子的成长，他们对身体关注的需求逐渐减弱，取而代之的是对积极互动的需求。交流、共同的经历以及开心有趣的时光开始优先于舒适。对于父母来说，这些需求应该很容易满足，因为蹒跚学步的孩子真是个有趣、充满好奇心、容易激动又欢乐的小东西。他们表情生动可爱，讲着各种有趣的事情，无条件地爱你、钦佩你。我可以证明这一点，我记得我在这个年龄段的时候，我的姐姐们争执是爸爸（一个有些秃顶、留着 20 世纪 70 年代胡子的中国男人）还是乔治·迈克尔（George Michael，威猛乐队主唱）更帅。天啊，我们觉得爸爸更帅，这就是孩子们的盲目崇拜。

花点时间，留下美好回忆

不幸的是，在这个双职工时代，把时间留给孩子往往很难。创造珍贵的亲子时光很需要技巧。哪怕我们哪天不遗余力地想要“留下一些珍贵的童年时光，让他记住其实我是个有趣的家长”，但通常最终因为这一天压力太大，而毁掉了这个愿望。

莫莉出生后，虽然我全职工作了两年，但我下定决心，非工作日的每一分钟都要和她一起度过。我不再工作到很晚，我不再是人们心中那个雄心勃勃的、专注的、有抱负心的人。在工作中，我不得不忍受被忽视的痛苦，更不用说，我的社交生活已经完全被抛在脑后。但为了和我的孩子们建立亲密关系，这一切都是值得的。谢天谢地，在我完成培训之后，我发誓以后只做兼职工作。因此，我希望用三明治搭配伦敦动物园的长颈鹿，希望一起享受雨中的野餐、水中的嬉戏、精彩的剧院之旅；每天下午一起做各种汽车、机器人和火车模型；烘烤饼干、读书、唱歌、画画、演戏、玩化妆游戏、表演木偶剧、跳疯狂的舞蹈，在这个过程中，我们聊天、欢笑，我希望对这些时光的怀念和回忆会在我的孩子们心中播下一颗种子，他们会因此知道自己被爱，也是值得被爱的。更不用说，他们也将会和有趣的人一起玩。

小贴士：欢笑有益

有什么比享受一个人的陪伴更能表达“我爱你”呢？当我不得不全职工作的时候，我许下的一个诺言就是，每天和孩子们一起欢笑。我们做到了，现在仍然这样做。

我们的赞美，还远远不够

随着时间的推移，孩子掌握语言的能力越来越强，父母的语言变得和行为一样越来越重要，这不仅仅是在塑造孩子的自尊，还在塑造他们的价值观和同一性。

不同的父母对表扬孩子的看法也有所不同。一些父母连孩子的呼吸都可以赞美——“哇，儿子，你吸了一口气，你又吸了一口气。你能一直这样做，真是太神奇啦！”而对其他人来说，赞美他人需要非凡的技巧。前者的倡导者通常是热情的美国人；后者的支持者则认为，孩子很聪明，如果你什么都表扬，那么表扬就没有意义，他们认为表扬应该慎重，只留给无可挑剔的成就。

儿童精神病学家在这个问题上的立场是什么？当然是站在热情的美国人的阵营里。赞美很好，值得推广，而不是有所保留！如果，当你还是个孩子的时候，你曾从父母那得到过真诚的赞赏，那么你就知道那种暖洋洋的感觉是多么棒！孩子喜欢让父母感到骄傲，我们为什么要拒绝他们呢？

我们可能遇到过这样的父母，他们对孩子迈出的每一小步都会加以赞赏，但心里想：“天啊，这有点过分了吧，不是吗？我不想那样做。”通常这些父母只是暂时性地表扬孩子，只是做做样子，因为他们知道其他人在看。事实上，大多数父母给予孩子的表扬太少而不是太多。持续的表扬真的很辛苦，没有多少人——即使是热情的美国人——不能一直坚持下来。在我们的工作生活中，表扬非常有限。老板上次表扬我是什么时候？不记得了。我想要得到更多的表扬吗？是的。

回想刚刚过去的这一天，我想我可能只表扬了孩子们每人三次，有时也只是敷衍地说一句“做得好”或“那很棒”。在我记得的时候，或者当有明确的理由的时候，我会给予更多更精心的赞美，但如果一个知道表扬的好处并有意识地想要表扬孩子的父母，一天最多也不过三次表扬，那么我不认为整个国家需要担忧对孩子的表扬过多。对表扬持保留态度，可能意味着大多数孩子根本没有得到表扬。

单向镜中揭示的秘密

在心理诊所，我们有机会通过单向镜观察亲子互动。我们邀请家长与孩子一起玩耍，房间里提供了一些简单的玩具，而一大群临床医生则站在隔壁房间里透过单向镜，仔细研究他们之间的互动。每一次身体的接触、眼神的交流、支持的手势、变化的身体语言都被记录下来，并解释其含义。在语言交流中，每一个语气、用词、支持的评论、批评和赞赏也都被记录下来，重点会评估当表扬的机会出现时家长有没有表扬的情况。这很神奇，但通常在半个小时的观察中，你可以了解更多关于一个家庭和一个孩子的问题。对我来说，这部分是学习儿童精神病学最有趣的部分，就像是内科医生做身体检查，能拿到第一手资料。

遗憾的是，表扬根本不在有些家庭的词汇表中。通常这些父母自身可能从未被表扬过，或者患有抑郁症。

我记得有这样一个来自贫困地区的家庭，家中八岁的男孩试图自杀。在我们的建议下，社二为他组织了一次课外活动，他开始踢足球。我听说他踢得很好，英格兰足球队曾到访过他的俱乐部，他和他们一起踢过球。当他告诉我这些时，我笑着说：“我很期待几年后你真的为英格兰队效力！”

这显然是个玩笑，我知道这种事情发生的可能性很小。在我的工作中，我经常说这种话，根据我的经验，孩子的典型反应是微笑着想：“那是不是很棒？”或者大笑，心想：“我知道你在开玩笑，但我还是谢谢你这么说。”父母们也会跟着说一些支持的话。但这一次，我遭遇了沉默。面无表情的母子俩异口同声地说：“这永远都不可能。我们一无是处，也不会有什么好事发生在我们身上。”那一刻真是让人非常沮丧，我第一次真切地感受到了情感匮乏，那是缺乏赞美和希望的真空。

所以表扬绝对是个好东西。表扬过多也胜过表扬少，尤其是对年幼的孩子而言。我们能单纯地享受表扬的最佳时间就是生命最初的几年。幸运的是，对于大多数父母来说，表扬孩子是很自然的事情。（我们都见过这样的场景，有人对着你见过的最丑的宝宝说：“看看他的小鼻子，还有那双可爱的眼睛，他真是这个世界上最漂亮的婴儿。”）在那之后，表扬确实可以用来塑造行为。

在这个时候，父母区分“尊重与赞美”和“功能性表扬”可能是有用的。“尊重与赞美”的目的是提高自尊，比如“你真聪明”；而“功能性表扬”则用来强化行为：“你记得检查拼写，做得很好。”

在四岁以前都应该大量使用尊重与赞美，在这个阶段它能被孩子毫无疑问地接受，四岁以后到青春期，它的使用会自然而然地减少，到了青春期，尊重与赞美会变得很尴尬。功能性表扬应该从两岁左右开始，然后一直持续。

（我将在第 5 章详细讨论这一点。）

我对那个 8 岁的男孩做了什么呢？我教他的母亲如何表扬他。我甚至送给她一些卡片，上面写满了赞美之词："做得好""那真是太好了""做得太棒了"。我告诉她要尽可能真诚热情地使用这些卡片。我们在诊所里一起排练，这花了一些功夫。我要求她在接下来的一周把所有卡片上的赞美之词，融入日常的对话中。哪怕是假的或比较勉强的表扬也胜过没有，随着时间的推移，我们希望它会变得更加真诚。我还要求她在睡前十分钟表扬孩子们当天做得好的地方。同时，还要求她鼓励她的孩子们彼此互相表扬。

慢慢地，慢慢地，一点点地，我们试图给她的家庭带来一些自我价值感。

如何表达爱——儿童

一旦孩子到了上学的年龄，对身体上的亲密感和共处时间的需求就会自然减少（谢天谢地，再也不用拖着他们到处走了，他们简直整天黏在我身上），但"脐带"还不应该完全割断。孩子们应该在没有父母陪伴的情况下，开始建立人际关系和学习新事物，但仍然需要父母的共情、指导和建议。尽管学龄前儿童可能会觉得自己是家中的国王，认为自己是最聪明、最耀眼、最可爱的孩子（因为他们不认识其他任何孩子），但当他们面对其他孩子时，自尊心会发生什么变化呢？

当他们发现自己跑得没有哈利快，画画不如克洛伊的时候，他们的自尊还能维持下去吗?

在这个阶段，父母养育的重点在于加强孩子逐渐形成的自尊，用支持的方式帮助他们做好面对自己弱点的准备，以及处理不可避免的失败。

确保成功：在一个小池塘做一条大鱼

大多数父母都想知道如何确保自己的孩子能成功。很容易！作为小孩子的父母，我们总是可以通过“固定领域”来保证孩子的成功。我们能“固定”的最大领域是选择小学。对小孩子来说，“学校”就是“整个世界”，他们在外部世界形成的第一个身份会受到这个选择的影响。如果考虑到培养自尊而不仅仅是学习成绩时，在一个小池塘里做一条大鱼或一条中等大小的鱼，总比在一个巨大的、无边无际的池塘里做一条小鱼要好。作为父母，我们要努力找到大小适合家里这条鱼的池塘。如果你的鱼体积庞大，那么在一个大池塘中它仍然蔚然可观，但如果你的鱼体形中等或者比较小，你需要更慎重。长远来看，为一条小鱼选择一个大池塘，为之支付费用，最后它却迷失在这片无边无际的水域中，对它的成长相当不利。

每当有人问我，一个学习成绩优异的孩子是应该提前一年入学，还是应该直接上二年级，我通常回答：“为了什么？让他的生活更艰难，面对更多的竞争？”如果你的孩子很有能力，为什么不让他享受学业上的自信、智力上的优势和许多奖励呢？你可以利用这段时间培养他社交技能、音乐、体育、创造力和广泛的兴趣。有能力的孩子们最终总会进入竞争激烈的大池塘，但我觉得没必要着急。我认为选择学校的决定应该既要考虑到学业能力，也要考虑到自尊。毕竟，自尊比孩子几岁能熟练掌握拉丁语和三角函数更重要。

学习动机的秘密

另一个很重要的方面是培养孩子的学习动机。孩子们更有可能坚持他们认为自己擅长的活动。因此，如果你希望你的孩子坚持一项活动，那么你应该确保他在这个活动中自我感觉良好。即使他们天生不擅长某件事，选择一个适合的领域，也能让人觉得他们擅长。

对我来说，足球是一项宝贵的生活技能。并非所有的孩子都得会罚点球和假摔，但在英国，对这项运动有一定的了解并具备一定的能力是基本的社交需要，尤其是男孩。如果一个男孩能踢球入网，那么他很容易被英国、欧洲和南美的同龄人接受。谁不想让自己的孩子得到社会认可呢？

D 不是一个天生的足球运动员，为什么他应该是？他的父母都曾是校队的守门员，对足球热情有余而技巧不足。他跑得很快，但从一开始就很明显，他关注细节，缺乏攻击性和竞赛的本能。我们在一家著名的足球俱乐部带他参加过测试，他运球动作过于细致，以至于永远都无法完成训练，导致他身后不耐烦的男孩子挤成一片，就像是收割机后面拥堵的跑车一样。D 看出自己没有其他孩子玩得好，很快就决定不再踢球。

我对 D 成为下一个大卫·贝克汉姆的雄心，从来都是痴心妄想，所以足球被放在次要位置。但我不希望他完全退出，因为那样他就永远不会进步，我仍然希望他能从参与足球运动所带来的社会优势中获益。我四处寻觅其他俱乐部，发现了一个低强度的临时俱乐部，专门为那些父母正在隔壁健身房健身的孩子提供服务。来这里的孩子们被随机分配，既有运动能力很强的，也有那些因为父母自己想健身而被扔在这里的。完美！在能力较差的一组中，D 能够进球，他觉得自己就是个冠军。因此，他很乐意继续参加，这给了他练习和提高球技的机会。尽管他永远不会成为下一个贝克汉姆，但他仍充满热情，在我看来，就小学男孩所能达到的足球能力而言，他在球场上的表现也还说得过去。

我想我是啦啦队队长……

另一方面，我的女儿莫莉是一个自信的参与者。她在大多数活动中总是假定自己会做得很好。正是因为她的自信，我开始认为她是不可战胜的，但为人父母的工作从不可能如此顺利。在自尊形成的阶段，自尊随着时间和事情的变化而每日不同，每个人都需要时不时地补充能量。

在莫莉上二年级的时候，有一天放学回家她很兴奋，因为老师要求他们想办法以直观的方式讲述班级故事《远方的树》。莫莉觉得自己能想出一个好主意，她充满自信，满怀热情地开始画画和做计划。

“这真是我女儿！”我心想。

第二天，我带她去操场，她立刻开始向班上的两个男孩介绍她的想法。我无意中听到了谈话的开头：

“那是行不通的。”

“你打算怎么做？”

“不，那是废话，因为你做不到。”

莫莉开始站在她的立场上辩解，所以我离开了，并带 D 去上他的课。

当我回来的时候，莫莉独自站在操场上，我走过和她道别，她给我看她的设计。“你为什么把这个给我看？你不给你的老师看吗？”

“不，”她说，“这行不通。”她很勇敢，但我看到她的眼里涌出了泪水。我以前从未见过莫莉这样灰心丧气。

“因为那些男孩的看法吗？”我问道。她没有回答，也不必回答。我脑子里闪过各种各样的念头：事情就这样开始的吗？被男孩质疑自己的想法，会损害女孩的自信吗？莫莉的自尊心不像我想象的那么强？难道她对批评没有抵抗力？这会导致她未来无法自信地提出自己的想法吗？

“好吧，莫莉，”我说，“那些男孩并不是决定性因素。我认为你应该把你的想法告诉你的老师，让他来决定。”

莫莉仍然不为所动。

“那些男孩不知道他们在说些什么。他们有自己的想法吗？打击别人的想法很容易，但我敢打赌他们没有什么自己的想法，是不是？”

莫莉承认他们没有任何想法，但这并没有让她感觉好一点。

我无话可说。事情来得措手不及。但我知道这是我母亲职业生涯的关键时刻，我必须在终场铃响之前想出一些办法。

我蹲下来，看着莫莉的眼睛。

“莫莉，”我说，“我相信你和你的想法。”

我知道这句话很滥俗，但我说这句话的时候充满爱和激情。令人惊奇的是，当我说这句话的时候，我看到就像是有股电流贯穿了莫莉的身体，好像我身上的某种复原力已经转移到她身上。我认为，作为成年人，我们低估了我们的意见对孩子的意义。然而，对于年幼的孩子来说，我们应该记住，父母就像是法力无边的神灵：我们说的都是真的——就像圣诞老人或者牙仙子。我们有能力用言语和行动修复或摧毁他们的自信，就像这样。

那天晚些时候，莫莉告诉我，她把自己的想法告诉了老师。老师听了之后说这是个好主意，虽然他们最终没有采用她的想法，但她得到了尊重，感到了善意。我很感激我能帮上忙，我尤其感激自己能有幸亲眼看见所发生的一切。我毫不怀疑，如果我不在那里，莫莉放学后就不会谈论这件事。这件事将变成一个她不会告诉别人的经历。她可能会从容应对，也可能会产生持久的负面影响。我很高兴我在那里，我希望我之后也会在那里，这样她就会知道，在她的一生中，她将永远有一个啦啦队队长在她身边。

额外的小贴士

· 语言很重要，因此让它们发挥价值。

最近我在《哈佛商业评论》上读到宾夕法尼亚大学心理学教授马丁·塞利格曼（Martin Seligman）写的一篇文章，介绍了为美国陆军士兵提供的复原力大师（Master Resilience）的培训。我心想，这些原则也可以用来训练儿童的复原力。作为父母，我们有四种不同的方式来回应孩子们说的话，比如：“我被选为唱诗班成员。”

积极建设性的："太棒了！从什么时候开始？你要唱什么？会有演出吗？"

消极建设性的："挺不错的。"

消极破坏性的："你爸爸今晚很晚才回家。"

积极破坏性的："你为什么想加入唱诗班？只有胆小鬼才唱歌。"

很明显，我们的目标应该是"积极建设性"的评论，但我很惊讶地发现，我们经常会转向消极建设性或消极破坏性的评论，尤其是如果我们自己当天过得很糟糕。

·"我爱你"这三个字很重要。

我坚信这三个字的力量。我认为非常有必要说出"我爱你"这三个字，即便有时候仅有它们还不够。如果你想产生不可置疑的爱，为什么要退缩？要全力以赴。如果你喜欢的话，每天说五次、十次、二十次——与人们普遍认为的相反，如果你不断地对同样的人说这句话，这种力量并不会减弱。在这个年龄，孩子并非总能理解细微差别的行为，也可能无法理解情境和情绪。用语言表达你的情感和目的，能让爱回到正轨。

D 在三岁的时候挨了我一顿臭骂，他哭了。"你不再爱我了。"他说。从那以后，我就特别擅长把自己的意思准确、真实地表达出来："你聪明，我会爱你；你不聪明，我也会爱你；你胖，我爱你；你瘦，我也爱你。你对我好，我会爱你；你对我很糟糕，我也会爱你。即使我对你大喊大叫，我也爱你。我爱你，因为你就是你。在我眼里，你永远美丽、聪明。我为你感到骄傲，我永远支持你，我永远在你身边。没有什么能改变这一点，我爱你。"我知道对一个成年人说这些，可能会让对方觉得太夸张了，但对小孩子来说，让他们对此坚信不疑是件好事。

· 重要时刻尽量不缺席。

我知道我不能总是陪在孩子的身边，但我会确保每个重要的时刻我（或我丈夫）都在孩子身边。学校演出、运动会、班会、音乐会、母亲节和父亲节——我们只错过了一次（这些时刻真的太多了），有时候甚至还让奶奶出席。我像一只疯狂的笨蛋一样挥动手臂，以确保他们知道我在那儿。我知道这很尴尬，但如果他们不知道我成功请假了，那我为什么还要请假呢？

· 平常的陪伴也很重要。

不能只在特殊的场合露面。“爱”的一部分就是分享平凡。至少待在他们身边，你才能有机会及时捕捉到笑话、他们的想法和烦恼。有些东西在复述中会丢失。你可以在远处爱他们，但你能不花很多时间陪伴他们，而让他们感觉到被爱吗？

· 理解。

关于爱，还有什么比知道另一个人在想什么更重要？我经常能接上安德鲁的句子，现在我和孩子们也这样。经常谈论、倾听和交流经验与感受是了解和理解一个人的基础。儿童经历的事情和感受与成年人的一样重要，即使它们看起来不那么重要。一个孩子被老师训斥，对其伤害不亚于一个成年人被老板训斥。我们需要给予孩子们同样的关心和理解。

· 尊重。

我不相信没有尊重的爱。这意味着要倾听和重视孩子们的意见，即使他们是错误的，也不要诋毁他们。记住，尊重是双向的，要永远教育你的孩子尊重他人，包括你。

· 总是有改善的余地。

当莫莉被男孩们质疑时，我第一反应是怀疑她的自尊是否会受伤。然而许多父母不敢怀疑孩子的自尊。有时候朋友们找我寻求对孩子们行为的建议，当我怀疑朋友们的自尊时，他们看着我的眼神就好像我刚刚在他们的胸口上捅了一刀，是在责备他们是“坏父母”(对有些母亲来说，这可能比说她是个“荡妇”还要糟糕)。幸运的是，这并没有导致任何友谊的破裂，因为我的建议是真心诚意的。自尊是孩子的核心，我们应该经常对它心存疑问，尤其是在自尊的形成阶段，因为自尊是动态的，会随着环境和外部的挑战而波动。如果我们心存疑问，我们将能有机会意识到何时需要改善。

确保失败：如何让孩子敢于接受失败

这听起来可能有悖常理，但现在流行的观点是从失败中汲取经验。马丁·塞利格曼和卡罗尔·德维克等心理学家正在进行相关研究，以提高我们对失败的重要性的理解，以及对失败的恐惧是如何成为真正障碍。现如今，孩子们被直升机式父母教导得很完美，或者他们的人生道路被扫雪机式父母清除掉了所有障碍，很少会遭遇失败。因此，他们被剥夺了从失败中学习的机会，也无法通过跌倒后重新站起来来增强自己的复原力。永远不失败似乎是件好事，但如果它意味着永远不尝试新事物，永远不挑战自我，永远不开放视角，因为害怕失败而从不敢做出承诺，那么这个人就像是从未活过一样。

我自己第一次在我真正在乎的事情上经历真正的失败是在25岁左右。这已经太迟了，我在这件事上花了太长的时间。在通过了英国皇家精神科医院会员资格考试的笔试部分后，我被派往格拉斯哥去访谈一位法医病房的住院病人，以此来完成口试部分。如果你操着一口伦敦腔，并且曾经和一位真正的格拉斯哥人交谈过——这是我第一次来苏格兰，我还没有学会那种美妙的抑扬顿挫的口音——你就会意识到对话可能是这样的：

格拉斯哥人：××××××

伦敦人：抱歉，你说什么？

格拉斯哥人：××××××

伦敦人：抱歉，您可以再说一遍吗？

这位愤怒的格拉斯哥病人因为用菜刀刺伤母亲而被送进法医心理健康部：×××××！！

伦敦人：好的。没关系。我们现在来谈谈你有什么感受。

格拉斯哥人：××××

伦敦人：#@£%

谢天谢地，我被送回家乡重新补考。

我现在很高兴自己经历了那次失败，因为这意味着接下来不可避免的失败带来的创伤会小一些。我从那次经历中学到了宝贵的一课。

每个人都会失败

在考试失败后的那段时间里，我把自己的经历告诉了所有人。如果有人把我介绍给谁，我会说："你好，我是贺岚。我刚挂了考试。"我甚至给我认识的每一个人都发了电子邮件，告诉他们："你好，我知道我们很多年没说话了，但你知道我刚刚考试挂了吗？"我丈夫觉得这真是太尴尬了，我这么做简直是有点强迫症。然而，当时我的督导师——受人尊敬的精神分析师莫林·马克斯（Maureen Marks）教授，称赞了我的应对方式："这是最好的应对方式，因为事情就在那里，你不需要像背负'一个肮脏的小秘密'一样背负羞耻感。"我喜欢这个想法，事实上，我的羞愧之情迫使我接受失败，继续前进。

由于我的过度分享，发生了另一件有趣且有益的事情。我向许多朋友、教授和同龄人坦白了我的失败，在这个过程中，一些顶尖的教授和我一些最聪明的朋友向我透露了他们自己的失败经历。如果我不承认自己的失败，我永远也不会知道这些，而且会错误地认为我是唯一的"傻瓜"。事实上，失败（如果能从中走出来）为成功奠定了可能性。有许多古老的谚语都讲述了失败的好处："首战失利，再接再厉。""那些杀不死你的会让你更强大。"当然还有："爱过又失去，总比从未爱过要好。"那么，我们怎么才能把这种智慧传授给我们的孩子呢？我们如何教导孩子们知道失败是成功的一部分？参与、旅程、体验本身就是胜利？

让你的孩子知道你的错误

角色扮演可能会起到一定作用。对于年幼的儿童来说，角色扮演是一种非常重要的学习方式。除了从父母那里学习如何说话、饮食习惯和行为举止之外,孩子们也会吸收父母的态度和应对机制。事实上,如果父母患有焦虑症、饮食障碍或抑郁症，即便排除基因的影响，他们的孩子也更有可能患上同样的心理疾病，因为他们会模仿父母的应对策略。许多父母急于在孩子面前表现“完美”，为了做“值得学习的榜样”而隐藏自己的不完美。他们向孩子们展示他们16岁时赢得的赛艇奖杯，但是把写着“必须更加努力”的成绩单藏了起来。乐于分享成功，而把失败留给自己是人之常情。我们建议和孩子们一起做我们擅长的活动。如果我们不擅长，我们选择不参与。是的，我说的是那些在体育节上不会冒险参加父母比赛的父母！我们甚至希望十几岁的流行歌手能呈现完美的形象，以免我们的孩子意识到其实人们都有优点和缺点。在一个只有完美才会被看到的世界里，孩子们当然会害怕失败。

我的解决之道是言出必行：以身作则，树立参与的榜样。

我同意去滑雪。

我的家庭不富裕，每年冬天滑雪并不是我童年的一部分。当我挣到足够的钱，可以去滑雪度假时，我总是乐于回避：“哦，不，我不能去滑雪，我们要去探索吴哥窟的庙宇。”“哦，对不起，也许下次吧，我要去爬喜马拉雅山了！”直到我有了孩子。然后我开始考虑所有那些独立中学和罗素联盟大学的滑雪之旅。所有那些叫特里斯坦和雨果的红脸家伙，很可能会邀请莫莉参加家庭滑雪度假；或者，那位叫克雷西达的金发碧眼、像小马驹一样的女孩，可能会要求D从斜坡上滑下来，然后给她送巧克力。我想剥夺他们这些机会吗？如果我想让他们学习滑雪，而自己不参与，那么我怎么鼓励他们参加每天的活动？

因此我强迫自己站在了滑雪道的最高处，这违背我的意愿，仅仅出于我勤勉的育儿精神。我先是请了一位私人滑雪教练，训练了三个小时。滑雪教练通常都是健壮的、二十岁左右的年轻人，这倒是不折磨人，尤其是那三个多小时的大部分时间，我都依靠他们搀扶着（“哦，天啊，我又摔倒了！”）。然而，在那之后，我只能靠自己的技巧（或没有技巧）和我亲爱的丈夫了。

想想《BJ单身日记》的第二部，你就知道了。坦白地说，蕾妮·齐薇格在纸袋装里看起来很棒。再想想这样一幕：一个身材矮小的中国人从头到脚都穿着不讨人喜欢的米其林连体衣，伴随着偶尔的木僵。没有哪个升降按钮可以让我站起来，我甚至无法保证自己站在平坦的地面上。有一次失败的转弯导致我向后滑雪，我一直像一个巫婆一样大声尖叫，雪地上留下的划痕是我拼命试图阻止自己下滑的证据，就像是卡通猫掉下来的时候，死活想抓却抓不住墙一样。有一次，我那丰满的臀部从按钮电梯的迷你的小座位上掉了下来，我担心自己一个人被留在半山腰，就一直抓着不放，结果从背后被拖了好几米，最后我决定还是放手为好。还有一次，我在试着按电梯按钮的时候莫名其妙地摔倒了，就再也站不起来。按照真正的英式风格，我不想我身后的十几岁的孩子们排队等我，所以我勇敢地做个手势：“不用管我。”鼓励他们跨过我。我也不想提我和安德鲁在坡道边的言语交锋，当我试图把滑雪板放回去的时候，滑雪板指向山下，他无法相信我如此笨拙。让我这么说吧，我衡量自己滑雪是否成功的标准是我能否活着滑下斜坡。当然如果没有骨折，就算成功了。

至少我所经历的羞辱并非毫无意义。我冲下滑雪道，双手叉腰，随时可能被自己的滑雪板缠住，心脏和肺快要冲出嗓子眼儿，每五秒就要大喊“对不起”——因为我无法控制自己，穿过了愤怒的滑雪者的路线。我侧身看了一眼莫莉和D，在一排井然有序的小孩子间平静地滑雪，优雅而自然地从我身边滑下斜坡。啊，这一切都是值得的，我想。我希望克雷西达和雨果会感激我，而且如果莫莉和D在尝试新鲜事物时害怕失败，我总是说：“别担心，你永远不会像我滑雪那么糟糕。”

对于强调参与而不是追求完美，还有谁能比愿意把公开的羞辱、生命的安全和四肢的健全，置于外表的光鲜和表现的良好之上的父母还更好的榜样呢？忘记所有的励志演说家吧，在这个问题上，对孩子最大的影响难道不是来自那些不怕表现出失败，并且能坚持微笑的父母吗？我鼓励安德鲁也这么做（你应该看看他尝试滑冰），因为如果失败是家中常事，又有什么好害怕的呢？莫莉参加了一次越野跑，比赛结束后，我深感自豪地抱起了她。当时她和一个同学落后别人十几米，跌跌撞撞地跑回学校，身上沾满了淤泥，但脸上洋溢着灿烂的笑容。“真奇怪，”她说，“虽然我在这方面一塌糊涂，但我乐在其中。”

兄弟姐妹间的竞争如何影响孩子的自尊？

同胞竞争似乎与自尊无关，但实际上这些问题相互关联。

我早期曾发表一篇关于抑郁症的论文，研究了同卵双胞胎之间抑郁症状的差异。同卵双胞胎有相同的基因和父母，所以他们之间的任何差异都被认为是由“非共享环境”造成的。大多数人认为“非共享环境”指的是学校或家庭以外的事情。例如，在学校被欺负，或者结交了不良同伴。但我认为，双胞胎虽然有相同的父母，并不意味着他们得到相同的对待。“非共享环境”同样适用于父母的区别对待。在我看来，家庭中的偏袒是致命的毒素，是自尊的杀手。我的病人经常用“家中的害群之马”来形容自己。

我的怀疑源于数据。我发现，同卵双胞胎感受到的父母对待他们的方式的差异，比他们感受到的虐待更能预测他们是否会抑郁。因此，如果一个孩子感到被父母虐待，而她的双胞胎姐妹也感受到了同样的虐待，那么这个孩子情绪低落的风险低于自己受到严厉对待而双胞胎姐妹得到温暖和关爱的孩子。作为父母，我们应该留意自己对待每个子女的方式，以及我们的孩子感受到的我们对待他们兄弟姐妹的方式。减少同胞竞争，提高家庭中所有孩子自尊的一个方法就是培养兄弟姐妹之间的友谊，这就是为什么，我对兄弟姐妹之间不能和睦相处零容忍。

我们是一家人，我所有的姐妹都和我在一起

对我来说，我和两个姐姐之间的感情非常重要。虽然就性格而言，如果我们是同龄人，我们可能并不会在同一个朋友圈，但作为姐妹，我们之间关系极为亲密。尽管我很少与姐姐们交往，但如果我生命中发生了什么重要的事情，她们会是我第一个联系的人，反之亦然。在危机中，我永远都不会是孤身一人，因为我知道无论发生了什么，她们都会支持我。友谊和婚姻可能变化无定，父母会去世，但兄弟姐妹会和你生活在同一时期，陪伴终身。

这不仅是我的观点，科学也证明了这一点。温暖、支持、很少冲突的同胞关系与儿童期和成年后更好的心理健康有关。反之亦然，敌对、充满攻击性的同胞关系与较高水平的焦虑、抑郁、低自尊和反社会行为有关。也许这与基因的关系更大，而不是同胞关系？你可能会认为，争吵不休的父母总会有争吵不休的孩子，他们长大后就会变得无法好好相处、喜欢争吵，也不快乐。但事实并非如此，研究表明，温暖、合作的兄弟姐妹关系可以在各种逆境中保护孩子——包括争吵不休的父母，以及父母的精神障碍、父母的生活变故（如自然灾害和爱人的死亡）、高风险社区、低收入和霸凌。

总之，证据表明，同胞关系对儿童心理发展的影响与父母和朋友一样大。

这对我来说很有意义。许多青少年和成年人的不快乐源于感到孤独或得不到支持。我在做成人精神科医生时，遇到许多不快乐的成年人，我忍不住想，“你知道吗？如果你有一个支持你的朋友，你会好起来。”这正是哥哥或姐姐应该做的。作为父母，我们对孩子在青春期和成年后选择和谁交朋友几乎没有发言权，但我们对兄弟姐妹能否和睦相处有很大的影响。我们完全有能力确保我们的孩子，通过他们的兄弟姐妹，永远拥有一个强大的生活支持网络。

那么，为什么父母常常会对同胞竞争和冲突不以为然？当我们看到它发生时，只是耸耸肩说：“兄弟姐妹嘛，不就这样？”我们可能会草率地处理：“不要打你妹妹。”“从你哥哥背上下来，放下那块砖头，别拿它打哥哥脑袋。”但总的来说，我们认为这些行为在兄弟姐妹间很寻常。这种态度，说好听点是在容忍，说不好听点其实是鼓励。

我自己的童年经历有些不一样。我母亲来自一个有七个关系极为亲密的兄弟姐妹的大家庭，虽然他们生活在不同的大洲，但他们仍然会一起度假，定期通过 skype 聊天。他们一起欢笑、开玩笑、骂人，也互相支持，就像他们小时候一样。我母亲告诉我，在她的家庭中，当他们长大的时候，会分配给他们一个小一点的孩子，由他们来照顾。二叔要背着我妈妈出去玩，我妈妈又要摇着三叔睡觉。我相信，这种责任感的灌输和相互关爱的需要培养了彼此间深厚的感情，这种感情一直持续到他们的晚年。

我清楚地记得，母亲在我和姐姐们很小的时候，对我们说："你们三个是最好的朋友，你们彼此拥有，必须互相支持。"我记得我当时闷闷不乐地想："我和她们两个才不是最好的朋友。一个刚刚扯了我的头发，另一个刚刚抓伤了我的脸。"但结果证明母亲是对的。我们小时候搬了好几次家，先是从中国台湾搬到威尔士，然后又从威尔士搬到伦敦，八年内换了四次小学，尽管朋友们来来往往，"劳蕾尔和哈迪"或者"两个丑陋的姐姐"（当然这是我自恋的灰姑娘式的想法）——我喜欢这么称呼她们——总是和我在一起。你猜怎么着，作为成年人，我们就像是最好的朋友。

那么我自己的孩子呢？

正如我所说的，我对兄弟姐妹间的不和零容忍。下面是我的十大技巧，教你如何做到这一点。

建立同胞之情的十大技巧

1. 确保孩子建立安全感。我的第一条建议是，确保每个孩子都能感受到爱和安全感。对父母形成"安全依恋"的孩子在整个童年和成年时期都发展得更好。孩子的安全感越足，就越不容易忌妒，对兄弟姐妹也越慷慨。因此，确保孩子从一开始就有安全感非常有益于他们的成长。

2. 为弟弟妹妹的到来做准备。在整个怀孕过程中，D 的到来被认为是一件好事。“你会有一个小弟弟，你可以帮我照顾他。”“小弟弟会和你一起玩。”你可以阅读一些关于新生儿和哥哥姐姐相处的书（*Topsy & Tim* 的书很适合）。给你孩子买一个娃娃，一起玩照看它的游戏。游戏尽可能贴近现实，这将帮助你的孩子进入角色，并为即将到来的事情做好准备。大力赞扬任何他们关心他人的行为，阻止粗暴的行为。

3. 让兄弟姐妹间建立感情。父母可能会过于珍爱新生儿，由于过于警惕而把哥哥姐姐和他们的小弟弟小妹妹隔开，这会让他们失去建立情感联系的机会，还会让哥哥姐姐觉得自己被冷落。只要条件允许，就让哥哥姐姐参与进来。把小宝宝放在哥哥姐姐的腿上，教他们如何拥抱小宝宝，怎么带小宝宝玩耍。只要孩子做好心理准备，在你的照看下，这完全是安全的。

4. 处理忌妒。兄弟姐妹之间的忌妒有时候不可避免——即使是安全依恋的孩子，父母的处理方式可以抑制忌妒，也可能会放大忌妒。首先，试着预测可能会出现忌妒的情况，并在出现忌妒的时候注意到它。然后，与其选择忽视，不如尽快处理。例如，在他们争夺注意力时，描述这个情况，承认这一点，并解决它。“我知道你想让我和你一起玩，但我现在在喂弟弟吃东西。不过，之后他就会睡着，然后我就可以和你一起玩了。”或者，在他们长大一点的时候，“今天我要和你姐姐在一起，因为我要带她去看她最喜欢的芭蕾舞，但下周，我会带你去动物园。”许多年幼的孩子在感到被排斥或受到不公平的待遇时，会感到愤怒和沮丧。他们无法理解背后的原因，也没有足够的知识给这种情感命名为“忌妒”。因此，父母需要注意到它，给它命名并加以解释。忌妒是人之常情，我们需要注意的是如何处理这种情绪，而不是试图回避它或者压抑它。未经处理的忌妒可能会导致为了得到关注，而进行猛烈的攻击或故意的行为不当，这可从来都不是一件好事。

5. 运用行为管理。行为管理的原则是大力赞扬和奖励你希望再次看到的行为，忽视和制止你不希望再次看到的行为。如果你想看到兄弟姐妹之间的关爱，你需要用表扬和奖励来强化。如果你希望他们不争吵、不打架，那么每次发生这种情况都要承担相应的后果。我知道有些父母认为兄弟姐妹就应该“彼此相亲相爱”，但和其他人一样，我并不相信这套滥情的东西，我知道，即便是爱情，在某种程度上也是可以被操纵的。

6. 我们 vs 他们。我从家庭治疗培训中学习到，唯一健康的家庭内部团体就是父母 vs 孩子，任何其他家庭组合类型都有弊端（比如，一个家庭一分为二，母亲与儿子对抗父亲和女儿，或者母亲和孩子对抗父亲）。要时刻记住保持健康的动力。利用这种动力，有可能培养更紧密的兄弟姐妹之情，因为人们往往会团结起来反对共同的压迫者。是的，在这种情况下，你是压迫者。不要试图站在孩子一边，要享受你的反派角色，你收获的将是孩子们之间的凝聚力。

7. 鼓励合作。把孩子们当作一个团队，这样可以促使他们互相合作。以团队的名义奖励两个孩子，惩罚也由两个人分担。这将促进合作，并能引导兄弟姐妹将彼此视为伙伴，而不是竞争对手，还能相互鼓励赞赏。

8. 促进接触。我彻底、全心全意地赞同把兄弟姐妹们送到同一所学校，尤其是在小学阶段，我认为教育应该排在社会和情绪发展之后。对我来说，亲密的同胞之情，比关键的学习阶段（7—11岁）的结果更重要。一个支持你的兄弟姐妹会陪伴你一生，而我们中有多少人能记得自己小学时的成绩？我很高兴听到莫莉穿过操场，在D需要她的时候，给她的D一个亲吻和拥抱。如果他们不在同一所学校，这是不可能的。

9. 激发自豪感，而不是竞争。兄弟姐妹可能会喜欢同样的活动，但当其中一个比另一个更擅长某件事时，就很难办了。试着预测并注意到这种情况，承认它的存在以及所带来的感受。鼓励他们为其他兄弟姐妹在某些方面做得好而感到高兴。这很难，但如果孩子们有安全感，并且爱他们的兄弟姐妹，就会容易得多。你不会忌妒自己好朋友的升职，尤其当你对自己的工作感到很满意的时候。D是一个早慧的阅读者，他还在预备班的时候就能读故事书，而莫莉在这个年纪一看书就哭。我曾担心莫莉会忌妒D天生的阅读能力，但我错了。我听到莫莉经常扬扬得意地对操场上其他的妈妈说，“我的小弟弟已经能读故事书了。”我当时非常尴尬，但也暗自高兴，因为莫莉为她的弟弟感到高兴和自豪，而不是怨恨他所拥有的能力。

10. 对不能和睦相处的兄弟姐妹采取零容忍政策。父母觉得兄弟姐妹之间必然会有冲突，接受兄弟姐妹无须和睦共处，或认为这很“正常”，这是父母不作为的主要原因。所以，最后一点可能是最重要的，要采取行动，才能有所帮助。

本章总结

在一生中，自尊都是孩子复原力的基础。作为父母，我们在孩子早期的主要角色是确保他们开始建立同一性，认为自己是一个被重视、被珍惜、被爱也值得被爱的人，是一个能够承受批评，不惧失败的人。在婴儿期，父母要尽可能多地拥抱孩子，优先考虑他们的需求。当他们成长为蹒跚的学步儿时，父母要和他们一起开心地玩耍，并对他们大加赞赏。而当他们到了上学年龄，这意味着父母不再是他们的榜样，要用正确地语言支持他们，在他们身边为他们欢呼。

正确把握自尊的核心很关键，就像卡尔·拉格斐在发现香奈儿的裙子不合身时，首先会调整模特的内衣，“纠正”孩子的困难总要检查外在问题背后隐藏着什么：首先要考虑他们自尊的核心层。不管你怎么撑开、拉扯或调整不合身的裙子的布料，如果没有胸罩和胸衣，它永远不会合身。依托坚实的基础，才能更好地展示美丽的外表，使之更耀眼和闪亮。

Part 2

基础层

Chapter 3

第一层：社交技能

为什么有些孩子总能成为聚会上的焦点？

男性领袖 vs 邻家男孩

莫莉在预备班时，有一天我自愿进入她的班级并为孩子在脸上作画。老师让我选择第一个开始的孩子，然后让这个孩子选择下一个孩子，以此类推。在给一个女孩子画时，她最要好的朋友，一个男孩说："下一个请选择我。"莫莉曾告诉我，这两个人是最好的朋友，住得很近，什么事都一起做。所以当这个女孩微笑着答应的时候，我并不感到惊讶。然而，出人意料的是，一位"男性领袖"，一个更高大、更聪明、社交能力更好的男孩晃悠了过来："下一个请选我。"他礼貌地说。我笑了，我那邪恶的笑容就像是一个儿童精神病学家在测试人性，我问那女孩："那么，你会选谁？"

答案毫无悬念,每次都是“男性领袖”获胜,“邻家男孩”不得不排队等候。社会等级法则在儿童那儿似乎与在成年人那儿一样，但我没想到在四岁儿童那儿，这种社会等级就已经存在了。那么，是什么注定了一些孩子要去做领导者，而另一些孩子只能跟随呢？是什么决定了受欢迎程度？

在中国台湾，我出生的地方，学业成就等同于成功，并决定了社会等级。因此，如果你进入了“最好的大学”，就读于“最有名望的专业”（通常认为是医学或工程学），那么你就是摇滚明星，是人们渴望的对象，哪怕你曾经是个“书呆子”。这就是我成长的心态，也是许多中国家庭把学业成就看得比其他任何东西都重要的原因。在这个社会里，这是最重要的。但在英国长大的我发现，同样的规则在西方并不适用（尽管试着告诉“虎爸虎妈”你很清楚这一点）。不过，父母灌输给我的这种心态确实起到了保护作用。

我初到剑桥大学时，和其他接受过公立学校教育的孩子进行过一些交流。他们感到很委屈，因为有一位同学更富有并且接受的是私立教育从而“看不起”他们。当时我很冒昧地说，我和那个女孩之间没有这样的问题，因为我们之间已经发生了如下对话：

“你上的是哪所学校？”

“文法学校。”

“哦，我上的是高级私立学校。”（傲慢的声音。）

“你在学什么？”

“法语。”

“哦，嗯，我在学医。”（同样傲慢的声音。）

那个女孩试图根据她的财富建立一个比我更高的社会地位，但完全没有成功，因为我从小到大所接触的社会等级标志（基于学业）使我自认为处于更高的地位。因此，我们两个人都被自己扭曲的偏见逗乐了。然而，除非你打算移居亚洲，否则我认为学业成绩并不是最重要的。例如，有很多人智商超常却没有成功，因为他们很难与其他人相处（或者其他人发现很难与他们相处）。而且，我们都知道，有些人并非是一群人中最聪明的，但功成名就，因为他们和蔼可亲、周到，而且非常有趣。这与我的成长环境相反，却让我相信，社交技能比智力更重要。

社交技能、结交朋友和社会网络通常被认为是“软技能”，但它们极为重要。虽然，智力可以赋予你出色的能力，但社交技能可以让你挖掘周围其他人无限强大的集体能力。如果你有良好的社交技巧，你可以神奇地轻松获得这些：想法、合作、提升、喜欢的人或事、可借给你的锄草机、演出门票、帮助你搬家的人、免费午餐、可以休息的床，生病的时候会有人照顾你，人们会和你保持联系，保护你免受霸凌，免费帮你照看孩子，工作机会、爱情、欢笑，当然还会邀请你参加很棒的派对：这些几乎都是金钱买不到的财富。

社会能力比智力更重要

有趣的是，虽然学校里积极地教孩子们读写和计算能力，但并没有教孩子们社交能力。孩子们必须以某种方式从他们周围所观察的，或者他们自己经历的事情中领悟到。有些孩子天生就是这个方面的专家，有些孩子则需要额外的指导。我曾经认为社交能力、社会等级和政治活动是相当复杂的技能，只能在年龄较大的儿童身上发展起来，但我错了。通过观察我自己的孩子，我惊奇地发现，孩子们社交能力的差异在四岁时就已经相当明显，而争夺社会顶层位置的战斗已经全面展开。

四岁孩子已经拥有了的“社会阶层”观念

观察孩子社交技巧的最佳场合之一是他们的生日聚会。一个四岁孩子的生日聚会可能是社会等级第一次浮现的场合，因为正是大约在这个年龄，孩子们将发展出足够的社会技能，以一种有意义的方式进行互动。孩子们都在相同的年龄段，并且由于礼貌的约定，父母会邀请全班同学参加自己孩子的生日聚会，因此他们将有机会在一个具有代表性的范围内比较自己孩子的社交能力。与教师作为权威存在的教室环境不同，生日派对就像学校的操场：这是一个没有管制的自由社会。对孩子来说，生日聚会可能是最为挑战他们社交技能的场景之一。见鬼，哪怕是个成年人，一想到要参加一个你只认识几个人的聚会，谁不会偶尔战栗一下呢？你的孩子如何处理这种情况是一个真正的测试，你不仅有机会观察你孩子的社交技能，而且还能观察他们在社会等级中的位置。因为，可悲的是，就像生活在丛林中我们的灵长类亲戚为了争当雄性领袖和雌性领袖而战斗一样，所有的人类社会都有一个社会等级制度，即便是四岁的孩子。

我参加了许多生日聚会，每次都会给过生日的孩子拍一张吹蜡烛的照片。

我注意到，在每张照片中，都是同一些孩子围在过生日的孩子身边，包括莫莉。即便过生日的孩子不是莫莉特别要好的朋友，也会如此。我在生日聚会上观察到一种“主桌儿童”模式，坐在过生日孩子身边的是同一群孩子，不管是谁的生日。由此，我提出了一种社会等级理论，这种理论在生日聚会的孩子们的座位上得到了体现。我开始观察这些“主桌儿童”，他们似乎具有极强的社交意识。例如，他们能准确预测什么时候会叫他们坐下吃饭，以及过生日的孩子可能会坐在哪里（通常在桌子中间位置，或桌子的一端，取决于桌子的布局）。然后，他们寻找机会，让自己坐在靠近过生日的孩子的座位上。

莫莉和她的朋友们是这方面的专家。有一年夏天，莫莉的腿摔断了，那段时间她被要求使用儿童齐默式助行架。在一个朋友的生日聚会上，在听到邀请孩子们入座的号令后，孩子们都像往常一样，争先恐后地想坐在生日男孩旁边。桌子排成一长列，生日男孩挪到中间坐下。我观察莫莉，她看到所有的孩子都跑向生日男孩旁边的座位，而那些“地位高”的孩子为了抢到有威望的位置发生了一场小小的争斗。莫莉第一个看到生日男孩对面的座位是空的，她用齐默架尽可能快地一瘸一拐地走到另一边。虽然她是第一个冲出起跑线的，但她那些身体健全的“地位高”的朋友——他们错过了生日男孩身边最好的座位——现在也看到了生日男孩对面空着的座位，他们从她身边跑过去抢那个座位。我内心暗自发笑，因为这证明了我的理论：对于有社会意识的儿童来说，生日派对上的座位是一种社会阶层标志。

与之形成鲜明对比的是，在四岁的时候，D 似乎没有这种社交雷达。在聚会上，他必然会因为找厕所错过入席的机会，等我们从厕所出来，他会坐在最后剩下的座位上，离过生日的孩子一英里远，即便那个孩子是他的好朋友。就算他在那儿听到了入座通知，他也会一动不动地站着，直到其他孩子都坐下来，才找到别人都不要的最后一个座位。他似乎无视社会等级制度，好在他没有为此而烦恼（能忽视社会压力可能是件好事）。但关键是，我注意到了这点，并将之标记在他可能需要更多支持的范围之内。

由于我从没有告诉我的孩子们在生日聚会里应该坐在哪里，所以对我来说，观察他们是否具有这些社交本能非常有趣。这种能力被称为社会渗透力（也就是说，从社会经验中学习，而不是被教导如何做），自闭症谱系障碍儿童被认为缺乏这种能力。

小贴士：孩子们的排队时间，就是父母的研究时间

尽管在派对上和其他父母闲聊，享用很吸引人的美酒和奶酪，但花点时间在生日派对上观察你的孩子是值得的。对于父母来说，这些场合是少有的机会，可以观察孩子在没有成年人调解的情况下，如何与同龄人相处。如果你的孩子遇到困难，不要总是立即介入，可以看看他们如何自己解决问题。毕竟，这是他们在学校的操场上赖以生存的技能。这样你就能更好地了解他们在学校里都做了什么，并判断你的孩子在这方面是否需要额外的支持。

那么，如果四岁的儿童已经形成了等级制度，父母该怎么办呢？答案有两个。首先，我们应该在四岁之前就开始培养孩子的社交技能；其次，一旦发现他们需要，那么总是可以帮助他们提高这部分技能。因为就像是首相总是换个不停，社会等级制度是一个动态系统，领导人经常会被推翻，为不一样的新来者让路。

早期社交能力：从婴儿到三岁时期

幸运的是，对大多数人来说，进化赋予大脑特定的硬件来吸收社会性信息。因此，大多数人都能够理解特定的社会环境对我们的期望，或者至少能够快速地学会这一点。当然，不同的孩子天生（遗传上）的硬件质量不同，有些孩子很不幸，他们的这部分硬件受损（例如，自闭症的孩子）。但即便是这些孩子，也可以通过学习培养出社交技能。在这一章，你会发现隐藏在这些过程背后的科学，以及一系列我用来评估和提高我自己孩子社交技能的实践研究和“实验”。虽然每个孩子都不一样，但这些知识可以帮助你更清楚地了解你的孩子，并将专家对孩子心理和情感结构的了解，应用到他们的需求中。

笑容是最美的装扮

社交能力似乎是天生的，早在六周大的时候，婴儿就可以从一系列奇怪的基本技能中发展出这种能力。而在这些基本技能方面有困难的儿童，不能以正常方式发展出“高阶”社交技能。通过观察宝宝这些早期的、看似随意的技能，你可以发现他们的社交技能是否需要额外支持。

婴儿通常会在六周左右开始微笑。这个相对无用的里程碑来得这么早，难道不奇怪吗？如果你能想到一个微笑的婴儿所获得的进化优势时，你就不会这么想了。假设洪水来临，你正要逃命，而你的宝宝总是对你露出崇拜的微笑，你会不会带着他一起逃跑？学会微笑远比学会系鞋带或引用歌德的名言更能提高婴儿的生存概率。是的，婴儿的微笑是进化设计用来操纵父母帮助他们生存的，我们做父母的真是太蠢了。

社交技能的另一个早期发展标志是喜欢看人脸，尤其是眼睛。人类交流中心在一个人脸上。这是语言交流的输入输出区，是非语言交流最具有表现力的区域。大多数成年人通过看对方的脸，就能知道对方在想什么，即使对方什么也没有说。在讲述一件事情的过程中，一个人的面部表情也能传达出不同的信息。我曾收到过很多封电子邮件，我难以确定它们的意思（是笑话？或者不是笑话？）。因为我无法判断写邮件的人当时的面部表情 / 语气。这说明了非语言交流的重要性。现在，我们写邮件时会使用面部表情来表达意思，由此 emoji 表情符号诞生了。一般来说，正在发育的婴儿和儿童天生就能训练自己提高对面孔的注意力，因为他们知道能从这里获取大部分的社会情境信息。没有人教宝宝这样做，他要么天生就能，要么天生不能。在婴儿的早期阶段，作为父母，你可以通过观察宝宝是否喜欢看你的脸，以及他们的眼睛是否像蒙娜丽莎的那样跟着你在房间里转来转去来检查宝宝的社交能力。

一旦婴儿开始注意你的脸，他们很快就会模仿你。如果你对一个婴儿做鬼脸，很有可能某天你会看到婴儿试图控制自己的脸去模仿你的表情，这样做能带来好几个小时的乐趣。这是早期的社会学习——如果看别人的脸是发展接受社交信息技能的基本方法，那么做出面部表情是相互交流的技能。

小贴士：小婴儿也是社会动物

当你的孩子还是个小婴儿的时候，社交技能的基石就已经开始搭建。你可以尽可能地通过与他们互动，鼓励这些技能雏形的发展。你以为摇拨浪鼓引起宝宝注意是一种愚蠢的、没脑子的事吗？再想想。共同关注是社交技能的基本组成部分。你的伴侣会因为你花几个小时对婴儿做鬼脸而取笑你？嗯，现在你可以告诉对方你正在提高孩子的社交能力，因为面部表情和肢体语言是最常见也是最有力的沟通方式。面部表情可以跨越任何语言障碍，向来自任何大陆、任何文化的任何人传达你需要的所有意义。如果你不相信的话，可以看看一辆播放着《憨豆先生》（扮演憨豆先生的罗温·艾金森是非语言交流的大师）的非洲乡下的公共汽车。车上的乘客像我们一样大笑，完全理解电影发生了什么，而无须借助语言。通过让宝宝尽可能多地接触人类社交活动，可以向他们展示更多的获取社会知识的信息。这是一种社交技能，相当于为学习阅读的孩子提供书籍。

迟早，当宝宝学会模仿你的表情后，他们就会开始模仿你说话。语言沟通使社交技巧变得容易很多。“儿语”专门用来指父母在和宝宝说话时，普遍使用的语音语调和言语重复模式，无论他们说的是哪种语言，都会有这样的话：“你是个好孩子，是不是，是不是？”也许你曾发誓永远不会这样做，因为这听起来毫无意义。但当你怀抱一个小宝宝，你会发现你正在对他说这些。再来一次，不要停！之所以每个人都这样做，是因为这是鼓励孩子语言发展的最佳方式。进化使我们具备这么做的能力，而且当咿呀学语的宝宝回到我们身边，我们得到的强化使我们一直这样做。研究表明，接触“儿语”越多，婴儿语言发展越快。

小贴士：爸爸也可以说“儿语”

作为一名女权主义者，我最讨厌的一件事就是经常听到带有性别偏见的报道，比如：“婴儿天生就会模仿母亲的面部表情。”这绝不意味着他们不会模仿父亲的表情。事实上，实验表明小猴子会模仿人类男性科学家的表情。这表明，男人可以启动跨物种模仿。所以我不明白为什么男性不能更多地对自身所属物种——自己孩子——讲“儿语”？无论你是男性、女性还是猴子，婴儿都会试图模仿你。我没有用“妈妈语”而是用“儿语”，是为了避免性别偏见。

缺乏这种早期社会互动的孩子会发生什么？很遗憾，有证据表明，他们将很难理解社会情感。有关机构在齐奥塞斯库统治下的罗马尼亚孤儿院发现了被严重忽视的婴儿，这些婴儿被诊断为患有自闭症，因为他们的社交能力、沟通技巧和共情能力都严重受损。事实上，这些孩子中很少是“遗传”了自闭症，其中一些孩子在被充满爱心的家庭收养后完全或部分康复。早期与世隔绝、缺乏社会刺激和人类温暖的生存状态，严重阻碍了他们大脑的发育，以至于对他们所做的脑部扫描可以检测到这些生理变化。这些研究结果为我们敲响了警钟：虐待和忽视对幼儿的长期影响非常可怕。

孩子的一切习惯，最初都来自模仿

随着宝宝的成长，共同注意将转移到共同行动上。你可以通过和宝宝玩耍来评估早期的社交互动和互相对话。躲猫猫游戏（你藏起来自己的脸，然后又露出来，逗乐宝宝）深受所有父母和宝宝的喜爱，这是自闭症诊断观察表（ADOS）的一部分[1]。什么？这不就是逗宝宝乐的小把戏吗？事实上，它是检测儿童早期互相对话、对社会互惠的理解、两个人之间互动的指标，也是互相交流和在关系中的互谅互让的前奏。所以，躲猫猫不仅仅是一个游戏。

当你的宝宝掌握了如何模仿面部表情和声音之后，随之而来的便是模仿语言和复杂动作。就像我们的动物祖先一样，我们都具有模仿别人这一天生的动物本能。你可以做很多有趣的实验来观察这个过程。比如，进入拥挤的电梯，突然向上看，很有可能电梯里的其他人会模仿你，也会抬头看。效仿他人或"模仿"是社交能力的基本组成部分，总的来说，相当有效。如果你不知道在新的情境下该做什么，那就模仿别人正在做的。这种方法在米其林

---

1 自闭症诊断观察表（ADOS）是评估自闭症谱系障碍的标准化的诊断工具之一。患有自闭症谱系障碍的儿童和成年人在社交和沟通方面存在缺陷（以及重复的行为和有限的兴趣）。观察流程包括游戏和设计好的可以促进社会互动和交流的对话环节。评估人员在一开始允许孩子表现他们固有的社交能力，如果孩子未能表现出来，评估人员就会给他们一些阶段性的提示，以让他们发挥出最好的水平。评估人员会针对社交和沟通方面的缺陷评分，一旦达到某个标准，就会怀疑属于自闭症谱系障碍。大多数发育正常的儿童和成人，即使是社交能力很强的人，也会在 ADOS 的某些条目上得分，得分为 0 的可能性非常小。因此，不要仅仅因为你的孩子有一些不足，就认为他们是自闭症或属于自闭症谱系。尽管可以使用 ADOS 和自闭症诊断量表（ADI）等工具，自闭症谱系诊断仍然需要专业的临床判断。

三星餐厅就餐和去日本出差时，就像学步儿在音乐小组的第一次活动或开学第一天那样有效。那些能很快“学会”这一点的孩子已经领先一步。

所以父母们要小心，你的孩子会模仿一切。有一次，莫莉开始和我讨论乞丐。即便周围没有看到乞丐，她还是不停地说：“乞丐，乞丐。”我想对于一个蹒跚学步的孩子来说，这是一个相当难以掌握的概念。我搜索我的大脑，想到我曾给她读过一些书，书中可能提到了这个概念。也许是《卖火柴的小女孩》？不，我们还没有读过那本，因为我总觉得那本书太悲伤了。当有一天她说：“爸爸说，乞丐！”一切真相大白。那天晚上，安德鲁接受了一次关于语言的谈话，而内容与他所描绘的那个不幸的穷人无关。

小贴士：公交车上的心理医生说“模仿、模仿、模仿”

如果你认为带孩子去唱歌不过是打发时间，那你就大错特错了。接触社会活动、同伴群体，并和他们共同参与活动是了解社会和学习社会技能的基础。没有必要去参加昂贵的活动，你可以和你的朋友以及他们的孩子，或你的家人和他们的孩子一起唱歌和做游戏。这不仅可以让你看到你的孩子是否在适当的时间框架内发展出应该具备的技能，而且还可以通过重复来强化他们的新技能。

大多数婴儿会对其他婴儿感兴趣，他们自然地想要一起玩。如果你带孩子去参加一个学唱“公共汽车的轮子”的幼儿活动，你会发现大多数孩子会自发地开始模仿别人。这些儿童拥有良好的内在社交硬件，这让他们神奇地意识到，人们期望他们模仿这些动作——即便没有人明确告诉他们。即使排除那些处于焦虑状态的孩子，仍然会有一些孩子不会自发地模仿这些行为，他们只有在被告知或被鼓励时才会这么做。不过，下次他们会记得，这是他人的期待，并且会自发地开始。也许有一两个孩子需要再次提示才能加入。有时候，会有某个孩子对加入游戏毫无兴趣，整个过程中他都在玩插座。这些是包含了幼儿社交能力的各种典型反应。作为父母，如果您的孩子需要反复提示才能加入或只顾着自己玩插座，那么你可能需要更仔细地观察他们的情况，因为这表明他们可能需要额外的支持。

游戏时间也是绝佳的学习时间

作为一名自闭症专家，我的孩子得在一岁生日时接受了简化版的“婴儿生日派对”测试。这个测试属于自闭症诊断观察表，内容是“娃娃茶话会”，鼓励孩子们和娃娃们玩耍。许多正常发育的孩子，在一岁时就能把玩具茶杯里的水给娃娃喝，尤其是当他们看到他们的父母这样做的时候。如果你的孩子没有这样做，不要担心，几个月后再试一次。如果孩子们能够自由地、频繁地进行假装游戏，你就可以松一口气了，因为这表明他们的社交能力正在发挥作用。娃娃茶话会并没有什么神奇之处，另一个经典实验是用香蕉做电话，所以不要被娃娃和茶杯所限制。一定要观察你的孩子是否“理解”到你在假装，并觉得这样很有趣而不是害怕：“爸爸疯了，他对着香蕉说话。”或者真的相信香蕉是沟通工具。

小贴士：寻求专业帮助

如果你怀疑孩子在这方面可能有问题，尽快寻求专业帮助。如果你能像前文所描述的那样花时间观察孩子的技能，那么你就会更早地意识到孩子潜在的困难。如果可以的话，试着清晰地记录下孩子所经历的挣扎。获得正确的帮助并不容易，但如果你能提供你观察到的孩子在这方面困难的具体例子，专业人士将能更好地提供帮助。

像这样的想象游戏可以从一岁左右开始，但也可能晚点才会出现。不同的孩子在婴儿期发展社交能力的时间会有所不同，所以如果你的孩子比你朋友的孩子晚六个月，不必太担心。但如果晚了一年多，那么你可能要更仔细地观察他们，并考虑寻求专业帮助。不过，大多数的孩子应该会在上学前就具备了社交技能的所有基本要素。这是幸运的，因为学校就像社会能力的地狱厨房（曼哈顿的贫民窟，犯罪中心），不管他们的技能是否娴熟，都会面临考验。

如何让孩子在学校展现社交能力

当人们想到社交能力时，往往会想到自信的演员或在聚会上性格外向的主持人。这些人通常有很好的社交技巧，但社交技巧不仅仅包括自信、表演和演讲能力。它们指的是建立持久的友谊、寻求帮助、适应新社会环境和礼貌地回避对抗的能力，以及所有与他人“相处”时需要的技能。善于社交的孩子在学校会表现得更好，和班里的其他孩子相处得更融洽，更容易被指导，最终也会受到老师的青睐。这些技能会让他们终身受益，因为，成年以后，我们也会被要求在职业生涯中展示“人际交往能力”“团队合作能力”和“沟通能力”。

提升孩子入学的技能

除非问题很严重，社交能力障碍目前很少在学龄前被诊断出来。这并不是因为它们不存在，而是因为成年人，尤其是父母，非常乐于弥补孩子的弱点，而且往往意识不到孩子们的困难。即使一个孩子像是在说外星语那样胡言乱语，我可以打赌，他们的父母也会确切地知道他们在说什么。孩子们在家玩耍时，成年人会在一旁监督和干预以确保“游戏公平”“不要冷落其他人”，“轮到他们玩了”“要友好”，以及关键的“不要打人”。如果哪个孩子对你的孩子“不友好”，下一次你就不会邀请他来和你的孩子玩。

在学校就不一样了。在那里，你的孩子将不得不与其他缺乏耐心的孩子交流，他们不一定在意你的孩子想说什么，也没有什么动机让你的孩子参与游戏，如果他们觉得你的孩子很烦人，他们可能会打他。同样，老师和我们一样也是人，他们愿意花更多的时间去教学，而不是去强调纪律。这很不公平，但事实是，善于交际的人会得到更好的对待。友好、乐于助人的孩子会被赞赏，被友好地对待，这反过来会增加他们的自尊，巩固他们的自信，也使他们相信世界上到处都是友善的人，进而更乐于继续友好地对待他人。这是我们希望自己孩子能体验的积极循环。

如果情况相反，事情很快就会变得很糟糕。一个不友好、不乐于助人的孩子会受到责骂，可能会受到反复无常或敌意的对待，这会削弱他们的自尊，让他们感到这个世界对他们不友好，这反过来又让他们完全有理由继续退缩或反抗。

光环效应

孩子第一次体验到“外面的世界”通常从学校开始。有一种现象叫作“霍桑效应”或“光环效应”，基本上可以理解为“第一印象很重要”。如果人们对你有一个积极的印象，他们会倾向于把未来你的任何的积极行为视为你的本性，并且会忽视你的消极行为。

我在上中学的时候，喜欢逃学去当地的麦当劳吃“苹果派”。我过去常常会逃自己不喜欢的课程，比如宗教教育课。但因为我是一个“好女孩”，所以我从没有被抓住或被训斥，即使老师们注意到我失踪了，他们也会认为这是有原因的。他们是对的，因为我没有躲在自行车车棚后面抽烟。直到今天，吃甜点听起来似乎仍然是逃掉宗教教育课的好理由。但基本上，我想要说的是，如果你想让人们看到你的孩子的优点，容忍他偶尔的缺点，那么在入学前帮助孩子树立良好的第一印象，并投入精力培养他的社交技能是值得的。

小贴士：第一印象很重要

良好的第一印象会让别人相信你的孩子很有潜力，相信他有能力表现优异。你可以通过评估孩子的状况，并在开学前提高他们的社交技能来帮助他们建立这种积极的第一印象。

情境测试：评估孩子的沟通能力

通过花时间和孩子玩耍，与他们交谈，可以发现他们在社交方面是否存在基本困难。对于四五岁的儿童来说，一些简单的判断方法是：

如果你在他身后叫他的名字，他会转过头来看你吗？

他是否会请你把需要的东西递给他？

他在和你说话的时候，直视你的脸吗？

他会对你微笑吗？

如果你对他微笑，他会对你微笑吗？

当你离开时，他会不会自发地向你挥手道别？

他会不会用摇头表示“不”，用点头表示“是”？

他会用姿势表达意思吗（比如刷牙）？

他能读懂绘本中的面部表情，并告诉你它们的意思吗？

他能指给你看一个东西，并确定你看得是否正确吗？

他会编故事吗？

他会给他的泰迪熊喂吃的或让他的娃娃们互相说话吗？

他能理解其他孩子可能有不同的想法和偏好吗？

他能模仿你吗？

大多数正常发育的孩子到了四五岁肯定能做到这些。临床医生通过判断四岁儿童是否具备上述能力（以及许多其他东西），对其进行自闭症的评估。它们听起来像是一份随意的注意清单，但这些都是培养复杂社交能力所必备的基本技能。让我告诉你为什么。

如果你不喜欢看别人的脸，尤其是他们的眼睛——这是最有表现力的地方，你将无法知道一个人通过他们的表情所传递的细微差别。伴随着愤怒的眼神说“你这个白痴！”与眨着眼说“你这个白痴！”，含义完全不同。如果你不看一个人的眼睛，你就无法推断出他的意图，很容易产生误解。如果你的孩子不能很自然地学会一些常见的社交惯例（对别人微笑、点头、摇头、挥手），他们就很难理解发生了什么，因为社交惯例频繁地代替了语言用于交流之中。

想想当你去一个所有社交惯例都不同的国家旅行，你会感到多么尴尬（在远东鞠躬，在印度人们不喜欢用左手）。你的行为可能会被别人误解为粗鲁，并会对你的社交带来负面影响。同样，如果你的孩子无法理解别人可能有不同的想法，他们就很难为别人着想。如果他们不能理解面部表情，就不能推断出别人的感受，并据此采取行动。如果他们不能请别人把某样东西递给他们，他们可能很难用恰当的方式与别人交流其他的需求。

如果他们不能自然地模仿你和你的举动，他们就会错过其他孩子掌握社交技能的最常见的方法——模仿他们的父母和周围的成年人。

如果你的孩子已经四岁了，但在上述所有或大部分的问题上存在困难，那么有必要考虑一下儿童精神病学家会考虑的四个主要原因：听力障碍、言语和语言问题、学习困难和自闭症谱系障碍。

小贴士：解决说和听的问题

不同的孩子的语言能力发展速度有所不同，所以不要惊慌。不过，如果你孩子的语言能力延迟或困难到难以置信的地步，需要引起注意，并尽快寻求专业帮助。听力也是如此。很多人不愿意治疗语言和听力问题，他们会说“让我们再等等看”，或者说“他们会慢慢好起来的”。但这些观点都没有考虑到这可能对孩子的社会发展带来的潜在心理影响。误解和被误解非常令人沮丧，可能会影响孩子的情绪和行为模式，并损害他们的自尊。

“刻薄的成年人”测试：孩子如何与成年人互动

测试更高级的沟通技巧是研究孩子与不熟悉的成年人（如新老师和保姆）之间的互动。孩子与父母互动并不需要太多能力。大多数四岁的孩子自己嘟嘟囔囔就解决了这个问题。许多患有轻度自闭症的儿童（事实上，社会能力受损）也可以与父母进行交流，只要父母足够有耐心，能够从经验中猜到这孩子想要什么，接受和愿意投入精力去理解孩子，允许孩子有自己的表达方式。正因如此，许多自闭症儿童更喜欢和成年人在一起。

一个不太熟悉的成年人无从知道也难以理解孩子独有的交流风格。例如，当莫莉两岁的时候，她喜欢看一个叫《快乐歌曲工厂》的音乐 DVD。当时，她无法清晰地发出“快乐歌曲工厂”,而将之称为“不乐工厂”,或者干脆叫“工厂”。有一次，当我母亲照顾她时，她一直说她想要“工厂”，我母亲不知道她在说什么，这导致双方都很沮丧。而当时，我母亲判断她在说的是“厕所”（这在那个年龄段可是个相当高级的词汇），所以摘掉了她的尿不湿，把她放在马桶上。不用说，莫莉并不觉得这很好玩。最后，我妈妈给我打电话求助，我立刻知道莫莉想要什么。这证明与一个不太熟悉的成年人的互动，迫使儿童需要发展更好的沟通技巧来避免挫败感。

在临床实践中，我们经常看到父母非常善于补救孩子的弱点，以至于他们看不到孩子正在遭受严重的发展障碍的困扰。当孩子在学校遇到困难时，父母会感到非常沮丧，并责怪老师。但事实上，与一个不熟悉的成年人互动所需要的能力水平远超过与一个熟悉的成年人互动所需。如果你的孩子在与一位和善的、乐于助人的老师交流时，各方面始终存在困难，那么他们很可能在与其他人交流时也存在困难，并且很可能存在社交能力上的弱点。

小贴士：礼貌很重要

礼貌是社交技巧的捷径，这适用于熟悉的成年人、不熟悉的成年人和孩子之间。但是，尤其适用于不熟悉的成年人，如果他们看到孩子彬彬有礼，他们会非常乐于表扬他（默认也是在表扬你）。这是最简单、最有效的方法，所以如果你只有时间和精力去做一件事，我会建议你：无论你的孩子什么时候想要或得到什么东西，坚持让他们说“请”和“谢谢”。最初你要提醒你的孩子:“那个神奇的词是什么？”多次重复，现在我把东西递给别人的时候，这句话就会自动从我嘴里蹦出来。当然，如果你在会议上给老板倒水的时候这样做，效果会不太好。

想要创造机会观察孩子与不熟悉的成年人的互动很容易。让你的孩子和一个值得你信赖但不了解他的朋友相处，看看他们之间会发生什么。你可以观察孩子如何表达自己想要什么，并据此推断他们可能会怎样与他们的新老师（一个不熟悉的成年人）互动。

如果你想提高挑战难度，你可以请成年人偶尔拒绝他们的要求，或者故意阻挠他们（例如，“不小心”碰倒他们搭建的积木），或用一个不同的想法玩他们的游戏，打破游戏规则，然后，你再看看孩子的反应。

这听起来似乎有一点像“施虐狂”，但我必须承认，我非常喜欢花点时间故意阻挠小孩子的游戏。

为什么说交流就像打网球？

对孩子来说，最大的沟通挑战是与其他孩子的互动。儿童的社交技能都尚未成熟，因此彼此之间的互动相当棘手。如果你把它视为打网球，这样就更容易理解。刚开始学习打网球的孩子可以和专业的成年人一起打，因为成年人会特意把球传给孩子，并且接住孩子违规的球。但让两个刚开始学打网球的孩子互相玩耍，这对他们来说更困难，也更容易带来挫败感，因为他们都无法正确地打网球，也无法配合对方。

莫莉和D都很小就上托儿所了，所以和其他孩子有很多接触。我能够从他们的老师那里了解到他们与同龄人的社会交往情况。大多数托儿所的老师都会告诉你，你的孩子能否做到轮流玩耍、分享玩具、加入其他孩子的游戏，以及他在和其他孩子互动的过程中是否有攻击性。如果你的孩子经常受到伤害（你会知道的，如果孩子在托儿所被撞伤/碰伤/咬伤/划伤或受到其他任何形式的伤害，父母都必须签署一份意外伤害知情同意书），并且经常很困惑托儿所到底是怎么处理这些情况的，你应该问一问你的孩子做或者没做什么而导致这种情况如此频繁地发生。

对于那些经常受伤，或攻击性总是很强的儿童，我们需要给予额外的关注，因为他们可能存在发展上的困难。大多数托儿所老师会告诉你，你的孩子是否有礼貌，是否有爱心。比如，如果另一个孩子摔倒了，你的孩子会如何反应。他们也会告诉你，孩子们在一起玩的时候是什么样的。如果老师没有告诉你这些，你应该问问他们。

学习游戏

游戏对儿童的重要性怎么强调都不为过。它不仅仅是一种放松和享受的方式，而且通过游戏，儿童能够学会秩序，理解、演练和巩固他们的社会理解能力，以及培养创造性。

孩子在社会环境中所经历的事情，往往会对他玩的游戏类型以及游戏体验产生很大的影响。这很可悲，但不意外。我在南非认识的一些孩子，在遭遇持械入室抢劫后，会开始玩一种“劫匪”游戏，试着把对方绑起来。在家中，我认识的一些孩子会说：“我是妈妈，我准备去参加一个聚会。”这些孩子的共同点是，他们都在从自己所处的社会环境里去学习，他们的行为方式也跟自己所处的环境有关。

所以在评估这个年龄段的孩子时，心理医生更喜欢用“玩”娃娃屋和家庭角色扮演来了解家里到底发生了什么。如果孩子们玩的是妈妈和爸爸互相大喊大叫的游戏，虽然心理医生可能并不会直接报告给社会服务机构，但确实会对父母的关系产生怀疑，并且会对这个孩子所受到的负面影响进行评估。

我最喜欢的消遣之一，就是观察我的两个孩子在自由玩耍时会做些什么。如果他们尝试建一所学校，在登记表上签到，给聚集在一起的毛绒玩具们朗读故事（他们经常这么做），那我完全可以大松一口气。

小贴士：组织孩子们一起玩

在开始上学之前，组织孩子玩游戏真的能帮助孩子在社会交往中感到更自在。

你可以在开学前安排一些游戏时间，这样你的孩子就能认识班里的其他孩子。通过帮助他们交朋友，让孩子在学校里有一个舒适的开始。如果他们提到自己喜欢和某个特定的孩子待在一起——那么给他们约个时间一起玩。据我所知，妈妈们在组织玩伴和安排游戏时间时比较随意，不太考虑孩子们之间是否合得来，主要看时间是否合适，或者看是不是自己的朋友。这样做也可以，但如果你想改善孩子的社交生活，游戏时间应该根据孩子喜欢谁，而不是你喜欢谁来安排。

当然，父母有偏好难以避免，但我们不能强迫孩子和我们喜欢的人交朋友。相反，我们应该感谢孩子们经常会选择志趣相投的人（这也是选型交往）。莫莉就读于一所公立学校，那里的孩子父母来自各种背景，她最好的朋友的父亲在城里工作，而 D 最好的朋友的爸爸是一名神经病学专家。

所以，如果你的孩子选择了一个你认为行为粗暴的家伙做了最好的朋友，那么，也许你应该反思自己的孩子……

随着儿童的成长，通过重现他们周围发生的事情发展出想象游戏。装扮成公主或者超级英雄，通常是个好兆头，尤其是如果他们能把自己编的故事表演出来，和其他孩子一起玩这个游戏，并且每个人都能理解对方在假装什么。许多成年人觉得这种类型的游戏“愚蠢”又浪费时间。但想象游戏和角色扮演是儿童对生活的预演，从中他们能够理解别人的想法，以及这些想法又如何影响他们的行为。如果在游戏的时候，两个孩子都想假扮红色金刚战士，他们会如何协商？毫无疑问，观察孩子游戏，并和他们在游戏中互动，是儿童精神病学家的主要评估方法之一。

关于玩的小贴士

· 模仿对方：把问题表现出来。

和儿童一起对真实事件进行角色扮演是游戏治疗的主要内容，在生活中我们也可以用起来。

如果有特定存在的问题事件，对这些事件进行角色扮演是有帮助的。如果你觉得你的孩子会生气，你可以改编这个“故事”。

我经常假装成莫莉或 D，把他们的难处表演出来。比如，哭泣或跺脚。他们通常能立即意识到这是自己，更重要的是，他们认识到自己的行为是错误的。事实上，他们经常扮演“家长”的角色，告诉我当时我对他们说了什么。这就引出了之后关于行为的很好的讨论。这种类型的“游戏”用一种更简单、气氛更轻松、不说教的方式来处理一些困难情境。不过，这种类型的游戏需要以良好的亲子关系为基础，因为在这种关系中，孩子感到安全，有良好的自尊感。否则，被别人模仿滑稽的样子，会让一个没有安全感的孩子感到被羞辱，而不是有趣。

· 让你内在的小孩参与进来。

和儿童一起进行角色扮演（商店 / 学校 / 超级英雄 / 攀登珠穆朗玛峰的登山探险家）是帮助儿童培养自信和社交技能的好方法。你越有想象力，你就越能把更多的想象力传递给你的孩子。你越活跃、越兴奋，你就越能激发和激励你的孩子，这些能促进他们的想象力、演讲能力、自信心和社交能力。扮演英国广播公司少儿频道的节目主持人，可能会让你感到尴尬，但这对孩子们很好，其他成年人不需要知道你扮演了什么，所以不要再拘谨了。这种游戏很有趣。我的孩子们最喜欢的游戏之一是带上一份野餐，爬上珠穆朗玛峰（郊区的维多利亚风格房子的三层楼梯），在野外（乱糟糟的儿童卧室）和动物们（主要是毛绒玩具和一只活猫）野餐。

合作游戏，如捉迷藏，可以让你观察到孩子之间实际的互动能力。你的孩子知道轮流来吗？如果他们输了，他们是哭，还是打闹起来？你的孩子能理解并遵守这些规则吗？如果有人违反了规定，他们会做何反应？他们是负责游戏顺利进行，还是袖手旁观？

你可以向托儿所询问这些信息。如果没有的话，你可以在平时的生活中观察他是怎么和兄弟姐妹或朋友们一起玩的。

终极测试：观察孩子如何处理麻烦

增加一些“阻力”，可以对孩子的社交技巧进行终极测试。

当一切顺利时，大多数孩子都能表现出良好的社交能力。但是，当他们需要妥协或谈判时又会怎样呢？怎么才能远离麻烦？

在邀请朋友来玩时，“客人”往往被赋予特权，大多数作为主人的孩子被要求学会妥协。“让你的朋友先玩，因为他们是客人”“大块的蛋糕给你的朋友，他们是客人”——这种事情在小孩子们一起玩时常常发生。如果你的孩子能够接受这些社会规范，他们很有可能会妥协。他们知晓社会规则和礼仪，并能够遵守它们。如果情况已经解释得很清楚了，但他们仍然总是发脾气，那么可以预想他们在学校里会遇到的问题。良好的社交能力包括理解社会规则，这有时候[1]比得到更大块的蛋糕还重要。

其他的“阻力”就不那么容易安排了，但有些情况总是会自然发生，最好站在一旁观察孩子如何处理，而不是一看到有麻烦的迹象就介入。

有一天，我带莫莉去一个沙坑。我注意到有另一个孩子在那儿玩耍，相比其他人，他更为吵闹，也更爱捣乱。这个男孩走近莫莉，显然是想和她交流互动，但可能会引起一场冲突，就像他已经打断了其他孩子的游戏那样。而莫莉巧妙地转过身，低着头，继续做她正在做的事，什么也没有说。这个男孩没有得到莫莉回应，于是转而去打扰别人。莫莉已经清楚地意识到这个男孩是个麻烦，但她以一种既不粗鲁，也不对抗的方式处理这个问题，而且以最小的代价达到了目的。她能够预见麻烦的来临，并避免它，这可能不是最明显的社交技能，但却是一项非常有价值的技能。

我们都知道有些孩子“总是”卷入麻烦，即使他们并非始作俑者。我认为判断社会情境和避免麻烦是一种社交技能，就像交朋友的能力一样。在这之后，我相信莫莉能在学校处理好自己的事情。

但 D 是怎样的?

D 总是和成年人相处得很好。他是托儿所的宠儿，因为他聪明、充满好奇心又可爱，所有的工作人员都很喜欢他。

---

1 我说“有时”，是因为总是压抑自己对他人的需求的孩子会有其他需要解决的议题，成为班里的“受气包”也不是特别可取。

作为一个上下班路途遥远的职业妈妈——你知道，我就是那种妈妈——那种在六点一刻疲惫不堪地跑到六点就关门的托儿所门口前，大喊："等等，等等，别给社会服务机构打电话，我来了！我来了！"有一次，我设法提前下班，比六点提前了十分钟赶到。却发现D被传达室的工作人员抱着到处走，看到我来了，她很失望。因为我剥夺了她和我"可爱的儿子"往常二十分钟的拥抱。我这才意识到自己是多么幸运，我有善于交际的孩子，人们乐于照顾他。

D在两三岁的时候，他会说"我喜欢你的鞋子"，或者"我喜欢你的头发"，你可以想象这些话有多受托儿所年轻女士们的欢迎。

有一次，我正准备责备他淘气，他突然说："我喜欢你的鞋子。"我差点就上当了，我说："我……你喜欢它们呀？这是玛丽珍鞋。"但后来我想起来，其实我正在对他生气，而且这跟我的鞋子有什么关系呢？就在那个时候，我意识到，他并不了解当时的社会情境，只是在运用他惯用的技巧："我喜欢你的鞋子。"他知道通常说这句话是为了讨好别人以此来试图挽回局面。在某种程度上，这是奏效的。

我忍不住暗自发笑，因为他认为"我喜欢你的鞋子"会让他摆脱困境，但很显然，这是对社会情境的一种错误判断。

社交复原力：让孩子学会处理矛盾，敢于面对孤独

当我注意到D不像他姐姐那样善于理解社会情境后，我开始和他们一起

做一些游戏来评估和提高他们对情绪的理解。

比如，我们会玩“情绪猜谜”，我说出一种情绪，他们必须把它表演出来。

我们从“高兴”“悲伤”这一类简单情绪开始，但很快转向“内疚”和“惊讶”等更复杂的情绪。有时候，我会让他们表演一些场景，“表演一下从你最好的朋友那得到袜子作为生日礼物，而不是电脑游戏时，你是什么反应。”后者更复杂一些，因为有社交技能的孩子应该能够“即便很失望，但是可以假装高兴”。孩子们喜欢表演，而我的孩子们很擅长这个游戏。

我们玩的另一个游戏是——“妈妈在想什么？”

在这个游戏中，孩子们必须通过我的面部表情猜出我在想什么。我会翻白眼，或者眼睛瞟向我想要的巧克力，或者做出无聊的表情。此时，我发现莫莉马上就知道我在想什么，但D却毫无头绪。他会问：“妈妈，你在想什么？你什么也没做！”而莫莉会大声喊出答案（不相信D猜不出来）：“这太明显了，D！妈妈觉得很无聊！”

这些早期的线索让我意识到D在解释社会情境时有更多的困难，而他在沟通和表达方面却没有任何问题。这类问题在日常生活中会如何表现？除了在聚会上总是坐在桌子的最后一个位置，这种轻微的问题对他的生活还有什么影响？

这些问题很快就得到了答案。D开始上托儿所之后，他交到了一个好朋友，叫卢卡斯。他们两个关系是互惠的，他们在托儿所总是一起玩，互相称对方为“最好的朋友”。之后，在托儿所的倒数第二年，D在学校开始尿裤子。他很早就接受了如厕训练，所以这本来并非是什么大问题。在能保证不尿裤子六个月以后，我想知道是什么原因导致他出现退行。

当我问他时，他什么也不告诉我。他在家里从不尿床，所以我不太担心，我想等等看问题是否会自行解决。幸运的是，这样断断续续地过了几个星期之后，我参加了在托儿所举行的一次家长会。他的老师说有些事不对劲，但她不知道是什么，这足以让我认真地对待尿裤子的事情。

有两项证据让我觉得我需要弄清事情的真相。

当你的孩子感觉“被忽视”

那个周末是卢卡斯的生日派对，我带着D像老鹰一样盯着他。同时，卢卡斯的父母也在跟他打招呼：“啊，卢卡斯，你最好的朋友来了！”卢卡斯当时正忙着和另一个叫作迪亚戈的男孩子玩。他和D打了个招呼，但仍然和迪亚戈玩得起劲。当我看到D试图加入卢卡斯和迪亚戈但却被忽略时，我感到很不舒服。我试着带着他离开，去和其他孩子玩，但他不想放弃他的朋友，拒绝和我一起去。派对结束时，D感到很厌倦，没由来地打了迪亚戈一拳。D从来不打人，我知道这表明他真的是非常沮丧。

其实，迪亚戈是卢卡斯长期的“托儿所之外”的朋友。他最近开始和D以及卢卡斯在同一个托儿所上课，所以他和卢卡斯现在也是托儿所里最亲密的朋友，这很自然。两个男孩都有讲西班牙语的母亲，在课堂上也经常互相说西班牙语。结果，D被忽视了。

我不认为D能完全理解当时的情况，甚至不能理解或描述自己的感受。他只是感觉很不舒服，他希望迪亚戈离开。如果我没有观察到整个情况，我可能会因为他打了迪亚戈而责备他，那样会让 D 的感觉更糟糕。相反，我把他拉到一边，对他说 :“D，你难过是因为卢卡斯和迪亚戈在一起玩，而不是和你在一起吗？”他含着眼泪点点头 :“卢卡斯不再喜欢我了。”

这句话刺痛了我的心。那天晚上，我因为 D 的社交复原力难以承受生活的逆境而噩梦连连，几乎无法入睡。我想象着，十五年后，他正忙着冲向一所顶尖大学，但就在 A 级考试的前夕，某个冷酷无情的姑娘会抛弃他，导致他考试不及格，他将永远失去他的人生机会。我一点也没有夸张，当时我真是这么想的。谢天谢地，长期受苦的安德鲁把我从深渊中拉了回来 :“好了，好了，他才三岁。”

我末日来临般夸张的感觉有一个好处，那就是激励我采取行动。我的任务是减轻这种情况的负面影响。我的第一反应是对卢卡斯感到愤怒，我想好好教训他一顿，让他学会忠诚。然后，我想给他妈妈打个电话，让她去和卢卡斯谈一谈，因为我确信她会让他再和 D 一起玩。但我知道这两种方法都不合理，也没有帮助。这不是卢卡斯的错，他有了一个新的最好的朋友。我也不希望孩子们之所以留在我儿子身边，是因为受他们母亲所迫。所以，我打算让我的“首席社会事务顾问”给 D 一些建议。

“莫莉，你有没有觉得孤独过？”

“没有。”

“但如果你去学校后，朋友不陪你玩，你会怎么做？”

“我会和其他人玩。”

“假如没有任何人陪你玩呢？那个时候你会觉得孤独吗？”

“不会。我会和我自己玩。”（她用最自信、最实事求是的口吻回答，就好像我问了世界上最愚蠢的问题。）

你看！这就是社会复原力。这是我希望D可以有的。

我想大多数父母都会和我有类似的反应，他们会很苦恼：“我该如何解决这种情况？”以及“我怎样才能让卢卡斯再和D一起玩？”，但相反，我认为我们应该思考的是：我怎样才能让我的孩子更有心理弹性？因为老实说，我们没有能力去改变别人，只能改变自己，有时甚至是我们年幼的孩子。

所以我做了什么？

1. 我去学校和D的老师谈了谈。我解释了是什么情况，而她理解了。我问她班上有哪些其他孩子和D可以玩得来。在学校的那一周，D受到了特殊对待，他被鼓励和新的孩子一起玩。

2. 我开始按照D的老师的建议，给D和这些孩子安排一起玩的时间。我和D说，这些孩子是多么有趣和神奇。

3. D仍然会提到他“最好的朋友”卢卡斯，但我们不会像过去那样去鼓励他和卢卡斯一起玩。

D在学校里再也没有尿湿裤子。结果，第二年卢卡斯去了另一个托儿所，迪亚戈和D倒成了朋友。尽管如此，当D进入一所新的学校的预备班时，我会确保老师知道他是一个在社交场合很敏感的孩子，在学校的操场上要特别注意他。

学会带领，而不是命令

的确，D 在交朋友方面的能力发展得比他姐姐在预备班时要慢。有一段时间，在预备班上到一半的时候，D 说他不喜欢上学，因为没人愿意和他一起玩。我问他发生了什么事，他告诉我，他会和一个朋友开始一个游戏，之后其他人会加入游戏，但不是按照他的方式玩。他告诉其他孩子应该怎么玩这个游戏，但他们并不听他的，所以他就不玩了。

我们对此并不意外，因为他一直想掌权。在他小时候，我们常常用著名的《茶壶之歌》的调子来唱他："我是一个小暴君，又矮又壮。"

我告诉他，严格地说，并不是没有人想和他一起玩，相反，是他不想和其他孩子一起玩。我真的不知道该给他什么正确的建议,但试着解释了"领袖"和"独裁者"之间的区别。

"D，如果我想让你帮我洗碗，我有两种方法。首先，我可以对你咆哮，告诉你必须这么做，否则你就会有麻烦。然后，我会监视着你，告诉你是不是做错了。在这种情况下，你会怎么做？"

"我不会洗碗的，而且我会对你大喊大叫。"

"第二种方式呢，我在洗碗池里面装满肥皂水，吹着泡泡，笑着把盘子浸泡在里面，然后一脸惊讶地发现盘子拿出来后变得是多么干净。然后，你会怎么做呢？"

"我想看看你在做什么，我也想拿一个盘子浸泡到肥皂水里。"

"嗯，D，这就是领袖和独裁者的区别。"

“啊，”D说，“现在我明白了，你必须让它变得有趣。”

我没有再多谈这个问题，也不知道我的建议是否有用，但第二天放学后，当我问他这一天过得怎么样时，他给了我最好的回答。

“我在学校度过了美好的一天。”

“太好了，怎么做到的？”

“因为你告诉我的事。因为我是一个领导者，而不是独裁者。我自己玩了一个有趣的游戏，其他人也想玩！”

我不知道这个建议是否能帮助其他孩子，但我提到它有两个原因：其一，我认为有时我们需要向孩子解释社会情境，帮助他们理解；第二，我们需要不断地努力。

在预备班结束的父母晚会上，D的老师说D在过去半年里脱颖而出，他自信地成长起来，有了许多朋友，他和每一个人玩。最近，我们和他以前托儿所的朋友一起去参加了一个生日聚会，D坐在离寿星女孩三把椅子远的地方。一个好朋友知道我关于社会等级和生日聚会座位的理论，她对我说：“我看到D在世界上的地位越来越高了！”的确，我很高兴地认为她是对的。

在学校里，孩子该怎样接受“残酷的检验”

一旦孩子们进入学校，他们的社交技能每天都将接受测试、演练和磨炼。作为父母，我们很高兴看到孩子们从只会喋喋不休地提要求和对抗性地撕咬，变成了辩论和回避。在这段时间里，父母需要继续关注孩子的社交世界，他们的世界仍然还会有争执、争吵、爱和丧失。

在我们这些精疲力竭的成年人眼里，这些都是微不足道的小事（因为我们中还有谁仍然和托儿所时的朋友是知心好友？），但对这个年龄的孩子来说，同伴之间的友谊和社交竞争，就像我们成年人敏锐地体验到亲密关系中的不稳定一样有冲击力。你可以提供支持、建议，必要时像我对D所做的那样进行干预，把注意力放在提高孩子的理解力和社交技能上，而不是为他们解决具体问题。试着去倾听和提供帮助，因为一个在学校里无法快乐社交的孩子，很难成长为一个快乐的孩子。

提高社交技巧的小贴士

· 利用教师的力量。

教师是建立社会等级制度的强大力量。他们可以树立“亲社会”的榜样，也可以就你的孩子在社交方面的表现给出有价值的建议，如果他们对孩子的问题有所警觉，也可以帮助孩子缓解。不幸的是，教师也是人，会有意无意地成为替罪羊，或者成为强化孩子负面形象的共谋。如果可能的话，尽量让老师站在孩子这边，在很大程度上，这意味着放手让他们去做自己的工作。

· 观察孩子们的聚会。

你的孩子倾向于跟随者，还是带领者？如果他们倾向于跟随，那鼓励他们去领导。如果他们倾向于带领，那鼓励他们跟随。适应能力是良好的社交技能的关键。

· 过问他们的社交活动。

每天我都会问我的孩子们课间和谁一起玩，玩什么。大多数父母说，他们无法从孩子那里了解到他们在学校做了什么。总的来说，我发现这并不是因为孩子们不会说（青少年可能会不一样，但小孩子通常更乐于交谈，尤其是如果你和他们的关系很好），而是因为父母问错了问题。

我想标准问法是："学校怎么样？"这相当于成年人问同事："你好吗？"那你得到的唯一答案是："挺好的。"作为父母，如果你想要一个更好的答案，那就需要选择一个更好的问题。好在心理医生的本质就爱打听事，问问题从来不是难事。相信我，如果你选择更好的问题，就能发现别人的惊人之处。对于孩子，我倾向于从操场活动问起，因为这是一个中间地带，通常也是一个有趣的地方。此外，我已经通过学校的信件知道了他们在学校的情况。而且我知道他们的学习情况怎么样，因为我会监督他们做家庭作业。而我不知道的是他们在操场上和谁一起玩，在玩什么，以及怎么玩。

· 同胞支持。

如果你的一个孩子比另一个孩子更擅长社交，你可以借助于兄弟姐妹的技能帮助较弱的孩子，尤其如果他们年龄相近的话。我经常问莫莉，D 在操场上和谁一起玩，也请她密切地注意他，如果需要的话帮助他。

· 提高自己的社交技巧。

让老师和其他家长支持你的孩子，也需要一定的社交技巧。学校门口的"社会等级制度"常常反映出学校围墙内的等级制度，这是有原因的……

本章总结

社交技能是孩子们需要培养的最重要的技能之一。家长和教育专家在评估认知能力方面花费了大量的时间和精力，但社交技能对成功和幸福更为关键。对孩子社交能力的评估可以从婴儿期开始，支持孩子社交技能的发展绝对是值得的，因为善于交际的孩子总是会被邀请参加更多的聚会。

谁会不喜欢一个愉快的聚会呢?

Chapter 4

第二层：情绪稳定性

如何处理坏脾气和眼泪

一个小实验

1. 拿起你的智能手机，调出录音功能。

2. 按下录音键，开始谈论你的孩子（如果你有多个孩子，分别为每个孩子录音）。

3. 花整整五分钟谈论你的孩子，认真回答这些问题："你的孩子是谁？""你和孩子的关系如何？"然后停止录音。

4. 如果你说着说着热情减退（五分钟会比你想象的要长），下面这些想法可以帮助你：想象一下把你的孩子介绍给一个陌生人。你会如何描述他，以便于这个陌生人可以在教室或操场上认出他？他喜欢什么，讨厌什么？他的优点是什么？弱点是什么？你每天如何与人互动？

5. 保存好录音，我们在本章后面会用到它。

发脾气和流眼泪

人类的情绪是一个庞大的主题，世界各地的图书馆都充满了人类的情感：忌妒、内疚、爱、恐惧、挫折感。我们如何体验和管理自己的情绪是“我们是谁”的一个重要组成部分，到成年期，这部分将内嵌到人格中。如果儿童在这部分出了差错，精神科医生称之为“情绪失调”，但如果这种情况持续到成年，则可称之为“人格障碍”。众所周知，人格障碍很难治疗。如果你的问题是因为你的“人格”有问题，而“人格”就是你的一部分，那治疗起来怎么可能很容易呢？但在有问题的“人格”形成之前——也就是在童年的性格形成期——采取措施要容易得多。这个过程始于情绪调节。

我假设你已经读了第 1 章，你接受基因在你孩子的情绪状态中起着重要的作用，但我也对养育所起的修正作用提出了很高的要求。如果不是因为环境和文化的影响，整个群体又如何被他们的情感反应（拉丁人的冲动、英国人的矜持、日本人对情感的抑制）所定义？而对于幼儿来说，环境是通过父母教育传递的。我无法在一个简短的章节中涵盖这一领域的全部内容，但我可以试着对影响幼儿情绪的主要领域——发脾气（攻击性）、流眼泪（焦虑和恐惧），当然还有爱——略加说明。

发脾气

作为家长，当自己的孩子在超市里大哭大闹时，谁不曾假装跟他们没关系？“谁,他啊？我这辈子都没见过那个孩子。他父母真该受谴责。”发脾气、情绪崩溃、恼羞成怒，所有这些都是幼儿遇到挫折和愤怒时的情绪表现，即便是成年人也会有这种情绪。

我敢肯定，很多人都有过想要打自己老板或扇自己伴侣的冲动，但我们大脑的某些部分阻止了我们，提醒我们这不是个好主意。成年人是如此善于控制自己的负面情绪，以至于当我们看到自己的小孩子以血腥的荣耀表达他们纯粹的、不受约束的愤怒时，不由得大为震惊，觉得那很不正常。莫莉一脸怒气的时候会满脸涨红，四肢扑腾，简直像是一个号叫的让人无法忍受的愤怒球，看上去很吓人。（不幸的是，对于 D 来说，他还处在很可爱的阶段，所以即使他处于极为生气的状态，仍然很可爱。奇怪的是，虽然我说“他看起来仍然很可爱”，但我仍然难以忍受他发脾气。）

最让人沮丧的是，在上演完这样的节目之后，许多孩子可以回到“正常孩子”模式，表现得好像什么都没有发生一样，而惊慌失措的父母一头栽进杜松子酒和奎宁水里，完全不知所措。对我来说，也许，可能对很多父母来说，当自己的孩子表现出这种失控行为时，我们内心深处会出现一个小小的疑问：“他是不是有什么问题？（我是不是有什么问题？）他会变成坏人吗？（我是个坏妈妈吗？）”

让我们从头开始说……

就像所有与孩子成长有关的事情一样，在孩子出生前，事情就已经开始了。几乎每个人都知道孕期不应该吸烟，但你知道为什么吗？研究表明，香烟烟雾中含有4000多种化学物质。这些化学物质中有许多能穿过胎盘进入胎儿的血液，由于母亲和婴儿的生理机制不同，胎儿体内的这些化学物质浓度可能比母亲体内的要高。你每抽一根烟，就相当于婴儿抽两根。有证据表明，孕妇吸烟与自然流产、早产风险增加有关，而且你的孩子在成年后患上哮喘、过敏、呼吸困难，甚至癌症的风险都会增加。在考虑到意外怀孕的因素，即在知道怀孕之前，吸烟就已经给胎儿造成了伤害，所以，我的医疗建议是：戒烟。人们尚未普遍知晓的是，产前吸烟除了会带来医疗后果外，还会对儿童的发展产生影响。比如，更高的攻击性、行为问题、注意力问题、易冲动，记忆力、言语和语言障碍以及智力下降。也许你已经知道了这些，但我打赌你不知道香烟的烟雾是怎么造成这些损害的。

科学家们仍在努力研究这一切，但他们目前的假设围绕着胎儿编程和表观遗传学。

胎儿编程理论是已故的大卫·巴克教授提出的。大卫研究了一组在1944—1945年荷兰饥荒期间怀孕的母亲，并跟踪了这些胎儿所受的影响。这些母亲营养不良，并且经受着巨大的压力，她们产下的婴儿出生时体重较轻，这不足以为奇。然而，尽管饥荒已经结束，粮食供应也恢复充足，这些婴儿长大后的情况却比饥荒刚刚结束时怀孕生下的孩子要更差。这些负面结果包括认知缺陷、II型糖尿病、心脏病和肥胖。

巴克的理论是，达尔文所说的环境适应机制就发生在孕妇高高隆起的腹部，这可能是我们这个物种成功的原因。他假设正在发育的胎儿可以从母亲的子宫环境中获得信息，并利用这些信息来“预测”自己出生后的环境状态。然后，它就把自己调整到可以在预测环境中生存的最佳状态（产生一种“预测适应性反应”），就像我们在听到天气预报说可能要下雨时，会带上雨伞、雨衣和雨靴一样。因此，如果正在发育的胎儿无法从母亲的胎盘获得足够的营养，它会认为：“浑蛋，如果我妈在怀孕的时候找不到足够吃的，那么我出生的时候就没有该死的吃的了！”因此，为了能够在出生后要面临的严酷环境中生存下去，它调整自己（或编程）把自己变成小体格，并且“节能”的体质，以便能在出生后所面临的严酷环境中存活下来。

正是通过这种机制，我们的祖先才得以在干旱和饥荒中存活下来，并最终繁衍出我们。未能以这种方式调整自我的胎儿将在婴儿期和童年期死亡，因为他们的生理机能无法忍受一段时间的物资匮乏。

但如果预测结果是错误的，问题就来了，因为在胎儿发育早期阶段所做的调整通常是永久性的。荷兰的饥荒在1945年后情况有所改善，食物再次变得充足。那些体格比较小又“节能”的婴儿成长为儿童和成年人，他们继续储存他们所吃到的一切。基本上，相比于背景类似但晚出生一年的孩子，他们更为肥胖，也更容易患上与肥胖相关的疾病。他们就像可怜的傻瓜，在30摄氏度的高温下，穿着厚重的外套、雨靴，拿着雨伞，在海滩上笨拙地走来走去，咒骂着迈克尔·菲什那靠不住的天气预报。

遗传学有一个时髦的妹妹：表观遗传学

科学家认为胎儿之所以能利用子宫环境信息来影响自身发育的变化，是通过表观遗传学。从本质上说，表观遗传学研究的是DNA的哪些部分得到表达或“突出显示”。想象一下，DNA就像一本人类构造的大型手册。表观遗传学就像本书的一个编辑版本，其中有些部分被突出显示，有些部分被删掉，有些部分被修改（如果你读过我这本书的初稿，你就会明白编辑能带来多么巨大的改变）。孕期吸烟会误导表观遗传过程，调整DNA以适应恶劣的生育环境。同样，抽大麻也可能会误导我的编辑，让我的作品迎合仙女和妖怪的口味（谢天谢地，这事没发生）。表观遗传所做的改变可以被遗传，并会继续影响至少两代子孙（至少昆虫是这样），因此，你在孕期所做的事不仅会影响你的孩子，还会影响你的孙辈。

就此而论，便很容易理解吸烟是怎样导致哮喘和过敏的了。胎儿暴露于高水平的毒素中，会通过增强免疫力来做好准备。在没有毒素的环境中，婴儿现在的免疫系统会引发哮喘和过敏反应，其本质是对正常日常环境出现了的免疫反应，而这种反应显然是不必要的。

但为什么吸烟会导致攻击性和焦虑呢？如果胎儿预测自己将出生在一个充满敌意、有毒的环境中，那么它就会对危险保持警惕，并要有能力为生存而战，从而给自己赢得最佳的生存机会。在世界末日，高攻击性、高警惕性和冒险行为有利于儿童的存活，但在奥平顿一套三居室半独立式公寓里，这些准备恐怕只会带来麻烦。

因此，除了基因，吸烟和怀孕时恶劣的环境也会导致攻击性。但是，是什么让一个孩子不断地攻击他人呢？儿童反社会的原因是什么？最重要的是，作为父母，我们能做些什么？

当孩子出现反社会倾向

有证据表明，并非所有表现出反社会行为的儿童情况都一样。有些儿童在青春期表现出反社会的一面，然后这个阶段会过去，在成年后安定下来。更令人担忧的是那些终身都有反社会行为倾向的儿童。这些儿童在很小的时候就表现出反社会行为倾向，而且他们的行为也更极端。

大多数父母很难想象五岁的儿童会出现严重的攻击性。但我可以告诉你，在我的咨询生涯中，我看到过多次类似的情况：我看到过五岁儿童用金属杆打死了他的宠物仓鼠，七岁的儿童故意放火焚烧他的猫。杀害杰米·巴尔杰的凶手是儿童。在这些孩子中还存在不同的亚群，有很多研究都致力于区分反社会儿童群体，以便于更好地理解他们。

反社会儿童与其他儿童相比的区别之一是缺乏同理心。同理心是指通过想象站在他人的处境，体会他人的感受和经历的能力。从心理学上来讲，这需要两种不同类型的加工过程：首先是“思考”，即从他人的角度看待问题的能力；其次是“感觉”，即识别他人情绪并感受自己情绪的能力。缺乏同理心的人会显得冷酷无情、没有感情。如果你对受害者没有同理心，那么就很容易有反社会、暴力或攻击行为。因此，大多数冷酷无情或情感缺乏的孩子都有某种形式的反社会行为也就不足为奇了。

同理心和反社会行为

研究人员一直很关注那些缺乏同理心的孩子，因为缺乏同理心与极端反社会行为有关。“精神病态”/“反社会人格”的定义包括缺乏同理心。这种精神病态的在童年时的前兆是“冷酷无情”。伦敦大学学院埃希·维丁教授对这些特质进行了研究，结果发现，在那些有反社会行为的儿童中，50% 的人有这些冷酷无情的特质。“这些儿童在看到、听到其他人痛苦或悲伤的画面和声音时，无动于衷。他们的大脑对这些图像产生的生理反应较少。此外，在纸牌游戏实验中，如果玩家不按规则出牌，就会受到惩罚。这些儿童无法学会调整自己的行为来避免惩罚，而是坚持藐视规则。”

相比之下，另外 50% 的反社会儿童能够表现出同理心。在看到痛苦或悲伤的照片时，或听到这样的声音时，他们和其他孩子一样感到痛苦和悲伤。他们也很快就学会了遵守游戏规则以避免惩罚。但这些孩子与普通孩子的不同之处在于，他们对威胁高度敏感，并将模棱两可的情况和面部表情误解为威胁。如果这个世界上的每一种情况都被视为是有敌意的，每个人都被视为敌人，那么，好斗、富有攻击性和动辄诉诸暴力则会被他们看作是明智的。这就是为什么学校操场上的小霸王咆哮着说：“你是不是在看我？”哪怕你根本没有朝他们那边看。

遗传学研究支持这种区分，研究发现冷酷无情的天性有很强的遗传性，而不带有冷酷无情特质的反社会行为并不是遗传的，而是由环境因素产生的，比如严厉或不恰当的养育，或者这些环境因素与焦虑有关的基因之间的相互作用。这些证据推导出两组解释有反社会行为儿童的不同的理论模型。

第一组：遗传易感性。有反社会行为，且冷酷无情的儿童：这些孩子被认为缺乏同理心，因为他们对他人的痛苦没有厌恶反应，也因为他们无法从惩罚中学习。如果你无法体验到内疚感，如果别人的痛苦并没有马上困扰到你，你就很容易变得残忍好斗。如果你不能从惩罚中吸取教训，自然很容易会持续保持这些违纪行为。这些困难通常遗传自大脑结构，这些孩子长大后是最难治疗的成年人。

第二组：环境原因。有反社会行为，但并非冷酷无情的儿童：这些儿童未能成功地社会化，因为他们被威胁感过高，认为世界对他们怀有敌意。由于生活在不稳定和具有威胁性的环境中，他们表现出攻击性和残忍的一面，环境塑造了他们的大脑和心理，使他们以这种方式应对和生存。他们的反社会行为往往以同伴群体或团伙的形式出现，因为同伴给他们提供了支持和同情。

养育和反社会行为

不管我们喜不喜欢，父母是对抗反社会行为的第一道防线。大多数反社会成年人曾是反社会儿童，通过更好地理解反社会行为的原因，通过理解我们的孩子，可以更好地调整我们的教育方式，防止孩子变成反社会人格。

小贴士：拥抱小混混

当你家的小混混被送到青少年精神病医院或青少年犯罪服务机构时，我敢肯定，他们一辈子都会被人说“淘气”“臭”“不好”“没用”“愚蠢”，等等。不仅家人会这样说他们，而且老师和其他孩子也会这样看待他们，这一点很关键。作为父母，我们需要尽力帮助他们：每当莫莉或D说学校里面的某个孩子“淘气”，甚至更糟——“身上有臭味”时，我都会告诉他们要尊重自己的同学。作为父母，我们可以做出榜样，不去评价和污蔑有行为困难的孩子，因为这些孩子比任何人都需要我们的理解。

所有儿童，包括那些受基因影响而同理心不足的儿童，都可以通过培养他们的自尊来帮助他们。特别是易感基因的儿童，如果鼓励他们以亲社会的方式行事，而不是严厉地惩罚他们——这对他们起不到制止的作用——效果会更好。在反社会行为的滋生和预防上整个社会都参与其中，因为容忍、平静地接受的社会可以提供保护，而暴力、不稳定和疏远的社会则会助长这些行为。对于年幼的孩子来说，在很大程度上，学校就是他们的整个社会。

帮助孩子控制情绪的小贴士

为了避免重复劳动，我必须感谢《不可思议的童年》（*The Incredible Years*）这本书和养育规划，我从中收集了很多用于本章和下章的养育小贴士。《不可思议的童年》基于卡罗琳·韦伯特－斯特拉顿（Carolyn Webster-Stratton）

博士的工作。这项工作在伦敦莫德斯里医院（Maudsley Hospital）的国家育儿学院，由具有超凡魅力的儿童精神病学家斯蒂芬·斯科特教授主持，该项目进行养育的临床和研究，有着非常完善的证据基础。

· 早起的鸟儿有虫吃。

就像所有与孩子发展有关的事情一样，你越早开始教，孩子就越容易学，你的生活也越容易。如果你不教孩子控制他们的情绪，他们可能会发展出无效的方法来应对自己的情绪。之后，再教他们，就需要他们在尝试接受新的、更有效的策略之前，打破旧习惯，这将使得整个过程难度增加十倍以上。事实上，斯蒂芬·斯科特的育儿服务只接受八岁以下的儿童，因为支持父母能够在八岁之后对养育结果做出重大改变的证据很薄弱。我重申：在孩子生命的头七年里，父母的影响最大。如果你等太晚之后才实施正确的育儿方法，后续工作你就只能交给我们这些儿童精神科医生了，最好别这样。

· 稳定很有帮助。

当孩子的生活出现某些变化时，比如搬家、换学校、新弟弟或妹妹的到来、父母分居，他们常常会出现破坏性行为。一旦事情安顿下来，大多数孩子都能在六个月之内适应新的环境，并平静下来。但是，如果发生了其他事情呢？如果你住在临时住所，每六个月搬一次家，该怎么办？如果父母离异，各自的新男朋友 / 女朋友源源不断地出现在孩子生活中，该怎么办？这种持续的不稳定性会给孩子的情绪调节带来负面影响。对于父母来说，在因为变动工作而需要搬家和换学校时，在自己的亲密关系发生变化时，需要考虑到孩子。当你考虑到你的决定可能会对孩子产生影响，可以制订计划控制这种影响。

· 运动和情绪。

情绪是生活中很自然的一部分。小孩子不太善于控制自己的情绪。有时候，这件事令人愉快，因为当孩子们处于积极情绪状态时，我们能通过他们重新体验到他们所表现出的那种无拘无束的惊奇和兴奋。缺点是，同样的去抑制作用也存在于消极情绪中。国家的教育课程中没有“控制情绪崩溃”的 SAT 考试，所以这需要家长的指导。

父母要像重视如厕训练那样，重视培养孩子的情绪调节能力，这是“养育责任”的重要部分。但我认为大多数父母没有意识到他们应该这样做，或者不知道该做什么。对婴儿来说，控制情绪和控制动作一样难。他们无法做到，需要父母把一切都安排好。到三四岁的时候，儿童开始能辨别什么时候需要花钱，他们也开始能够辨别感受。你可以帮助他们给情绪命名。就像当你看到你的孩子踮着脚蹦来蹦去的时候，你可能会说“我想你该上厕所了”，所以如果你的孩子开始生气了，告诉他“你现在感到生气 / 沮丧 / 心烦”会很有帮助。就像你会花时间和精力去支持孩子们谈论“需要小便”一样，你也应该花时间鼓励孩子们谈论他们的感受，也许“需要一个拥抱”。在支持和鼓励下，孩子们会拥有管理自己情绪的能力，随着他们长大，他们发脾气的情况也会慢慢减少（就像尿床一样）。

· 谈论感受。

一般来说，你越多谈论自己的情绪，孩子们就会越多地理解他们自己的情绪，更多地使用情感语言。你的坦诚能让你的孩子分享他们的情绪，并使之成为他们生活中很自然的一部分。你可以讨论积极和消极的情绪以及你如何处理它们，但一定要确保你所说的话适合孩子们。虽然谈论情绪是积极的做法，但要确保你的情绪不会给孩子带来负担。他们是你的孩子，不是你的伴侣、朋友或治疗师。

儿童也应该被鼓励谈论他们自己的感受，当他们这样做的时候，倾听和理解是很重要的。心理医生常问的一个问题是："这让你有什么感受？"如果孩子无法正确回答这个问题，心理医生会给孩子的情绪命名："如果我处在那种情况下，我会感到非常难过 / 生气 / 忌妒……"这不仅仅是在帮助孩子给情绪命名，也是在正常化这些情绪，以避免孩子会对自己的感受感到尴尬或羞愧。

感受应该区别于行为。有感受总是好的，只是有时用来表达感受的行为选择不恰当。感到愤怒没关系，但愤怒的时候不可以砸电视。不要建议孩子"别那么生气 / 担心 / 难过"，要承认他们的感受，鼓励他们用语言表达，而不是付诸行动。让他们想象玩反向哑谜游戏，不是表演出自己的情感，而是不允许做任何动作，必须用语言表达出情感。

· 告诉他们怎么做。

理想情况下，在面对挫折时，父母应该树立一个好的榜样，这是孩子学习的最佳方式之一。这事说起来容易，做起来难。但这么说吧，如果你用愤怒来回应挫折，猜猜谁会模仿你？我来告诉你答案。莫莉和 D 都很擅长大喊大叫、生闷气，但几分钟后又回来道歉。我真的不能说他们是从哪里学会的……不用说，首选方法是保持冷静，表达自己的沮丧，然后想出一个更理性的反应。然后，回来冷静地做出反应。

· 教孩子如何处理他们的情绪。

有几种技术对此很有用。首先，可以鼓励孩子们说一说，如果他们的朋友处在自己的处境，他们可能会对朋友说什么。我们都倾向于做给好朋友提建议的专家，但很少为自己做同样的事。当一个朋友被甩了，我们几乎都会劝慰"这不是你的错"或者"你值得更好的"。当朋友生气的时候，我们几乎都会安慰"没关系，冷静下来"或者"走吧，这不值得"。学会给自己提这样的好建议是一种能力，如果从小就能学会，将能终身受益。可以鼓励孩子们友好地自言自语。如果一个孩子很难用这种方式思考，可以让他们学习运用一些常用的短语："我可以让自己冷静下来"，或者"不值得为此生气"，这些属于"积极自我对话"，我用来帮助自己避免沮丧的话是"就当是耳边风吧"，这句话可以提醒我放手。鼓励孩子在困难的情况下自己背诵这些句子非常有用。

· 帮助他们解决问题并制定策略。

为人父母的最终目的是使孩子具备独立的能力。这意味着，最终孩子会解决他们自己的问题。那些像扫雪车一样在孩子的成长道路上为他们扫清障碍的父母，剥夺了孩子自己学习的机会，往往造就了一群不幸而无助的成年人，他们没什么抱负、动力，连一盎司的理性都不具备。与其和你的骑兵一起跋涉，不如给他们提供盔甲和作战方案，帮助他们为自己而战。

如果你的孩子像马蒂·麦克弗莱（Marty McFly）[1]一样，在相同的情况下不断地失去理智（例如，被称为“胆小鬼”），那么你需要花点时间和他们讨论、思考什么是他们的触发点以及他们的反应。鼓励孩子们尽可能尝试用不同方式来应对这种情况，然后讨论每一个行动的后果。

例如，比弗发出挑衅，问你的马迪敢不敢参加公路比赛，并称呼马迪“胆小鬼”。你可以和马迪一起头脑风暴，考虑不同的反应以及可能的结果。解决办法之一是，参加一场危险的公路比赛，遭遇灾难性的事故，导致你的摇滚明星梦破灭，而马迪死去，唯有时空旅行才能改变这一结局。但愿马迪能想出一些更好的解决办法，比如“倒车，离开”。你的孩子会渐渐意识到有些解决方案比其他的好，如果没有，请他们看《回到未来》三部曲。

· 身体温度计。

认知行为治疗师最喜欢的工具之一是身体温度计。让孩子们用0—10的分值来衡量他们的情绪。任何情绪都可以运用，但在这里我们要以愤怒为例。目的是建立一个十分制的温标，从轻微的愤怒到暴怒，让他们注意自己的身体在每个阶段的反应。这将使孩子认识到什么时候他们会感到轻微的愤怒，

1　马蒂·麦克弗莱（Marty McFly）是美国科幻电影系列《回到未来》的主角，由迈克尔·J.福克斯（Michael J. Fox）饰演。

在《回到未来》系列电影中，高中生马蒂在慌乱中架着一台时光机器回到了三十年前。他只能一边寻找让自己回到未来的方法，一边努力撮合自己的父亲和母亲相爱，以免自己在以后消失。在《回到未来2》中，马蒂总是易怒，并且在别人说他是胆小鬼时暴跳如雷，所以他的对手不断利用他的弱点，最终让他陷入了穷困潦倒。直到《回到未来3》中，他修正了自己的性格，成功回到未来之后，发现未来的自己人生也发生了好的改变。

并明白这是采取行动改变情况的最佳阶段，而不是等到他们真正生气的时候，那时候情绪可能会压倒一切，战胜他们。

· 以及，控制呼吸……

如果已经变得很愤怒，教孩子如何让自己冷静下来。“深呼吸三次”或“数到 10”这些方法都曾帮助了我的孩子。其目的是在感受和行动之间加入真正字面意义上的呼吸空间，让人们得以考虑选择什么策略来应对，而不是冲动的下意识反应。

· 行为管理总是有效的。

正如我之前提到的，行为管理是行为疗法，表扬和奖励你希望再次看到的行为，而忽视或惩罚你不想看到的行为。因此，毫无疑问，破坏行为和攻击性行为应该被及时劝阻，而控制脾气和攻击行为的尝试应该被注意到，并得到表扬。

恐惧的眼泪：最初的焦虑从何而来

焦虑

大多数人都意识到压力和焦虑不利于孕妇的身心健康。应激不仅会导致流产和早产，科学家还发现，母亲在怀孕期间的焦虑会影响孩子的心理和行为。已经有成熟的研究表明，母亲在怀孕期间的焦虑与儿童的焦虑、注意力缺陷多动障碍（ADHD）、认知问题、攻击性、行为问题甚至精神分裂有关。

第一个证据来自动物研究。研究人员发现，孕期处于应激状态的老鼠和猴子的后代在注意力、运动行为、攻击性和记忆力方面存在长期障碍，表现出“高度警惕的行为”。动物的高度警惕行为是人类焦虑行为的一个指标。它包括对潜在危险的预警，以及身体系统为准备应对威胁而出现的相应变化。

想象一下，如果在2005年7月7日伦敦爆炸案发生后的第二天，你乘坐地铁上班，你会有什么感受？这是人类“高度警惕”状态的一个例子。你的眼睛四处寻找被遗弃的可疑的袋子，或者背着超大背包的旅客。你的肌肉有些紧张，心率加快，呼吸有些急促，比平常多出了一些汗，如果有人在你身后扎破一个气球，你说不定立刻拔腿就跑。如果你处于应激状态，高度警惕是一件好事。许多次，在从夜间公共汽车站走回家的路上，它都给了我很大的帮助。但是，如果你一直保持高度警惕状态，或者在没有威胁的社会情境或飞机上保持高度警惕，这可能是个很大的问题，我们称之为“焦虑”。

通过实验找出动物体内发生了什么相对容易，因为你可以用金属导线连接它们，以很不显眼的方式测量它们的肌肉紧张程度、心率和排汗量。更棒的是，你可以采集血液样本，测量它们的“压力荷尔蒙”（皮质醇）水平。通过这些实验，科学家们一直在研究各种母体压力对动物后代和几种可疑结果的影响，他们在动物身上发现了相当确定的结果，孕期和早年生活的应激会导致下丘脑—垂体—肾上腺轴[1]（Hypothalamic-Pituitary-Adrenal-Axis，HPA）

1　下丘脑－垂体－肾上腺轴是人的大脑中一个直接作用和反馈互动的复杂集合，它是一个协调腺体，包括下丘脑、垂体，以及肾上腺。这三者共同构成了HPA轴。

HPA轴能够控制人体的应激反应，并且调节人体的消化系统、免疫系统、内分泌系统等，它还能帮助我们调节情绪、性格，控制我们的心理压力水平。

的发展出现变化——重置以加强警备。

肾上腺轴

肾上腺轴是一个由身体各部分组成的网络，这些部分通过释放荷尔蒙建立通信，以调节某些身体反应，包括应激反应。就其调节应激反应的功能而言，它的工作原理和消防与紧急事务管理局非常相似。你看到火灾，拿起电话拨打 999，电话被全国呼叫中心接通，他们会问你想要哪种紧急服务。一旦他们知道你需要的是消防服务，就会联系地区消防控制中心，该中心联系你所在当地的消防队，消防队向你所在的地方派出消防车。消防员如你所愿地扑灭了大火，并打电话给消防队报告工作已经完成，消防队再将这些信息反馈给地区消防控制中心，以便结案。或者，如果火灾失控，他们将根据火灾的情况上报地区或国家，要求更多支援。

下丘脑（大脑中的一个区域）就像国家呼叫中心。眼睛看到威胁，就会立即提醒下丘脑。于是，大脑的脑垂体（地区消防控制中心）便知道当前存在威胁和压力，需要进行处理。脑垂体与在肾脏顶部的肾上腺（当地消防队）通信，然后做出应激反应：释放类固醇激素皮质醇（消防车）。消防车出去解决问题，皮质醇进入心脏使心跳加速，进入肺部让呼吸变得急促，进入汗腺促使汗液分泌，进入肌肉让肌肉紧张起来做好行动准备。这样，你就可以战斗，或者逃离危险。

如果一座城市遭遇热浪袭击，火灾失控的风险增加，消防部门可能会要求更多消防资源处于待命状态，并可能会提高警惕，哪怕是小的火灾现场，也会派出更多的消防车前往，以确保火势不会失控。这些是短期内有益的预防措施，但如果长期如此，超过了现实威胁的时间，那就是反应过度了。同样的事情也发生在身体的应激反应系统上。如果存在应激升高的历史，身体的反应是增加血液中皮质醇的基线水平，增加皮质醇的释放量来应对压力。如果存在持续的威胁，这不是问题，但如果威胁已经解决，身体仍然没有调节应激反应系统，就会导致持续的焦虑。

一个紧张的妈妈意味着一个紧张的孩子

至少动物实验已经证明，幼崽本身无须暴露在压力之下，只需要暴露在母亲子宫内的高度警戒系统中，就足以让它们的身体处于高度戒备状态。因此，在动物实验中，给怀孕的母亲注射皮质醇等价物，可以使它们的后代在出生时具有更高的皮质醇基础水平和更高的皮质醇反应，并对其成年之后的生活产生影响。这些动物会表现出一系列长期的认知行为障碍。可以认为这是巴克假设的有关胎儿编程的一部分（正如对吸烟影响所做的解释那样），即暴露于高水平的母体应激荷尔蒙的胎儿会预测外部环境充满压力，并通过调整其 HPA 轴来做好最佳准备，以应对即将到来的生存之战。如果导致这一结果的环境的确充满压力（比如饱受战争蹂躏的叙利亚），孩子就有优势；而在实际环境没有那么紧张的地方，HPA 轴的状态现在是非适应的，并会导致一系列功能障碍。

给人类施压以进行焦虑研究很不道德。但令人震惊的是，在过去这是被允许的。

“小阿尔伯特”是心理学史上一个经典案例。小阿尔伯特是一个九个月大的男孩，他不怕老鼠，有人给他一只老鼠玩。一个卑鄙的叫作约翰·b. 华生的心理学家，想看看是否有可能让小阿尔伯特害怕老鼠。每当小阿尔伯特碰到那只老鼠，就会有一个人站在他身后，用锤子敲打一块金属，发出很大的响声惊吓阿尔伯特。不用说，过了一段时间，小阿尔伯特开始害怕老鼠，不再靠近它们。这证明诱发恐惧是可能的。难怪实验心理学名声不好！

如今，谢天谢地，这样的实验是被禁止的。不过，这也的确导致更难将动物研究结果直接推断到人类身上。为了研究压力对后代的影响，我们必须基于孕妇生活中自然产生的压力，而不是故意施加的压力。因此，研究人员用自然灾难和人为灾害来研究妊娠期焦虑的影响。

生于危机中的婴儿

对受“9·11”事件影响的母亲所生孩子的研究表明，与“9·11”之后出生的孩子相比，他们出生时的体重较轻（即便是足月出生）。1998 年加拿大冰风暴期导致长达五周的电力和水资源短缺，孕期经历了这场冰风暴的母亲，即便排除出生并发症、出生体重、孕龄和产后抑郁症的因素，她们的婴儿与其他婴儿相比，智力发育指数和语言发展测试得分均较低。

并非只有这样的全国性灾难所带来的极端压力会造成这些影响。有研究使用问卷调查法，询问孕妇在孕期不同时期的压力水平，然后对这些母亲的从新生儿到青春期不同年龄段的孩子进行研究。总的来说，研究结果证明了母亲的压力和后代发育受损之间存在联系，有时甚至呈现了直接的剂量反应效应[1]。研究结果因每项研究所测量的压力源（一些研究询问工作压力、丧亲之痛、婚姻压力、伴侣批评，或者只是感到有多么焦虑）、压力发生时所处的孕期阶段（研究第一阶段、第二阶段和第三阶段的压力），以及儿童的发展结果和年龄（一些研究者观察语言和第一年的发育，另一些研究者关注儿童期的 ADHD 症状，还有一些研究者关注青春期焦虑和行为问题）的差异而有所不同。尽管如此，这些研究达成了一项共识：孕妇产前焦虑会带来显著、负面且持久的影响。因此，不仅你的 DNA 会从生物学上影响你的孩子，你的内部环境——通过生物机制——也会给你的孩子带来影响。这又涉及表观遗传学这一儿童精神病学研究的新热点。

这是一个真实存在的影响，还是因为生活有压力的母亲在孕期更有可能遭遇压力，抚养孩子更困难，才导致她的孩子出现心理缺陷？在动物研究中，这些因素很容易排除，新生的幼崽或幼猴被交叉养育，这样，一旦幼崽出生，在孕期有压力的母亲就会被一个孕期没有压力的母亲取代，而幼崽的结果却是一样的。在人类身上不可能做这样的实验，但是大多数针对人类的研究，通过统计学分析生活压力的标志（如社会阶层、产后抑郁、母亲教育程度等），结果仍然证实了这些理论是有效的。

1　剂量反应效应是指声称能引起某种特定效应的某物的剂量越大，效应就越大。例如，如果日光暴晒与皮肤变黑有关，剂量反应效应意味着日光暴晒越多，会导致肤色更深。找到剂量反应效应能很好地（但并非一定是确定的）证明因果关系的存在。

那么基因的影响呢？有人可能会说，基因上容易焦虑的母亲很可能在孕期焦虑，并将焦虑基因遗传给后代，从而导致他们焦虑。你看，用科学的方法证明任何事情都很困难，然而聪明的研究人员继续尝试找到答案。在一项神奇的研究设计中，科学家把目光转向试管婴儿，比较那些与母亲有遗传关系的婴儿和与母亲没有遗传关系的婴儿（即那些通过卵子捐赠受孕的胎儿）的产前压力与儿童发育状况之间的关系。结果发现，母亲的孕期压力与孩子的焦虑和行为障碍症状之间存在关联，即便在没有血缘关系的母亲身上也如此。

所以，最好的建议是尽量避免孕期焦虑。起保护作用的因素是，处于一个稳定的、充满爱的环境，拥有稳定的财务和职业，感觉自己已经充分享受了没有孩子的生活，准备以最佳状态面对怀孕和做母亲。当然，并不是每个人都能做到这一点，但当你怀孕的时候，请记住“别紧张，放轻松”这个古老的忠告。

怎样知道你的孩子是否处于焦虑中

因此，我们研究了儿童焦虑的一些原因，发现基因、表观遗传学和由产前和早期生活压力引起的不稳定的 HPA 轴可能是生物学因素。但父母如何确定自己的孩子是否存在焦虑的风险？能做些什么呢？

如果你担心孩子有焦虑，首先，请记住焦虑是一种正常的、自然的情绪，是一种有用的、能保护生命的反应，人类进化出焦虑的能力使我们的身体在面对威胁时能够准备好战斗或逃跑。没有焦虑的孩子是不正常的，他们可能会过早夭折，因为他们会毫无畏惧地从陡峭的斜坡上滑下来，从高处跳下来，去找那些强壮的孩子打架，他们根本不会考虑任何后果。如果你的孩子有轻微的焦虑症状，你应该庆幸他们没有刚刚说的那些问题。焦虑是儿童最常见的情绪问题，通常比较容易治疗。

儿童焦虑的一些常见表现如下：

1. 谈论所担心的事情。这是表达焦虑最有效、最合适的方式。如果你的孩子能告诉你他们的烦恼，他们已经迈出了获得帮助和支持的第一步。对焦虑儿童的治疗目标就是让孩子能够公开谈论他们的担忧。成人有义务帮助孩子解决问题，给予支持，或容忍他们的焦虑。

如果儿童无法意识到自己的担忧，或者无法用语言表达出自己的担忧（这取决于儿童的年龄、智力和情感觉察能力），就会用其他方式表达，关键在于成年人能否认识到这些表达是焦虑的症状。

2. 哭泣和发脾气。发脾气通常被视为不好的行为，但有时候它们是由恐惧和焦虑引发的。治疗师会要求父母做的第一件事是在孩子发脾气的时候做详细的记录，包括导致孩子发脾气的原因以及之后发生了什么。有时候存在一种模式。典型情况如下：孩子因为要去上学而发脾气，拒绝去上学，又踢又叫。当父母同意并说可以休息一天时，孩子的愤怒就会平息，孩子就会立刻变得很快乐。进一步了解之后发现，孩子其实遇到了一些事情，比如在学校被欺负了，有拼写测试，这一天有讨厌的体育课，经常被严厉的老师训斥。

对由焦虑引起的发脾气进行惩罚、惩戒和行为管理是行不通的，重要的是理解发脾气背后的情绪。

3. 黏在身上不下来。有些孩子对焦虑的反应是变成一只紧紧挂在你身上不下来的藤壶怪。你越是想把他们撬下来，他们就抓得越紧。他们很难离开你去上学，他们整天跟着你在家里转。这对父母来说非常恼人。

对此我很清楚，因为在我们搬到英国后，有一段时间我就是挂在我妈妈身上的藤壶怪。即便是对成年人来说，移民也是一件压力很大的事情，所以你可以想象一个四岁的孩子，在一个陌生的国家就读于一所新学校时的感受。在那里，我语言不通，一人不识。至少有六个月，我每天都在学校里难熬地哭泣，以至于我母亲不得不在教室的后排坐了好几个月。有时候在家里，我整天跟在母亲身后，要么就在担心如果我不和她在一起，她可能会死掉。这是典型的分离焦虑。幸运的是,在我习惯了英格兰（或者准确地说是威尔士），并学会说英语之后，我和母亲都解决了这个问题。

4. 变得沉默。有些孩子在焦虑的时候沉默不语。通常，焦虑与特定的压力环境有关，比如学校或房子的某处，或者与特定的人相处的时候。这被称为选择性缄默症。在儿童期相当普遍，但在之后的生活中并不常见。

5. 肚子的麻烦。儿童比成人更有可能用身体语言表达情绪问题。由于某些原因，症状的首选靶区是胃肠系统。在没有明显的医学原因的情况下，出现腹痛或便秘，应始终考虑是否是焦虑引发的。对于那些在周末和学校假期肚子疼便奇迹般地自行缓解的孩子来说，一定要警惕与学校有关的焦虑。由于某种原因，在青春期晚期和成年期，心理疼痛的目标从腹部转向头部，有情绪问题的成年人常抱怨头疼和神经痛。但对孩子们来说，最重要的是肚子。

6. 尿床。如果孩子已经能避免尿床长达一年，任何尿床症状的复发都可能意味着焦虑。移民让我有短暂的分离焦虑，而我姐姐经历了短暂的尿床。这是儿童焦虑的一个常见症状。就像我的分离焦虑一样，当我姐姐适应了我们的新地方后，她就不再尿床了。如果没有医学上的原因，一年以上未曾出现尿床的儿童再次出现如厕困难（白天尿裤子、遗便），可能表明他们有很严重的情绪问题。

7. 幼稚的行为。任何长时间地退回到孩子气的行为都被称为“退行”，如吮拇指、把自己藏起来、用婴儿的方式说话、需要抱着舒适的毯子、请求大人帮他们做一些他们以前能做的事情（比如擦屁股或系鞋带），以及重新出现尿裤子的情况（我之前提到过D的“尿裤子”故事），等等。退行可以被视为焦虑或情绪困扰的迹象。

8. 僵硬死板。焦虑的孩子可能变得越来越死板，无法适应变化或意料之外的事情。他们可能会变得控制欲很强，着迷于把事情做好（完美主义），不管是事情的安排方式、做事情的方式，还是他们吃的食物。这表明他们正在试图重新建立秩序，重新掌控他们认为不可预测的、沉重的、困难重重的生活。这些都是容易与焦虑交叉的疾病的潜在警告信号:强迫症、饮食障碍、抑郁症。

在七岁以下的儿童中，焦虑、抑郁、饮食障碍和强迫症等精神障碍全面爆发相当罕见，主要是因为儿童在这个年纪所承受的压力通常并不严重。但是，如果你的孩子表现出以焦虑的方式应对轻度压力的倾向，这提醒你，如果这个问题没有得到解决，在青春期更大的压力出现后，他们可能会以类似但更极端、更持久的方式做出反应，甚至会在青春期或成年后演变成一种全面的精神障碍。在成人精神病治疗中，回顾病人的病史常常会发现，他们目前状况的根源往往在童年时期就已经很明显。所以，童年早期是干预的一个时机。

讨论、承认和接纳：让孩子走出忧虑

如果你怀疑自己的孩子在这方面存在问题，那就尽快寻求专业帮助。如果你能像我上面所描述的那样，花点时间观察你的孩子控制情绪的能力，就会更早地意识到潜在的困难。尽可能清晰地记录下孩子所经历的困难。获得正确的帮助很困难，但如果你能提供你观察到的孩子在这方面困难的具体例子，专业人士将能够更好地提供帮助。

· 鼓励讨论焦虑。

正如前面提到的，很多治疗焦虑的工作是让孩子们可以开诚布公地和你谈论他们的担忧。艺术治疗师、游戏治疗师、心理医生和精神科医生通常会先建立安全的环境和信任的关系，这样孩子感觉可以自由地交谈，知道他们所说的内容会被保密，不会被评判，会得到富有同情心的对待。因此，在日常生活中如果能在家庭中塑造这样的环境，如果家庭成员能做到富有同情心、不妄加评判是有帮助的。这意味着，如果他们带回家一份一塌糊涂的成绩单，或者学校安排一个家长会讨论为什么没有人会和你儿子玩，你要控制住自己，不要抓狂。

· 接纳和承认你自己的焦虑。

一旦你的孩子向你承认了他们的担忧（被人欺负、他们认为自己是一个被困在男孩身体里的女孩、担心你会死），不管他们的担忧是什么，你都不要跟着一起焦虑。你首要的任务是控制焦虑。也许你需要寻求一些建议来帮助你解决这个问题，但总的来说，你处理问题越理智、越沉着，担忧就会越少。如果你变得歇斯底里，只会增加你孩子的担忧。

· 始终认真对待你的孩子的忧虑。

尽量不要忽视它们。如果孩子在担心某件事，这意味着这件事对他们来说很严重，哪怕作为成年人的我们觉得那不过是小事一桩。如果孩子真的很担心某件事，不要随口就说“哦，你别犯傻了”或“完全没必要担心那个”这一类的话，这不仅无法减轻孩子的担忧，反而会让他们觉得不应该和你谈论他们的担忧。这在童年期可能不是问题，但到了青春期，当忧虑变得更严重时，沟通和信任变得至关重要，而如果在童年时期没有建立起沟通的习惯和信任，那么青春期就可能永远无法找回。你当然可以给予安慰，但要做到真诚而不轻蔑。

· 帮助你的孩子解决他们自己的问题。

和你的孩子谈论他们的担忧、潜在的解决方案及其可能的后果，这可以帮助他们看到问题有解决途径。在这个过程中，很有用的做法是表明你会站在他们一边。作为成年人，有些问题可能需要你来解决。比如，校园霸凌绝对需要家长和学校的干预，这不是孩子能独自面对的。

· 帮助你的孩子准确评估情况。

有时候，孩子（和成年人）会误解情况，或者它们发生的可能性。许多成年人因为空难而不敢搭乘飞机，然而，事实是，航空旅行比汽车旅行更安全。在焦虑的认知行为治疗中，心理学家和精神科医生经常要求儿童研究他们担忧的事实（恐怖袭击的可能性，或被狗咬伤的可能性），或者对其他人的想法进行调查。这让他们看到，有时他们的担忧与现实不相称。

· 帮助你的孩子忍受焦虑。

通常情况下，引发焦虑的情况无法避免，比如对拼写考试、狗、看牙医或坐飞机感到焦虑。在这些情况下，父母的自然反应可能是帮助孩子避免经历这些情况，但往往适得其反，会使问题变得更糟。除非你想让你的孩子成为文盲，永远不在公园里散步，不会有蛀牙，永远不要出国，否则最好"教"你的孩子忍受压力。最好的方式是心理教育、心理支持和逐级暴露法。大多数家长、老师和心理学家都很擅长前两步，但第三步——逐级暴露法——是决定成败的关键，甚至很多治疗师都做不到这一点。

在某些时刻，焦虑的儿童或成年人必须面对他们的恐惧，才能真正克服它们。

最好的治疗师在这方面都很出色，我最喜欢的故事是心理学家大卫·克拉克的故事，他治疗了一位患有社交焦虑的病人。这位病人对社交活动产生了恐惧，他非常清楚自己的焦虑是什么，他担心自己会流汗，然后其他人会注意到，而他看起来就像个傻瓜。大卫把两杯水倒在自己腋下的衬衫上，让他的病人和他一起去酒吧，在那里他点了一些喝的，然后漫不经心地和其他人交谈。这位心理学家设计了一个“腋窝出汗过多的男人”，病人看到这并没有引发什么社交事故，世界末日也没有到来。下一步，当然是让病人自己这样做，而且你看，他做了，这或多或少地治愈了他的社交焦虑。

当我第一次被安排治疗一个患有严重的强迫症和社交焦虑的男孩时，这个伟大的故事给了我勇气。在几次准备阶段的会谈之后，我发现他的恐惧与被人盯着看有关，于是我把他带进了国王学院医院的急诊室，等我们离开时，我们两人都在候诊室里表演了《基督教青年会》这首歌。这是一个已经休学一年的男孩，部分休学原因是他害怕被人盯着看。在见到我之前，他已经接受了两轮不成功的治疗，但之前的治疗师从未让他面对自己的恐惧。几周后，他回到了学校。坦白说，如果你能在一群陌生人面前即兴表演《基督教青年会》，那上学能有多难？有了适当的支持，我们的孩子会比他们自己，甚至比我们想象的更勇敢。

理解孩子的视角：孩子觉得什么可怕？为什么？

儿童的恐惧通常会随着他们的年龄和智力而变化，从婴儿几乎是“本能的恐惧”，到青春期复杂抽象的恐惧，这需要更精细的思维过程。对于只具备基本的认知能力的婴儿来说，恐惧更多是一种“本能”。进化塑造了人类的大脑，使其天生对某些事情感到恐惧，这在过去很好地服务于我们的祖先：例如，巨大的噪声可能意味着一棵树倒下、地震或剑齿虎来了。如果你在婴儿旁边发出意想不到的巨大噪声，他们肯定会吓得哭起来。还有一种生物学上的倾向，就是害怕蛇和蜘蛛等动物，这些动物会对我们祖先造成伤害。研究表明，人们很容易产生对动物的恐惧（就像小阿尔伯特一样），但很难产生对枪支和汽车的恐惧，虽然在现代社会后者更有可能带来威胁。

婴儿（至少是幼猴）在很小的时候就已经开始害怕别人害怕的东西。这种进化的技巧使它们能够快速地捕捉到环境中主要的威胁，因为如果其他猴子害怕某样东西，学会害怕那个东西可能是明智的。

科学家库克和米内卡在恒河猴身上清楚地证明了这一点，这些恒河猴在实验室长大，不怕蛇。在给这些恒河猴看了野生猴子对蛇极为恐惧的视频后，它们开始害怕实验室里的玩具蛇，尽管它们从未不幸地遇到过蛇。婴儿和年幼的儿童也会注意到父母的恐惧。我清楚地记得有天晚上一边看恐怖电影，一边给莫莉喂奶时的情景。在某一时刻，我屏住呼吸，预感屏幕上要发生可怕的事情。大多数人都察觉不到，因为我没有动弹，也没有发出一点声音，但莫莉不再吮吸乳汁，紧张地看着我。她还不能坐起来，不能走路，也不能说话，但她能感觉到我的恐惧。

保持冷静，坚持下去

因为孩子会模仿你的恐惧反应，所以要确保不把自己的恐惧传递给孩子。如果你表现出对路过的狗的恐惧，那不用多久，你年幼的孩子也会害怕狗。我非常讨厌老鼠，我是那种典型的看到老鼠出现在我附近就会尖叫着跳到家具上，对我的丈夫大喊救命的女人。自从有了孩子，我意识到不能把自己的缺点传下去，而且我们已经有了一只猫。虽然我仍然讨厌老鼠，但一旦它们出现在我面前，我会小心翼翼地控制住自己的情绪，咬紧牙关提醒我丈夫或猫，而不是歇斯底里地挥舞手臂尖叫。

随着婴儿成长为幼儿，他们的认知能力开始发展。随着认知能力的发展，他们开始理解世界，也具备了想象力。他们具备了思考可能发生在他们直接经验之外事情的能力。在这个年龄，常见的恐惧来自“黑暗”和“怪物”。通常，孩子的恐惧完全不切实际，可能出于最不可思议的原因。

在我还是个小孩子的时候，有一天晚上我睡不着，下楼去找我的父母。他们正在看电影《大白鲨》，我碰巧在一个不合适的时候走了过去，当时屏幕上有人被大白鲨大嚼了一顿。在那之后的几个晚上，我总是做噩梦，梦见那条“大白鲨”从我卧室的窗户钻进来吃掉我。我父母觉得这很荒诞，当时我也不明白为什么会这样。最近，我一直对我孩子们的恐惧很感兴趣，这也是我乐趣的来源，尽管我试图认真对待它们，不被这些恐惧逗乐。莫莉在阅读罗尔德·达尔的《好心眼巨人》后，她对嘎吱嘎吱嚼骨头的巨人一点也不害怕，但她因为害怕特伦奇布尔夫人，拒绝继续和玛蒂尔达[1]在一起。莫莉好几个晚上睡不着觉，因此我们几个人晚上也别想睡得好，这都是特伦奇布尔太太一手造成的。另一方面，D对《查理和巧克力工厂》的维奥莱特·博雷加德深感不满。出于某种原因，变成蓝莓是他的噩梦。维奥莱特通过榨汁的方式回归正常，而

1 玛蒂尔达（Matlda）是罗尔德·达尔的儿童文学作品《玛蒂尔达》中的主人公。玛蒂尔达是一个聪明的小姑娘，这部作品讲述了她与势利的爸爸妈妈、恶毒的校长斗智斗勇的故事。

榨汁仅仅是为了补充能量，但这只会加剧而不是平息 D 的恐惧。

在这个年龄，父母对孩子的担忧往往是孩子无法理解的。父母最大的恐惧是:“如果我死了,我的孩子们要怎么办？”对小孩子来说,这根本不是问题。他们既不理解死亡，也不理解时间的现实意义。有一次，我大声地说出我的恐惧：“如果我死了，你们会怎么样？”令我气愤的是，莫莉以典型的实事求是的口吻回答说：“哦，没关系，我们还有爸爸。”然而，到了 5—8 岁，孩子们开始理解死亡的含义，对死亡和疾病的恐惧变得更为普遍。

童年中期（6—12 岁）是对动物产生恐惧的高峰期。很常见的恐惧是对狗和蜘蛛的。有时，一个孩子会因为与某个动物接触的特定经历而产生恐惧。但有时，即使没有直接的令人不安的接触经历，他们也会产生恐惧。进化使我们的大脑倾向于认为动物是潜在危险。随着孩子进入青春期，他们的恐惧变得与成年人更相似：害怕失败、被羞辱、被拒绝，对于战争、恐怖主义、疾病和犯罪的恐惧开始显现。一方面，这些恐惧看起来比婴儿期害怕怪物更“现实”，另一方面，人们也可以反驳，实际上，许多成年人的恐惧也是不现实的。

请记住，恐惧是一种有用的生存机制

应该永远记住，恐惧是一种自然的反应，发挥着至关重要的作用。如果没有恐惧，我们这个物种很可能无法生存，因为我们将直接把自己置于危险之中，而不考虑后果。恐惧反应不仅让身体做好战斗或逃跑的准备，也让大脑做出回避麻烦的反应。表现出低水平恐惧的人往往表现出高水平的“冒险行为”，并最终以这样或那样的方式陷入麻烦，无论是高速上的交通事故、胆大妄为的抢劫，还是拖欠银行债务。然而，恐惧应该建立在现实的基础上，对焦虑和恐惧的心理治疗包括在现实中锚定恐惧。

作为父母，虽然我们不能保护孩子远离所有的逆境，但帮助孩子理解和处理焦虑与恐惧是我们职责的一部分。教育孩子们接受并有信心能应对各种可怕的情况，比防止可怕的情况发生或鼓吹“无畏”更重要。

如果一开始你没有成功，那么再换一种方法

莫莉在读一年级的时候，在学校学习到有关爱德华·詹纳和天花的知识。一想到天花，莫莉就感到前所未有的恐惧。不仅睡眠受到影响，甚至在白天，一想到家人可能会被天花夺去生命，她就会泪流满面。这种情况持续了一周，尽管我向她保证天花在英国已经绝迹，她仍然泪流满面，心烦意乱。最后我见了她的老师，把情况告诉了她。

那天我去学校接莫莉时，她对我说她不再害怕天花了。

“你是怎么做到的？”我问，整个星期我都在安慰她，可还是无济于事。

“因为老师告诉了我有天花疫苗。”

“呃……上周我不是和你说过这事吗？”

“是的。但她知道这一点，她是一名教师。”

你看，当你是个母亲的时候，即便你有医学学位也不算数了。

两个关于死亡的故事带给我的启示

最后，我将以最重要的情感结束：爱。

在第 2 章，我对爱在培养孩子自尊的重要性极尽溢美之词，但我在这里想谈的是，这种体验到的父母的爱也将塑造孩子爱他人的能力，并能将爱带入他们的生活。奇怪的是，我对爱的重要性的看法被我接触的两次死亡经历具体化了。

作为一名家庭外科医生，我曾照顾一位患有前列腺癌的老年绅士。检查结果非常糟糕，肿瘤已经扩散，无法进行手术，这将是他最后一次求诊。在医学院，我们接受过如何“告知坏消息”的培训，有一种特殊的身体语言和语调是值得推荐的。需要特别注意的是科学确定性和同情心之间的平衡：以免给予错误的希望，同时需要保持对病人的关切和同情心。外科医生讨厌这类事情，因为他们更愿意解决问题，而且我已经明确表示我将来会成为心理医生，因此我被安排向病人仅有的家人——他的儿子和儿媳妇告知坏消息。

我收集了已知事项，手里拿着扫描结果，准备好纸巾，带着他的家人来到一间安静的房间，告诉他们这个消息。当我准备传达这个令人痛苦的消息时，我排练过的语调、肢体语言和眼神接触已经准备就绪：“癌症已经扩散”“没有办法手术”“已经是晚期”。但对方的反应完全出乎我的意料。

“你可以为我签一下这个吗？”

“嗯？什么？”

我看了一下他给我的表格，是他父亲每年的伤残生活津贴续期表。

“我觉得你没有弄清楚状况，”我说，也许他不明白“晚期”是什么意思，“你父亲不会再回到你身边了。很抱歉，他快要死了。”

“这就是我想要你在表格上签名的原因。这样我就可以在他去世前再领一年。”

我想对一些家庭来说，欺骗福利制度比父母去世更重要。

第二个故事并不涉及我的病人，而是在诺福克诺维奇医院一间熙熙攘攘的病房里的一位病人，当时我在心脏内科工作。人一点点地来，如涓涓细流。一个中年男人和他的妻子；一个中年男人、他的妻子和三个孩子；另一个带着孩子的家庭；一对年轻夫妇带着一个小宝宝，操着美国口音，拖着行李箱，就像是刚下飞机一样；一个上了年纪的男子坐在轮椅上，一个十几岁的少年推着他，还有男子的中年父母；一个穿着皮夹克的学生；一对双胞胎女孩和她们的“妈妈”；一位使用齐默式助行架的老太太；一对夫妇带着蹒跚学步的孩子。这些人一个接一个进入了一号病房。人们问候、拥抱和相聚在一起。

我知道病房其实很小，不知道是怎么把他们都装了进去的，但他们却都走进去了，为彼此腾出空间，因为这很重要。门总是半开着，我没想侵犯他们的隐私。然后是一段比平时更长的沉默。然后他们一个接一个哭了出来，老老少少都泪流满面。长者安慰年轻人，年轻人宽慰长者。屋子里的气氛忧郁、极度悲伤却又和睦。我从不知一号病房的病人是谁，是男是女，年轻还是年迈，但我知道一件事，我希望自己以后像他那样死去——被一个爱我，又彼此相爱的家庭环绕。

我唯一能解释我所见证的两个家庭对待死亡的方式的差别在于：爱，以及缺乏爱。体验过爱的孩子更能理解、表达和表示爱。他们对他人更加敞开、慷慨、宽容和包容。我相信我们对孩子表示的爱，会在他们成年后给他们带来回报。如果我们给予的是冷漠，那么在我们自己需要帮助的时候，我们还能期待比冷漠更多的吗？

孩子们在他们生命的最初七年最需要我们。在这段时间，我们很幸运，他们被设定为“不管发生什么”都爱我们的模式。因为在最基本的层面上，他们需要我们。但情况并不总是这样，到了青春期，他们就会准备离开。你会发现，父母可以抛弃、忽视甚至虐待年幼的孩子，但他们仍然会爱他们的父母。然而，利用这一点是一个错误，也是埋下了一颗定时炸弹。一旦“需要”消失，孩子们就必须“想要”爱他们的父母，才能和父母保持联系。

如果父母没有表现出自己的爱，或者孩子没有感到父母的爱，那就要做好与这些话语交战的心理准备：“你永远不会在那儿。”“你在乎什么？”“你一直都是更喜欢我哥哥。”如果事实真的如此，这些指控就变得更加血淋淋。此外，由于亲子关系构建了所有人未来爱情关系的蓝图，我们需要分清轻重缓急，集中精力让这段关系成功。

爱的尺度

由于“爱”很难用科学的方法来衡量，儿童心理学家和精神科医生转而通过衡量爱的表达："温暖"。没有温暖的爱仍会让孩子感到冷酷，所以温暖比爱更能预测儿童发展的结果。有几种衡量父母温暖的方式。在任何临床评估开始时，临床医生与父母之间的"开场白"或闲聊是他们了解父母温暖程度的第一步。在整个评估过程中，他们还将监测父母的身体语言、每次与孩子的接触、每次眼神的交流、每一个语调，以及指向孩子的大大小小的行为中的亲昵程度。这些观察非常费时，而且在大型研究中几乎不可能实现，因此用五分钟的录音样本代替。研究人员通过聆听父母谈论孩子的五分钟的录音，并对其进行编码，以寻找温暖的具体指标。还原论者和不完美者，你们对孩子的全部的爱都可以从你谈论他们的五分钟的录音中判断出来。有证据表明，如果评分准确，评分结果与更长、更深入的访谈和观察性评估的结果会很吻合。

你是怎么做的？

如果你参与了我的小实验，现在你可以回放你的录音，我邀请你做自己的法官和陪审团。

下面是一些我在临床工作中会注意倾听的事情。

· 开场白应该是积极的。我希望你不要一开始就说："我家这个坏孩子一无是处，我恨他。"

· 能够毫不费力地详细谈论孩子的父母往往更了解他们。所描述的内容越详细、越微妙和越亲密，父母明显越"了解"孩子。我的孩子们的钢琴老师给我讲了一个学生的故事。有一次，他打电话给孩子的父亲，问他儿子为何那天没有来上钢琴课，那位父亲回答说："哦，真的吗？我不知道他会弹钢琴。"这显然不是一个赢家。

· 积极的评价总体上至少是消极评价的三倍。这并不意味着不应该提及弱点，因为发现孩子的弱点，帮助他们想出克服弱点的策略也是一种积极的做法，这表明对孩子的困难有意识并愿意支持他们。例如，"她很笨，从她出生那一天起，我就知道她是个笨蛋。"这句话显然很不明智。但这样说呢："她一直努力学习，在过去几年里，她有很大的进步。我们在家中和学校里做了很多工作，我们真心为她取得的进步感到骄傲。她现在甚至开始学习阅读，一年前我们以为她永远也学不会阅读。"尽管最后一句话是针对孩子的弱点，但它充满了正面的评价，而且显然出自一位温暖的家长之口。

· 公开批评和使用强烈情绪化的负面语言的父母在温暖方面得分较低。泛化批评是敌意的表现。所以，"他不喜欢整理他的房间"可能是一个相对客观的评论，并不意味着缺乏温暖。但"他是一个懒惰的浑蛋"是带有敌意的评价。"他的妹妹很好，所以不是我们的错，我知道这是他的问题"，这是指责和把这个孩子当作替罪羊，同时也表明这位家长缺乏对孩子的温暖之情。

· 使用过多的积极形容词和形容词最高级形式的父母可能存在过度保护的倾向。任何人只要说"我最亲爱的小乖乖"或"我最完美的天使"之类的话，都让我们想伸手去拿呕吐袋。一个能够现实地、富有同情心地评价孩子的父母会得到更高的评价。

· 如果父母开始以谈论自己为主（他们自己的问题，他们已经做出的牺牲）或孩子其他的兄弟姐妹（"要是他能像我们的大儿子杰克那样就好了"或者“哦，她不会带来任何麻烦，但是我们的儿子，现在他是一个真正的小恶魔……”)，可能意味着这个孩子被遗忘了。

本章总结

帮助孩子理解、表达和控制他们的情绪是他们未来状态稳定的关键，也是父母教育孩子的重要工具。能够管理自己的情绪不仅能让你的孩子提高他们的社交技能（上一层），而且还能减少他们的行为问题（下一层）。我们现在帮助孩子应对挫折、恐惧和担忧，不仅有助于他们在未来变得更勇敢、坚强、善良，甚至可能防止他们在以后的生活中出现心理健康问题。我们在与孩子温暖的关系中所表达的爱，将会在孩子身上代代相传。这不仅是他们未来爱情关系的蓝图，也可能在最终我们需要的时候给予我们安慰。

Chapter 5

第三层：行为和自控力

“蝇王”和爱丽丝的蛋糕

我真的很期待去托儿所，妈妈给我买了一些可爱的新鞋子，我很期待穿上它们给我的老师看。现在，我穿着我的漂亮衣服，站在台阶旁，等妈妈帮我穿上可爱的新鞋子。“它们来啦！”她一边把鞋子从盒子里拿出来，一边高兴地说。它们看起来很可爱，但我往里面看了看。通常，妈妈会在我的鞋子里面贴上漂亮的玫瑰色贴纸，印着一只瓢虫，妈妈在上面用漂亮的大字写上我的名字,这样每个人都会知道这些漂亮的新鞋是我的。但今天她没有。“我的贴纸在哪里？”我指着我的鞋子问道。“我还没机会给放进去，”她说，“我今晚就放进去，但现在不行。我们得走了，要不去托儿所就得迟到了。”“但是我的鞋子上总是写着我的名字。要不别人怎么知道这双鞋子是我的？而且，如果没有贴上名帖，老师会生气，因为她不知道该给哪个孩子穿哪件衣服。

如果她把别人的鞋子给我穿了，而我可爱的鞋子不见了怎么办？不，不行。校服需要贴上名帖。”

我无法说出所有这些，因为我不知道为什么我有这样的感受，而且我还不善于用语言表达。

只有鞋子贴上名帖，我才会穿。为什么她不去拿贴纸，而是把鞋套在我脚上？好吧，妈妈现在去拿了，但是她为什么对我生气呢？她昨天忘记这件事又不是我的错。她本应该更有条理的。她现在又对我跺脚了！好，我们来玩个双人游戏！我为什么要因为她缺乏条理而给自己惹上麻烦呢？我不喜欢别人对我大喊大叫，如果她认为我现在要穿那双鞋，那她就大错特错了。我要让她看看我愤怒的表情，看看她有多喜欢！

哦，什么？她把我提起来了？这太丢人了！这太不公平了，她比我大，竟然这么做。放我下来，你这个大坏蛋！我要又踢又叫，直到她把我放下来。这太丢脸了！

一切都和挫折有关

促使我写这本书的那个悲惨的育儿时刻到底发生了什么？如果莫莉能告诉我她自己的版本，那么就会像上面那一段。从莫莉的角度来看，我更应该对自己的行为感到羞愧。如果莫莉能告诉我她担心弄丢鞋子，我可能会马上去拿她的名帖，这样我们就能及时出门送她去托儿所，我也能顺利地去参加会议。

所以，很明显，如果孩子们能自信地表达自己，能够像成年人一样清晰地表达自己的想法和感受，那么就可以避免掉许多童年时的挫折和愤怒。这就是为什么父母通常关注孩子的行为，但其实更应该关注孩子的自尊、沟通能力和情绪理解能力，这些对他们的发展更为关键。有了高度发展的自尊、社交技能和情绪理解能力，我们都能更有效地得到我们想要的东西，而不太需要诉诸愤怒、攻击行为和发脾气。所以，如果碰巧你没有阅读前面的章节，就开始浏览这一章，并希望我能提供一些魔法豆子，奇迹般地消除你孩子的坏脾气，那么请回到起点。因为改善孩子行为的第一步总是提高他们的自尊、社交技能和情绪理解能力。花时间提高孩子的这些方面的水平，终将改善他们的行为，也能让本章和后面几章的小贴士更有效地发挥作用。

也就是说，即使有坚实的自尊、社交技能和稳定的情绪，生活也并不完美。生活中少不了挫折，儿童，就像成年人一样，需要学会接受它。我们越善于预防或应对挫折，控制自己的攻击性本能，生活就会越好。无论一个人多么善于交际，多么有魅力，多么聪明，如果他们不能控制自己的行为，尤其是他们的坏脾气或挫折感，终会在某个阶段遭遇失败，无论是友情的破裂、失业还是家庭暴力。在挫折前进行自我控制对所有孩子来说都是非常重要的一课，否则，长大后会面临严重的后果。

攻击性（以及学会控制它）

许多人认为婴儿生下来是天使，社会把他们变成了恶人，而事实恰恰相反。婴儿天生具有攻击性的生存本能，是社会把他们变得文明。威廉·戈尔丁在《蝇王》中描述了一群男孩，他们被遗弃在一个岛上，没有任何成年人的监督，任由他们自生自灭，他们陷入了暴力冲突之中。现在和五十年前一样可怕，主要因为它是一个完全可以想象得到的场景。攻击性、性冲动、恐惧都是人类的本能，在我们所有人身上或多或少天生就有。攻击性是人类得以存活的部分原因。尽管有些儿童在基因上比其他儿童更有攻击性，但攻击性存在于所有人的内心。社会（对年幼的儿童来说，父母就是他们的社会）可以像《爱丽丝梦游仙境》里写着“吃我”的蛋糕那样，培养他们的攻击性本能，也可以像贴着“喝我”的魔药那样，减少攻击性。

当一个孩子第一次遇到另一个小孩从他们手里抢玩具的情况，尤其是在没有大人干预的情况下，她很可能会试图把玩具抢回来。如果不起作用，她可能会试图打、推、咬另一个孩子。在幼年时期，这并不能表明她行为不端，这些行为其实相当普遍。攻击性是一种本能，如果你让一个学步儿足够沮丧，他们中的大多数都会咬人。然而，经过几轮成年人的干预和谴责，通过传递这样的信息：打人、推人和咬人是不被允许的行为，大多数孩子“理解”了这一点。然后，他们被教导（或通过经验，或通过观察他人来学习）以更能被社会接受的方式获得他们想要的东西（在这个年龄，主要是告状、哭泣提醒成年人注意到不公平）。他们积极地抑制自己的攻击性，而本能就会变弱。他们很快适应环境的需要，学习哪些行为可以达到自己想要的结果。

如果让幼儿们在没有成年人恰当干预的情况下长时间独自玩耍，那个动手打人的孩子最终会成为“山中之王”，拥有他想要的所有玩具。他和其他孩子可能从而学会，打人和咬人是得到自己想要的东西的有效方法。在某些环境中，攻击性不仅被允许，而且还受到成年人的积极鼓励——有意无意地（“告诉他们谁才是老大”“你要打回去”“过去对付他”），这些孩子长大后可能会把攻击性视为一种好事，并主动发展自己的这一面。成年人也会调整或改变行为以对特定环境做出反应。我非常确定，如果明天我被关进一个高度戒备状态的监狱，我很快就会坚强起来，采取更有攻击性的应对措施，摒弃我的正统英语，不再问我的燕麦粥能不能无麸质。

作为母亲，在莫莉的第一个托儿所，我以一种微妙的方式感受到了环境对攻击性的影响。第一次做父母，真的很难区分一个好托儿所和一个差托儿所，我必须努力学习。莫莉的第一个托儿所是一家全新的托儿所，坐落在维多利亚时期的一所漂亮的房子里，里面满是现代化的设备和设计师设计的儿童玩具。莫莉在那儿的十八个月里，至少被班上其他孩子咬过或抓过十到十五次，她班上也有其他孩子被咬伤和抓伤。去接孩子的时候，我们这些家长几乎要排着队在事故记录本上签名。托儿所曾告知我们，最近录取了一个刚学会走路的孩子，他还没有被“社会化”，但老师会很快教会他。似乎只有在那之后，他们才会接受另一个“非社会化”的孩子。我知道学步儿咬人很正常，虽然我很生气，但我想这对托儿所来说是家常便饭。连我也曾不得不签署了一份事故记录单，因为莫莉咬了另一个孩子（尽管她在家里从来没有咬过任何人）。说实话，我很高兴莫莉采取了报复行动，而不总是给其他孩子当磨牙棒。

然而不满的种子已经播下，当我发现这家托儿所在英国教育标准局的第一次检查中获得了“符合要求”的评级（而不是“良好”或“优秀”）时，我决定让莫莉离开那里。莫莉转入一家被评为“优秀”的托儿所，在那儿的二十八个月的时间里，她只被咬过一次，被抓过一次，她没有咬过任何人。D 只去过“杰出”的托儿所，他从未被咬伤或抓伤过，也从未在幼儿园里咬伤或抓伤过任何人。但他在家里咬过姐姐，他其实似乎并不是一个特别安静、不咬人的孩子。虽然咬和抓是学步儿的天性，但我看到这种攻击行为在一个管理良好的托儿所发生得要少得多（更有经验的员工，更少的员工流失率），我相当肯定，环境对学步儿的挫折感和攻击水平有一定的影响。

不能守规矩，不会守规矩

我经常被问及管理儿童攻击行为的最佳方法。这是父母面临的最大挑战之一，但不幸的是，大多数人寻求的“神奇的”建议并不存在。改善孩子的行为是一项长期而艰巨的工作。大多数以实证为基础的西方育儿项目都包括“行为管理”这个部分（《不可思议的童年》和电视节目《超级保姆》都有这样的例子）。行为管理试图阐明什么是可取的行为，什么是不可取的行为，并提出策略，使选择的天平向可取的方向倾斜。著名的策略包括对积极行为的“奖励表”和对消极行为的“忽视”“罚坐”或“暂停”。如果你想读行为管理方面的书，《不可思议的童年》很值得一读，我在前一章已经对这本书大加赞赏，我的许多小贴士都源自这本书。

行为管理有效吗？

答案，理论上是肯定的。

但是，唉，在实践中，常常是“不”。

这是因为，只有你的孩子是“标准型的”孩子并且没有其他问题，而你（父母）是聪明的，没有任何麻烦，无论是你的合作养育者，还是学校与你在做每件事时都极为一致，行为管理最容易实施。这基本上不可能，或者只可能“部分”实现，因为这种完美情形存在的可能性并不高。

你的孩子可能不那么“标准的”原因主要有两个：

1. 神经发育（大脑发育）问题。

2. 情绪问题。

回到大脑

神经发育问题，尤其是学习困难会严重影响行为。攻击行为和发脾气是幼儿面对挫折的典型反应，但到了上学的年龄，应该对这些有一定的控制。如果一个孩子发育迟缓，那么他的行为能力应该与他的发育年龄而不是他的实际年龄相比较。

如果一个十岁男孩的发展水平相当于四岁的孩子（说话、阅读、写作、算术、情感和社交理解能力都相当于一个四岁的孩子），可以预期他的行为举止会与四岁孩子很相似。对四岁的孩子来说，发脾气和打人是对挫折的常见反应。但被一名愤怒的十岁男孩打完全不同于被一名四岁孩子打。不幸的是，这名十岁的孩子是因“无法自控”而做出这些反应。这些儿童往往是儿童心理健康的服务对象，因为养育有严重学习困难的儿童极具挑战性。

其他神经发育障碍也会导致行为问题。患有注意力多动障碍的儿童不能像其他儿童那样听取或遵循指令。他们冲动行事，不加思考，做一些事后会后悔的事情。患有自闭症的儿童可能会有行为问题，因为他们很难理解他人对他们的期望，而他们匮乏的社交理解能力可能导致日常生活中的许多挫折。标准的行为管理可能不适用于这些儿童群体，需要调整以适应他们的特殊困难。总的来说，与没有神经发育障碍的儿童相比，这种方法更难实施，而且效果也明显会差一些。即使是发育“标准的”儿童，智力、冲动和注意力特征也存在一个谱系，智力较高、冲动性较低和注意力持续时间较长的儿童往往更容易管理。随着孩子年龄的增长，他们的智力、冲动和注意力持续时间通常也会提高，所以你很少能在超市里看到青少年在地板上打滚。

那么，我们如何对孩子进行评估呢？

我将在下一章关于智力的讨论中介绍如何进行认知能力评估，并将重点放在冲动性和注意广度上。

别碰！

观察孩子的冲动控制能力或者缺乏控制能力其实很容易！大多数成年人都能控制住自己想要做某事的冲动，以避免受到惩罚或等待更大的奖励。例如，我们大多数人都能省钱买一些昂贵的东西，排队而不是插队。大多数学步儿都做不到这一点，如果你把一个新的“玩具”放在他们面前，即便告诉他们不要拿，他们仍然会试图抓住它。父母如果带一两岁的孩子去餐馆吃饭，通常能迅速、灵巧地把桌子周围给清空，以免孩子乱抓乱拿。

在学步儿和成年之间的某个时候，控制冲动的能力得到发展和加强。孩子们越早形成这种冲动控制的能力，人们对他们的印象就会越好，因为他们不太可能做一些不该做的事情，比如触摸不该碰的东西，在课堂上大喊大叫、插队、打断别人、不看就过马路。人们会更喜欢不做这些事的孩子。

想要观察孩子的冲动控制能力，只需要把他们带到一家商场，或者，如果你更大胆的话，带他们去一家瓷器店。进门后，立刻告诉孩子不要碰任何东西，然后看看他们能坚持多久。你还可以交替使用其他战术进行测试，对他们说："如果你什么都不碰，出去后我给你买些巧克力。"然后看看他们是否能做得更好。或者你可以在诱惑面前加大赌注，把他们带到糖果店，要求他们不要碰任何东西。那真是太残忍了！

研究人员寻求答案的过程的确有些"残酷"，他们在实验室里做了这些测试：研究人员把一个纸杯蛋糕直接放在孩子面前，承诺如果他们不吃这个蛋糕，将会得到两个纸杯蛋糕作为奖励。正如预期的那样，年龄较大的孩子更容易做到。吝啬的人（或者有很多纸杯蛋糕的人）都可以在家中复制这个测试。在这种情况下，等待时间稍微长一点就会有明显的回报，反复接触这类场景有助于训练孩子的冲动控制能力。越早、越频繁地鼓励孩子等待，他们学会等待的可能性就越大。他们可以忍受等待，学会等待，相信好事会降临在那些可以等待的人身上。一旦他们学会了，下次就会更有动力坚持并控制自己的冲动。

如何训练孩子的注意力广度

孩子们的注意广度随着年龄的增长而增长。你是否曾在观看《天线宝宝》的时候感到无聊和困惑，为什么相同的视频内容不断循环？这是因为你（父母或瘾君子）不是目标受众。但对小男孩来说这很有趣，因为他们注意力持续的时间很短，当视频循环播放时，他们看到了自己第一次错过的东西，看起来几乎是全新的内容。要想了解一个孩子在某个特定年龄的平均注意力持续时间，一个简单的方法就是看看学校课程的长度。多年来，教育家们精心安排了上课时间，试图使课堂上的孩子们注意力集中。

因此，在关键的第一阶段（4—6 岁），活动可能每 10—20 分钟就会改变一次。到第三年（7—8 岁），课程会设置在 20—30 分钟。到第六年，30—40 分钟。在六年级（10—11 岁），一些学生将参加 11+ 考试，这需要他们在考试环境中集中注意力长达 60 分钟。到 18 岁时，A 级学生可以享受“三元数学”和“三元法语”的乐趣了，这两门课的时间都是惊人的 120 分钟。

观察孩子注意广度的方法很简单：让他们参与一项应该会喜欢的任务，看看他们能坚持多久。

有多少家长曾花了很长时间准备好绘画器材，却发现孩子五分钟后就离开了，剩下自己在画画。下次你这么做的时候，看看你的孩子到底花了多少时间真正投入到这项任务中，然后，如果你把东西再次准备好，而他们这一次尝试中持续的时间更长，至少你可以安慰自己他们有进步。在理想的状况下，应该在各种各栏的活动中对注意广度进行测试，比如绘画、涂色、拼图、棋类游戏和做手工，以及学业任务等。

注意广度是可以训练的。大约在 D 一岁的时候，我在什么地方读到过，那些从小就经常读故事书的儿童可以在班级中领先。当时我已经有规律性地给莫莉读书了，但在莫莉一岁以前我并没有给她读书。

因为从来没有人告诉你应该从什么时候开始给孩子读书，所以我决定用 D 来试一试。第一天，很不幸。我刚给 D 读了《亲爱的动物园》的第一页，他就离开了，尽管我试图鼓励他多坐一会儿。我本可以放弃，然后想："他太小了——在这个年龄给他读书不过是浪费时间。"但出于某种原因（可能是那篇推崇定期阅读益处多的文章），我第二天又试了一次。令我惊讶的是，他竟然听了两页！这给了我足够的兴趣继续下去，我发现，大约一周以后，他就坚持听完了整本书。实际上，他的注意力是可以经过训练加强的。

在婴儿时期，大脑发育速度会大幅度增长。儿童快速地建立了脑回路和连接以对他们所处的环境做出响应。有观点认为，在儿童发育的这个阶段，训练（通过加强特定的回路）有可能对他们的大脑发育（大脑不同部分之间的相互连接）产生物理影响，而且对他们的影响超过在其他任何时候进行的训练。同样，我们知道，在生命的另一端，持续的心智活动（比如下棋）可以减缓老年大脑不可避免的衰退，加固大脑内部连接以防止他们迷路。

科研领域对注意力广度和冲动控制训练的兴趣日渐浓厚。研究人员目前正在开发一种注意力训练软件，用于对有 ADHD 风险的儿童进行预防性治疗。比如给婴儿看一张蝴蝶的照片，电脑程序通过让蝴蝶的颜色更鲜艳、更有趣，来奖励那些持续关注这张照片的婴儿。如此反复可以鼓励和加强维持注意力所需的大脑通路，并将这些稳定下来的注意力通路与奖赏通路连接起来。为了影响大脑发育，帮助其脱离 ADHD 的轨道，这种训练必须针对婴儿（不到一岁），因为他们的大脑仍然具备可塑性和有可延展性。贝克伯克大学的婴儿实验室正在对已确诊的 ADHD 患者处于婴儿期的弟弟或妹妹试用这种疗法。针对儿童中最常见的心理健康问题，我们已经看见新的预防计划的曙光，这可能会大量减少儿童药物治疗的需求。听起来是不是很棒？

但是，如果与父母之间的互动更有趣、更有益，并且遵循类似的原则，为什么要等电脑游戏开发出这样的功能？实际上，许多父母已经本能地在各项活动中与孩子互动，鼓励、支持和帮助孩子集中注意力完成一些有趣的事，就像我为 D 读书一样。现在你可以自信地从他们更年幼的时候开始和孩子做这些事情，并且可以骄傲地知道，你不仅仅是在打发时间或玩游戏，而是正在改善孩子大脑中的物理通路。

孩子的不良行为背后隐藏着什么？

情感和行为密不可分，正在经历情感问题的孩子可能在行为上也存在困难。在感到沮丧或压力过大时，我们的行为会发生变化。有些人喜欢吃巧克力，有些人喜欢喝酒，有些人变得孤僻且不爱交际，还有一些人变得易怒、易激惹。如果儿童行为发生变化或变得恶劣，重要的是对他们生活中的情感方面做出评估。儿童可能并非总能自愿地向你表达他们的情绪状态，他们可能无法辨别自己的情绪，或无法表达自己，还可能会害怕谈论他们自己的困难。因此，他们的不快乐和沮丧会直接表现在他们的行为上，作为父母，你有责任去注意、询问，并为他们识别这些情绪，教他们如何表达情绪，并允许他们表达。

如果你从孩子那儿一无所获，可以通过询问老师或他周围的朋友，做出有根据的推测，或者进一步去了解情况。也许他们在学校被欺负了，也许他们正在承受你婚姻中的压力，也许他们对即将到来的弟弟妹妹感到不安，也许又是其他一些看上去微不足道的小事。如果你没有注意到或没有询问，你就不会知道到底发生了什么，只会把它看作是“不良行为”或“见诸行动”。

在这些情况下，行为管理无法有效地发挥作用。奖励变得无关紧要，忽视和惩罚会让孩子觉得受到迫害，但消极的关注总比没有关注好，被拒绝也会让孩子更加自我厌恶。找出问题所在，给予安全感，是更好的做法。儿童内心未被注意的情感问题会对他们的性格产生长期负面影响，并促使了“不良行为”的发展。这些行为可能会变成习惯，成为一个人人格中不再容易被改正的“一部分”。

正如我在前几章中所提到的，我再次重申，要让你的孩子变得成熟，首先要做的就是弄清他们行为的缘由。总是要先确保梳理好行为背后的东西，才能考虑如何用简单的行为管理技巧来解决它。

坏毛病的源头是父母，而不是孩子

对于既没有大脑发育问题也没有情感问题的儿童来说，通常是父母的原因而不是孩子的原因限制了他们好行为的发展。下面是我的“坏毛病”清单。

缺乏持续的动力

在针对ADHD儿童的临床试验中，研究人员将药物治疗与行为管理进行比较（MAT研究），结果发现，行为管理的疗效与药物治疗相同。但是等一下，在这项研究中，资金充足的行为管理项目使用了训练有素的心理学家与高动机的家长和老师合作，最终获得了这个结果。现实生活中的试验组，使用现有的服务和因为动机不足而未被选中作为研究对象的患者群体，结果发现社区育儿和行为管理项目的效果并不明显。这并不是说儿童的行为无法控制，原因在于社会和父母的资源不足。

这一点我太清楚了。莫莉每周有一次拼写测验。在我制订计划的那几周，我们会坐下来学些单词，我每天都会对她进行测试，这样在一周结束的时候，她就会得到满分，我也会因此奖励她。这就是行为管理中的行动：共同朝着一个既定的、可以实现的目标努力，完成它，奖励它。

这种方法非常有效，我常常竖起拇指微笑着赞扬她。只是，当她这样做了几周后，我就会变得自满起来，心想：“好吧，也许这周我可以休息一下。”她和我都可以放松一下，我们会在测试前一天晚上快速看一下单词。你猜怎么着？她犯了几个错。这基本上就是我行为管理的风格。行为管理真的有效，直到有一天你不再为之烦恼，一切又变得有些不稳定了。限制因素在我，不是莫莉。

父母的问题

当我感到压力或心烦意乱时，我的行为管理也会出现波动。有一次，我非常紧张地等待一个工作机会的电话，孩子们的表现非常糟糕——毫无理由地。我很生气，冲他们大喊大叫，他们就是不听我的，他们好像知道什么时候该惹恼我！最后，电话来了，我得到了那份工作。之后，那天下午他们表现得非常好。变化源于我，而不是他们，他们的行为仅仅反映了我心不在焉的状态和做母亲的能力。

期望

当我们谈论“不良行为”时，我们在谈论不同的事情，对于什么是“坏”，我们有不同的阈值。一些朋友和亲戚来我家，当他们看到我的孩子们不愿离开电视，吃饭的时候随意离开餐桌，一时兴起又在厨房里跳舞，很随便地吃桌子上的食物，用垫子在头上互相打闹，常常互相之间大喊大叫——对我也是如此，亲朋好友往往会忍不住要指指点点。而对我来说，这并不是不良行为——这只是我们疯狂、吵闹的家庭生活！我的孩子已经完全知道哪些行为在家里可以被接受。同样，当我看到孩子们从来不说“请”或“谢谢”，或者在街上从父母身边跑开时，我也会皱起眉头。这种行为在我家里不被容忍，但并不会让其他父母感到烦恼。

当父母抱怨自己的孩子“不听话”时，问题的严重程度取决于孩子被父母告知要做什么。如果他们拒绝每天晚上练习弹钢琴60分钟，这和拒绝离开电视很不一样，“好行为”和“坏行为”取决于父母和学校的期望。在一所高行为期待的学校里，一个正常的儿童可能会被认为“行为不佳”，在一种文化中的正常儿童可能在另一种文化中被认为行为不端。行为是相对的，为了正确地评估行为，很重要的是先评估预期是否合理。

儿童能“改变”的程度有限，如果他们觉得要求太高，甚至就不会去尝试。

不一致性

好行为管理计划的主要破坏者之一是“其他人”。比如善意的，或者不那么善意的——另一半不同意你的做法。通过不支持你，他们破坏了你的行为管理计划，因为孩子就是这样，他们可以发现一英里之外的分歧，并利用它。他们就像索取开支的国会议员或福利欺诈者，从不反对尽可能地逃避惩罚。让父母彼此对抗必然是孩子最喜欢的游戏。在我看来，要想在行为管理上取得成功，父母必须齐心协力，否则就干脆别费心了。学校的情况也类似。如果孩子在家里被告知应该这样做，而在学校被告知应该那样做，那么“规则”的“权威性”就会被破坏。一个好办法是在对孩子进行行为管理的时候，与学校讨论你的计划，以便学校配合你将同样的信息传达给孩子。

如何帮助孩子做好行为管理

· 良好的关系。

很简单：你和孩子的关系越好，他们就越有可能按照你的要求去做。如果你们的关系不是很好，你的反对微不足道，那么，你对孩子行为的影响也是微弱的。在行为管理中，第一步是处理好你和孩子之间积极的关系，比如爱、温暖、自尊、快乐和尊重。“黄金标准”是达到这样一种境界：为了使他们的行为发生积极的改变，一个悲伤的表情和“我对你感到失望”这句话，就已经是你需要动用的最高惩罚。改善你和孩子的关系需要投入时间。你需要多花时间陪他们玩耍、聊天，开心地在一起，并去了解他们。

· 赞美他，赞美他。

前面的章节我已经宣言了赞扬的优点，现在稍微谈谈“功能性表扬”。请记住，如果你已经和孩子建立了良好的亲子关系，表扬会更有效。因为如果你的孩子爱你、尊重你，他们会寻求你的认可，你的表扬会更有力量。表扬可以而且应该被用作对你希望重复的行为的奖励，不需要把它留给诺贝尔奖。“你牙齿刷得真干净。”更有可能会让孩子再次这样做。如果你的态度是：“我为什么要因为他做了他该做的事而表扬他？”这不会增加他再次这样做的可能性，但表扬可能会。表扬是改变孩子行为的主要工具之一。

表扬首先要真诚，然后把表扬落实到具体的成就上。所以，“这真是一张我的精彩的照片！真的很像我，我尤其喜欢你在我眼皮下面加上眼袋！”总比“干得好”要好。前者表明你注意到了孩子具体的做法，所以听起来更真诚。最关键的是，它准确地锚定了哪些行为是好的，因此这个特定的行为就可以再次重复。如果你不相信这一点，想象如果你的老板对你说：“干得好，我真的很欣赏你处理客户问题的专业方式，而且你还想出了一个创新的解决方案。”而不是一句干巴巴的“干得好”，你的感觉会有多不同？预防性的表扬（Pre-emptive praise）也可以很好地影响行为。如果你老板对你说“你每天早上都按时上班，干得不错”，那么，你第二天迟到的可能性有多大？适时的表扬有助于强化维持积极行为。当莫莉和D第一次被信任可以独自端一杯水时，在他们迈出第一步后，我会说：“你这么小心，双手端着水，一滴也没有洒出来，真是太棒了！”我这样说，是为了看到他们完成接下来的十步。

· 如果一开始他们听不进去，那就大声点。

我还是在说表扬，有些孩子很难接受表扬。他们会拒绝，继续对自己持消极态度。“那幅画真的很好。”“不，不好，它就是垃圾。”D总是这么说。与其停止表扬，不如多表扬，大声表扬。有些孩子需要你的表扬更有说服力，不要放弃，因为这些孩子比其他孩子更需要被说服。

· 赞美他人。

表扬的最高境界是鼓励孩子赞美他人。如果一个孩子能够真诚地、优雅地、快乐地、不忌妒地赞美他人，心理医生会判断他是“有安全感的孩子”。有安全感的孩子知道，认可他人的优点和能力并不会削弱他们自己的能力。能赞美他人的孩子会赢得朋友，成长为温暖的人。如何鼓励这一点？表扬那些赞美其他孩子的孩子！

· 年终奖。

安德鲁经常告诉我，一些银行家因为年终奖不够高而辞职。大多数人的动机都是为了奖励，这是人的本性，所以为什么要否认我们的孩子呢？对孩子的奖励可以是任何东西，从关注和认可到游艇和小马。对于我们大多数普通人来说，我建议尽可能地运用关注和认可。对于年幼的孩子来说，表扬、关注和微笑就足够了，尽管随着孩子的长大，他们不可避免地需要更多有形的奖励。我建议从最便宜的选择开始，并尽可能延长使用它们的时间。贴纸既便宜又有效，可以用到六岁左右，甚至更长。如果买不起贴纸，我就常常画笑脸和星星，这些就足以让小孩子满意了。在这个年龄，你给予奖励时所做的努力，往往比实际的奖励更重要。

一旦这些奖励不再能给孩子动力，那就转向吃薯片和巧克力。如果在其他时候这些都是禁果，你会惊讶于一个孩子会为了一盒子薯片做多少事。一旦这些奖励失效，各种形式的免费“特权”都可以使用，比如以“15 分钟的电视 / 电脑时间”或“玩游戏的时间”作为奖励。生日派对、学校的迪斯科舞厅或者任何你的孩子想去或想做的事情（而且是你本来就想让他们去的），这些“胡萝卜”都可以吊起来。如果他们想要更昂贵的玩具，我建议你打印出一张这个玩具的图片，把它裁剪成小块，每次奖励他们的时候，就给他一小块图片，图片的所有部分都收集全了，你才会买这个玩具。在过去的 20 周里，D 一直在为忍者乐高玩具收集图片，每周他都能从他的钢琴老师那儿得到一小张图片。他目前还需要收集 10 多张。通过这种方式，一套 20 磅重的乐高玩具可以确保他在一年的大部分时间里，在钢琴课上表现良好，我认为这是一个公平的交易。

应该明确规定获得奖励所需的具体行为。与其笼统地说："如果你一整天都表现良好，我就给你打颗星。"不如把你期待的行为清晰地描绘出来："如果你听钢琴老师讲课，按照他的要求做三十分钟，你就能得到一张忍者乐高的图片。"奖励应该马上就给，D 的钢琴老师经常在他下课时立刻给他一块图片。最重要的是，为孩子设定的目标应该是容易实现的，为不可能的事提供奖励没有意义。

· 友好地要求。

好吧，我们不可能总是友好地要求。重点是，如果我们想让孩子做某事，应该平静而清晰地给出指示。如果你孩子存在听力方面的困难，一次只给一个指令。如果孩子不遵守约定，给他们两次警告，或者"提醒"他们应该做什么。第二次提醒可以附上如果他们不遵守约定将会发生的后果。例如："如果你在我数到三的时候不关掉电视，那么你明天就不能看电视了。"如果你已经宣告了后果，一定要坚持到底。如果你的孩子遵守了约定，那么要确保他们因此而受到表扬。

· 忽略愤怒。

父母在生活中已经承受了太多的压力，不必再为孩子哼哼唧唧的抱怨、哭哭啼啼的牢骚和跺脚而烦恼。相反，出于保护你自己血压的目的，需要学会忽略这些高度刺激但无害的行为。当我说"忽略"时，我不是指"允许"，我的意思是主动转移注意力，"像其他人不存在一样过好你的每一天"这种类型的忽视。这种忽视本身就令人非常恼火，尤其对那些渴望被关注的孩子来说,他们总是在受到“沉默对待”后很快就崩溃了。一旦他们开始遵守约定,你的注意力应该立即回到他们身上。

· 贯彻威胁。

虽然我们都喜欢给“胡萝卜”而不是“大棒”,但大多数父母(人类父母,不是机器人或者被下了药的父母)都会在某个时期,用失去某些特权来威胁自己的孩子服从父母。如果你真的这么做了(我也这么做过许多次),一定要坚持到底,否则你的孩子就会把你看成一个没有骨气、只会实施空洞威胁的人,永远不会再做你要求他们做的事。所以,只发出你愿意坚持到底的威胁!一旦你这样做了几次,他们就会发现原力与你同在,并服从你。自从在一个美丽的、专门为去动物园而指定的日子里,不得不待在家里之后,更不用说某次取消了在软件游戏中心玩游戏的日期后,莫莉和 D 就知道我的威胁是认真的。

· 制定规则。

“制定规则”是培养儿童能力最重要的方面之一,但这个词被滥用到就好像我们都知道它的意思一样。制定规则意味着让孩子知道什么行为可以被接受,什么行为不可接受,并加以执行。我列出的不可接受的行为包括“打、抓、踢、咬或以任何方式伤害他人身体”和“故意损害、打碎不属于自己的东西,以及制造这种可能性”。不可接受事物清单最好比较简单,因为清单太长孩子们很难记住。试着聚焦于孩子在成年后真的会遇到麻烦的事情上。如果你把发牢骚列在“不可接受行为”清单上,那么你每天每小时都要承担这个“后果”。违背不可接受行为的结果是直接“暂停”。这是指孩子被转移到一个指定的地方冷静下来，育儿圣经《不可思议的童年》建议在孩子冷静之后，仍然多待两分钟。我在这里引用这本书的内容,是因为在运用“暂停”这一招上，我是个失败者。

· 教与学。

行为管理的目标不是成为“暂停”专家,而是进入不再需要“暂停”的状态。大多数接受正确的且持续的“暂停”教育的孩子，很快就会意识到，违反规定徒劳无益，而“暂停”很无聊。我们可以帮助孩子更快地得出这个结论，并帮助他们找到更好的方法来发泄情绪，或者正如第 4 章所讨论的，通过角色扮演和教他们解决问题来得到他们想要的。

· 独立日。

如果你教会孩子如何给自己倒一杯水，他们就不会再来打扰你，抱怨想喝水。许多孩子的挫折是因为不能直接满足自己的渴望和需要导致的，培养孩子的独立能力可以预防将来的挫折。此外，也很有必要教他们“自然的后果”。例如，如果不把脏衣服放在洗衣篮里面，就不会洗它们；如果你打碎了一个玩具，那么不会有新玩具替换；如果你打碎了不属于自己的东西，你得用零用钱来支付修理费用；如果你不吃午饭，你就得饿到晚饭时间。当孩子接近关键的第二阶段时，父母需要停止事事亲历亲为，并让他们看到这样做的自然后果。这些都是为了让孩子获得独立，以及独立的另一面——责任感。

· 保持冷静，继续前进。

孩子的行为管理不像是在公园里散步。就我个人而言,我发现在 NHS（英国国家医疗服务体系）资金不足的情况下，管理一个由医生和心理学家组成的临床团队更容易，压力也小得多。不过，试着保持积极的心态，继续前进。寻求家人和朋友们的帮助，这样你就能时不时地休息一下。记住，明天又是新的一天！

闲了棍子，也不会宠坏孩子

好了，我已经讲了边界设置：如何让你的孩子知道什么是可以接受的行为，什么是不被接受的，以及如何强制执行。但在实际运用中，“执行”这部分可能会变得相当不清楚。在我有孩子之前，我一直告诉人们要“设定边界”，但我自己却不知道怎么做！我原以为只要告诉孩子们边界在哪里，他们就会说：“好主意，妈妈，我从现在就按照这个做。”我真是太天真了。造成我无知的原因之一在于，人们很少坦然地谈论父母养育中的这个部分——惩戒。

《超级保姆》这样的节目之所以很受欢迎，是因为它们将行为管理和纪律管教带入主流社会，但是在很大程度上它们的娱乐价值主要是让中产阶级的父母有机会沾沾自喜，因为他们相信自己的孩子没有这些极端的行为问题，不需要超级保姆出席。虽然孩子问题严重的父母经常急于寻求帮助和建议，并愿意探讨这些问题，但在谈到管教时，人们经常会三缄其口，以免被视为“坏父母”。然后问题就变得复杂了，因为没有同伴一起反思什么是合适的，以及什么是不合适的，缺少支持和建议，就只能靠自己的方法应付过去。父母们常常感到孤立无援，需要假装自己的孩子从不会行为不端，或者假装自己从来没有发过脾气。

这是近些年才出现的新现象，身体惩戒曾被广泛地接受。我们这一代人中的大多数可能在某个阶段都挨过父母的打。我甚至曾听说过，安德鲁哥哥曾有次被父母打得连木勺都打碎了。过去，孩子在学校里常常挨鞭子抽、被揪耳朵，被逼着戴上一顶写着“傻瓜”的帽子站在墙角。如今，体罚——任何形式的体罚——都绝对不被允许。首先，作为长期用来树立规矩的一个手段，它不是特别有效；其次，它可能会给孩子的内心带来恐惧感，并灌输了攻击性；再次，它可能会带来一个不受欢迎的结果，那就是教会了孩子“强权即公理”。作为一名儿童精神病医生，我下定决心，在我家中绝对不会有任何身体上的惩戒。话虽如此，我有没有想过打莫莉？有没有想把 D 放在我的膝盖上狠狠地揍他的屁股？想过。而他们都是好孩子。

不管你受过怎样的教育，不管你有多么文明、温柔和善良，我都不认为有任何东西可以让你准备好，面对一个发脾气的孩子可以表现出来的没完没了的哀号、牢骚、号啕大哭，以及各种讨人厌的行为。再加上父母有责任按时送孩子上学，确保他们衣冠整洁，吃饱喝足，牙齿刷得干干净净，这些足以让人神经紧绷。如果你足够幸运有一个安静的孩子，恭喜你。但并不是所有的孩子都是这样的性格。过去在我的诊所里，当父母承认用体罚来管教自己的孩子时，我会皱起眉头，露出有些不屑的表情。现在，我不再这样，我完全理解他们的感受。不过，体罚并不是立规矩的最佳选择。儿童精神病诊所会记录下对儿童使用体罚的家庭，因为有一部分家庭过度使用体罚已经构成了身体虐待。

那么，你该如何立下规矩呢？没有其他惊喜，我再次推荐斯蒂芬·斯科特教授在敦莫德斯里医院的国家育儿学院诊的书：《不可思议的童年》。斯蒂芬诊所观察起来很有趣，因为他们通过VIVO传授父母育儿技术。我们——“博学的专业人士”——坐在单向镜后面观察在隔壁房间玩耍的父母和孩子之间的互动。父母的耳朵里有无线耳塞，我们通过它发出实时的育儿指导：“说‘做得好，谢谢你帮我整理’‘把他抱起来，放回到椅子上’‘看着他的脸，然后微笑’‘现在拥抱他一下’。”

通过对父母进行巧妙地指导，所带来的儿童行为和家庭压力的变化之大令人难以置信。如果你想了解更多关于行为管理的指示，请购买/乞求/偷窃/借用《不可思议的童年》。没有什么秘密配方，她所描述的很多内容也被《超级保姆》和其他行为管理课程所使用。我从头到尾一字不落地读完了《不可思议的童年》，书中有大量很好的常识。即使是拥有临床经验、阅读过大量书籍、精通“专业知识”的心理医生，实施起行为管理仍然可能有问题……

暂停法：孩子能通过立规矩改掉坏脾气吗？

以下是我运用“暂停法”——设定规则的一种主要方法——的失败案例：

大约从三岁开始，莫莉就被介绍给“淘气垫”，这是用来“暂停”的指定地点（一块我从宜家买回来的便宜的圆形地毯）。许多专家不建议称它为“淘气垫”，而是称它为“冷静垫”，或者“思考垫”，但不知为何，在我家还是沿用了“淘气垫”的说法（失败之一）。用一个普通的家居用品作为“淘气垫”也不太理想，除非你希望你的孩子走进别人家就像莫莉那样说：“哦，看啊，他们家也有一块淘气垫。”

运用垫子或其他指定地方的设想是，如果孩子违背了约定好的规则（比如打人了），他们应该被带到“淘气垫”那儿冷静下来。莫莉被带到那儿一两次后很快就明白了这一点。起初似乎有些小题大做，但总的来说，一切都很顺利。有时候，当她淘气的时候，用“淘气垫”威胁她就足以阻止她的行为，还有那么一两次，在她淘气的时候，她自己走到那儿坐了下来（成功之一）。这个“淘气垫”最大的好处是让我也冷静下来。有时，在陷入愤怒的情况下，你也需要一两分钟冷静下来，集中注意力思考如何更冷静地处理情况。因此，孩子应该在那儿坐几分钟，或者直到他们“平静下来”，尽管在我们家更准确地描述是“直到他们停止哇哇大哭”。许多次，这让我平静下来，我知道自己可以不受干扰地继续洗碗或洗衣服，因为通常这种哭喊经常会持续相当长的时间。

“淘气垫”是如此成功，以至于等到 D 到了可以使用“淘气垫”的年龄，他也丝毫不排斥。在最开始的几次，当被告知需要离开时，他真的是“跑”到那里，笔直地坐着，脸上挂着灿烂的笑容，他很高兴自己长大了，终于“被允许”坐到过去他常看到姐姐坐的地方。

最绝望的措施……

不幸的是，这并不是故事的结局——大约在五岁的时候，莫莉开始厌倦这个“淘气垫”，并意识到她可以反击。她现在显然更大更强壮了，所以反击成为一种有效的策略。她会离开淘气垫，跟着我在屋子里走来走去，一边跺脚，一边哭泣，一边打我。这样一来，她不仅离开了垫子，而且我也无法得到一些空间平静下来。每当我再次把她带回到“淘气垫”（按照之前的约定），为了控制住她踢我、推我，以及身体对抗，我也越来越用力，这让我感到很不舒服。大多数专家不建议使用身体约束让孩子“暂停”（失败之二）。

为了改变这种身体对抗的情况，我改变了策略。把她送到那个“淘气垫”之后，我就走进她的卧室，然后莫莉会跟着我，这时我就迅速地跑出去，“砰”的一声关上门，把她关在她的房间里。一般来说，不推荐把孩子的卧室当作“思考的地方”，因为卧室是一个有趣和刺激的地方（失败之三）。有意思的是，在这种情况下，莫莉从来没有去玩她房间里的数不清的玩具。相反，她总是试图离开房间，跟着我转，仍然打我，对着我哭号。这种情况发生了好几次。

现在，大多数行为管理方法都没有提到当把孩子送到另一个房间时要把他“锁在”房间里。然而，我想不到还有其他方法让父母可以把孩子留在那里。大概如果不锁上门的话，孩子就会走出来。但我们家的室内门都没有锁，所以我没办法锁上门。一开始，我站在门的另一边，拽住它以确保关上门。然而，正如我提到的，莫莉可能需要 45 分钟才能“平静下来”，而当一个愤怒的孩子在门的另一边竭尽全力地大声咆哮，我却拽着门的这一边，实在是让人非常厌烦。因此，我想出了一个巧妙的主意，用一根浴袍腰带把她卧室的门把手绑在栏杆上，这样她连一条缝也拽不开。我坐在门外边，偶尔平静地重复（按照约定）：“只要你停止哭泣，就可以出来。”虽然很无聊，但至少在这段时间里，我可以坐在门外边看杂志（成功之二）。不过，我怀疑专家们是否真的会推荐这种策略。这让我想起，当我在成人心理健康病房工作的时候，我不得不把狂躁的病人关进“隔离室”——基本上就是一个用软垫包起来的牢房——直到他们安静下来。在那儿，工作人员需要站在门边，定点对病人进行观察，直到他们平静下来。感觉这非常像我对我的孩子们做的……我不知道这是否恰当，也不知道该问谁。我从来没有机会问其他学校里的妈妈们，她们是否会用浴袍的腰带把孩子锁在自己房间里。

无论如何，当我突然意识到所有的专家，比如罗琳·韦伯特－斯特拉顿，都强调身体惩戒所带来的负面影响可见于任何形式的监禁。所以，尽管在当时有效，但有两件事使我很快就抛弃了这个策略。一是当D第一次遇到这种情况时，他在门后面大喊：“等我长大了，我要把你锁在你的房间里！”这句话真是让我脊背发凉，我想象着自己上了年纪，被受到精神创伤的儿子虐待，而他那个时候有两个我那么魁梧。二是莫莉抓住我浴袍的腰带说她要把D绑到他们的房间里，因为D对她使坏（失败之四）。

在那之后，我采取一种忽视和自我监禁的方法（行为管理手册中没有详细介绍）。考虑到孩子们已经太强壮，无法带到“淘气垫”那儿，而且给他们关禁闭显然也不起作用，我只好把自己关在洗手间以免被打。我很幸运，我的孩子们没有破坏家里的东西，所以这是一个相当安全的选择。不过，我并不觉得自己是被孩子赶到厕所的受害者，我会平静地走过去，随手拿起一本杂志，一边听着他们号叫和“砰砰”的拍门声，一边读着时尚杂志。“你不停止哭，我就不出来……”

我仍然不确定专家们在这种情况下会怎么做。

唯一幸运的是，我发现儿童的发展和大脑的成熟在某种程度上是一致的。在某种程度上（我希望）我对他们的自尊、社交技能、情感理解和独立能力这些核心层面上的培养发挥了作用。莫莉现在已经学会关上门，在自己床上放声大哭。她现在很少发脾气,也不再打我了。有天,我想起她过去的坏脾气,问她现在为什么不发脾气了，她说："我已经厌烦那么做了，反正它们也不能给我想要的东西。"

另一方面 D 很少长时间地发脾气或猛打人，他从来不需要我把自己关在洗手间里。当他被关在自己房间里，他很快就意识到这是一个阅读某本书或玩某套乐高玩具的好机会，他会在五到十分钟内平静下来，理智地、充满歉意地重新出现。我需要特别强调的是，在某种程度上，我们的养育方式是由我们的孩子决定的。如果我只有 D 一个孩子，我可能会到处炫耀我在行为管理方面的专业知识，而实际上，我只是很幸运地拥有一个在基因上没有攻击性的孩子。

许多对孩子进行体罚的父母，他们的孩子攻击性更高，也更难管教。因果关系是双向的，因此，对这些父母做出过于严厉的评判并不公平。虽然我爱我的孩子们，不赞成严厉的惩罚，而且我认为自己不是特别有攻击性，但即便如此，我也会用关禁闭来惩罚莫莉。然而，毫无疑问，暴力会催生暴力。富有攻击性的孩子诱发了富有攻击性的管教，这使得孩子的攻击行为得以持续，不管是对父母还是对孩子而言，这是一个行之无效的恶性循环。在某些时候，成年人需要意识到这一点，表现得要像个成年人。制订更好的行为调整计划，往往需要依托于塑造和巩固儿童的核心层：提高他们的自尊、社交技能和情绪理解能力。

我们的宜家地毯用了很久，已经完全报废。这使我松了一口气，虽然我知道未来会有更艰巨的挑战，总有一天我会怀恋那些用一个简单的“淘气垫”就可以处理的坏脾气，而不是他们在青春期会带来的挑战。

本章总结

困难行为可能是发展问题、自卑、缺乏沟通技巧或情感问题的表现。对这些儿童来说，包括惩罚（暂停/取消特权）在内的行为管理可能不起作用。聚焦于改善这些儿童的内心世界（他们的自尊、人际交流和情感理解），鼓励（奖励）亲社会行为，效果更好。

如果把这些问题排除在外，行为管理能持续有效地改善儿童的行为。然而，它绝对不是一根魔杖。这需要辛苦的努力、毅力、勇气、坚持和眼泪。好消息是，你将得到发展均衡又可爱的孩子这一奖励。作为父母，我们没有一个人是完美的，我希望通过把我的缺点公之于众，使得其他人能更自在地谈论他们自己对孩子的惩戒经历。这是一个非常棘手的领域，想要做得正确非常难，而在这个问题上又缺乏足够的讨论。

父母常常害怕被别人认为是“坏父母”，我认为我们都应该更勇敢地谈论我们的困难。我们可以不断地问自己：“这样可以吗？”“下次我能有什么不同的做法？”并保持一种不断思考问题的自发性，如有必要地改变策略，寻求建议，从我们的错误中吸取教训。如果我们做到了这些，至少我们可以说自己已经“尽力”。一天结束时，这是我们所能期待的全部。

Part 3

表层

Chapter 6

第四层：智力

为什么虎爸虎妈的教育模式未必都是错的？

理解文化差异：谁说中国才有虎妈？

虎妈教育是我痛苦的来源。蔡美儿写的《虎妈战歌》讲述了中国父母严厉的管教方式，以及对孩子的学业和音乐成就从不松懈的要求。如果莫莉的钢琴独奏表演得很好，我会感到焦虑不安而不是骄傲，因为看到其他父母那挑起的眉毛，就知道他们在想："哦，她妈妈肯定每天晚上让她练习好几个小时。"当有人提到D在预备班阅读故事书时，我就很想躲避操场上有关"典型的中国强势家长"的嘀咕。

这一切让人感到很累。

在西方父母中，虎式教育声名狼藉，称某人为"虎妈"不亚于一种侮辱。

对于在遥远的东方长大的人来说，情况就不同了，虎妈教育才是典范。我并不是说把孩子的空闲时间安排得满满当当，导致他们白天整天学习，晚上精疲力竭，或者用情感勒索的方式强迫他们每天练四个小时的钢琴是正常的做法，但这就是虎爸虎妈式的教育理念，出于对孩子学业成就的重视。

事实上，我并不认为这与西方的价值观有很大的差异。许多西方父母也“期望”自己的孩子取得成就，不同之处在于，他们通常“期望”孩子的学校（尤其是私立学校）能做到这一点，而不是亲自参与其中。因此，如果约翰不能进入最好的中学 / 大学，老师们可以预见到父母会对他们咆哮，而对中国父母来说，要么是孩子实现了父母的期望（由于父母的支持）；要么是父母觉得自己彻底失败了，全都是自己的错。中国父母觉得西方把教育责任全部交给学校的态度相当奇怪。对他们来说，这所学校（无论它有多好）只是整个教育体系的一部分，并非全部。

中国父母非常重视孩子的教育。这通常包括额外的家庭作业、大量的游学和教育对话（从对任何问题的完整回答，到对乘法表的拷问，再到“首都是……”的游戏）。这种兴趣通常表现得极为重视孩子学习成绩与其他孩子相比怎么样（因此，如果有一点迹象表明他们跟不上其他人，那么父母就会加倍努力）。如果考试没有得到满分，父母关注的是哪里犯错了，而不是给出正确答案，这并不一定是因为不接受不完美，而是因为父母试图理解孩子需要额外帮助的地方，这样他们才能提供相应的帮助。

理解这些文化差异

理解父母的这种驱动力源自哪里非常重要，因为这是达尔文环境适应理论的经典案例——适者生存。

几代人对成功的“虎妈”的正向选择，导致如今虎妈教育成为常态。随着就业市场越来越全球化，我们的孩子面临着全球性竞争，你的父母是谁、你上过哪些学校，与获得名校的大学学位相比已经变得无足轻重——即便在英国也是如此。我开始看到越来越多的英国虎爸虎妈崭露头角。例如，在我孩子们的普通话课堂上（我希望他们在那里接触自己的文化身份），班上一半同学是欧洲人，他们在四岁之前就被送去学习普通话，以便在未来的就业市场上获得“竞争优势”。我的孩子们反倒已经放弃了普通话，所以许多欧洲孩子的普通话可能比许多英国华人讲得更好。我也听闻许多这样的故事：家长们通宵宿营，只为能排在队首拿到那些很受欢迎的学院或体操班的申请表。所以，我认为，公平地说，虎妈教育在英国绝对很活跃，而且不仅仅是在华人群体中。

我认为成就很重要。成就，我指的是让儿童“充分发展”和“发挥他们的潜力”，这是《联合国儿童权利公约》所赋予儿童的一项权利（与医疗和教育权并列）。此外，鼓励儿童养成良好的学习道德以便取得这种成就并不是犯罪。因此，为了这个目的，我完全同意做一个虎妈。我非常关心孩子们的学习成绩。我会不会检查孩子的家庭作业？我是否强调拼写的重要性？我是否每天在学校规定的学习时间之外（确切的时间取决于年龄），再让他们做10—20分钟的练习册？我有没有每天监督他们读书？我是否强迫他们每周至少练习四次钢琴，每次至少十到二十分钟？我是否在假期也坚持（取得不同程度的成功）这样做？如果我认为他们没有认真努力过，我会表达失望吗？我的孩子们认为我最大的爱好是和他们一起做作业吗？在去西西里岛度假时，我是不是应该在行李箱里放一个“自制火山工具包”，因为我知道我们要去埃特纳火山，我想向孩子们解释它是如何运作的？当我去孩子们的学校时，我是否会认真检查其他孩子的作业，并与我自己孩子的作业进行比较？

没错。

在过去，这肯定会被视为虎妈的作风。现如今，它正成为一种新的典范。各民族的父母都想效仿虎爸虎妈的“成功”。总的来说，我认为父母更多地参与孩子的教育是一件好事。但我确实认为，有些父母（并非都是中国父母）需要提醒自己，学业成就并非是成功的终极目标。我在前几章已经强调过，孩子内部的核心层是迄今为止最重要的。这一点已经在一定程度上得到了证实，我听说在英国，华裔学生在学校考试成绩上超过其他学生，但如果与他们的学历水平相比，他们在就业方面却仍然表现不佳。

只工作不玩耍，聪明孩子也变傻

2011 年，《卫报》发布了一份关于平等与人权委员会的调查结果，这份报告显示，“英国华人青少年是英格兰 GCSE（普通中等教育证书考试）得分最高的群体”，而且“英国华裔男性和女性从事专业工作的可能性是英国白人的两倍”。但是，整个群体的平均收入比“白人基督徒”群体低约11%。我认为英国华人在就业上的弱势，可能一定程度上是因为他们在发展的关键时期（童年）不得不过分关注学业成绩，这是以他们的人际交往能力为代价的。互邀玩耍、派对、戏剧俱乐部、辩论队、运动队为孩子们提供了定期练习社交技能的机会。还有什么地方能比更衣室更好地学习董事会的外交和政治方式？虽然学业有成在很大程度上决定你能否进入一所顶尖大学，但人际交往能力和政治悟性才能让你进入西方的董事会。

此外，一些严格的中国家庭会向孩子灌输尊重长辈、权威和等级制度的文化。在某种程度上，要求对虎爸虎妈顺从和谦恭的体制，会抑制在西方职场中经常被奖励的品质：创造性、自由思想、挑战规范、拒绝被控制。我认识不少成绩优异的华人，他们没能进入最好的大学，也没能获得最负盛名的工作，因为他们无法通过面试或无法获得推荐信，在那里，他们的社交能力——而不是技术能力——未能经受考验。

所以，“智力”“学术成就”和“成功”似乎并不是同义词。智力在很大程度上受遗传因素影响，而学习成就在很大程度上取决于努力程度。与懒惰、聪明的孩子相比，智力一般但勤奋的孩子在学业上能取得更好的成绩。除非你相信中国人智力超群，否则你必须认同这样一种观点：考虑到他们在西方的标准化考试中通常比其他种族的学生表现得更好，是因为总体而言，他们学习更努力。正是这种信念促使许多其他种族的父母效仿中国父母，从而进一步催熟了孩子。相反，我们也听到过这样的故事：有些孩子在老师和家庭教师的帮助下取得了学业上的成功，但一旦停止了填鸭式的教育，他们的智力上的优势就会全部丧失。这导致大学和雇主不再那么看重考试成绩单。因为，智力并不等于学术成就。

被视为成功者又是另一回事。英超球员被视为世界上最成功的人群之一，但很少有人欣赏他们的智力和学术成就。理查德·布兰森爵士（Sir Richard Branson）和休格勋爵（Lord Sugar）的成功不在于学术成就，而在于天生的智力，以及我一再提及的关键的内层结构：自尊、社交能力、决断力和情绪力量。我再说一遍：就成功而言，高分和学术成就并不是最重要的。

此外，尽管“虎妈”很看重成功，但往往只是从学业或经济收入的角度衡量“成功”。幸福呢？这是我用来衡量成功的标准。精神科的工作使得我有普通人很少有的机会看到许多成功人士背后的生活有多糟糕，你很快就会意识到，“幸福”或“满足感”是衡量个人成功更好的标准。当然，成就和金钱可以带来幸福，但自尊、正直和坚强的个性总是优先于它们。对我来说，在工作手册和火山制作工具包出现前，我的重心都放在让孩子感到爱和乐趣上面。这不仅会使他们更强大，而且我知道，打下这个坚实的基础后，我才能督促他们在学校更努力。因此，我立志成为一名虎妈，一名尽管热衷于参与孩子的教育和成就，但仍然乐观、可爱、不太严肃、充满乐趣的人（尽管可能像老虎一样，有些烦人）。

但这一切是为了什么？

学校竞争式精神病？冷静一下

很少有什么事能像为孩子选择教育类型那样让父母产生如此大的分歧。

哪怕英国的学校体系是如此多层次，也无济于事。这里没有适合所有人的教育模式，而是有各式各样的公立学校、私立学校、文法学校、宗教学校、免费学校、综合学校，还有家庭学校。即便这样，许多家长在这件事上并没有真正的选择权，而只能依赖于当地学校的质量来保证孩子的学业成功。说到教育，很多人都想给孩子提供帮助，这很正常。但一些家长所采取的方式近乎疯狂，我还见到很多人为之哭泣——在我看来并不值得如此。

在我住的地方，在进入预科学校前，学校热衷于对四岁以上和七岁以上孩子进行评估，以至于三岁大的孩子就被邀请去参加“游戏日”练习剪纸和互相制作学习手册（我不骗你）。但对大多数人来说，最狂热的是 11+ 入学考试。这些考试决定学生能否进入学术成就斐然的院校，这意味着拥有更好的成绩，就有更多的学生能进入牛津大学和剑桥大学。这种专制的教育障碍，足以让最温和的、吃素的、瑜伽—嬉皮的家长变成一个疯狂的、按照时间表生活的精神病。在我所处的地区，父母从心智健全到精神失常的转变，大约在三年级末初现端倪。即便是那些曾经反对任何家庭作业、曾不断地重复“让孩子做孩子”口号的父母，突然变得相当安静，此时他们已经雇用了辅导老师大军。

我从操场上的闲聊中得到的印象似乎是，现在让孩子进入一所像样的中学比历史上任何时期都要难得多。然而，我确信每一代人都有这样的感觉（就像每一代青少年都觉得他们发明了性一样）。父母将他们的焦虑与当前的担忧等同起来，以此来为他们的焦虑辩解（可能是现实的焦虑——都怪婴儿潮，或者根深蒂固的偏见——虎爸虎妈移民抢了所有最好的学校名额）。我听到过一些疯狂的想法，比如，如果你送孩子上公立小学，孩子就“没有机会”进入一所要选择学生的文法学校或私立学校，除非他们最晚从四年级开始接受私人辅导。或者你需要从一年级起就预约最好的辅导老师，因为优秀的辅导老师（唯一能保证你的孩子未来成功的导师）都有长长的等待名单。我甚至听说有人提议，应该从托儿所预备班就收学费。目前，空气中弥漫着疯狂（至少在伦敦）。还有，如果你负担不起私立学校的学费，那么你至少应该带孩子去参加库蒙中心（对于外行来说，这是一个课外数学俱乐部）。

如果你孩子的学习成绩不是那么突出，那可以尝试通过音乐奖学金把他们送入一所优秀的中学，在这种情况下，你得在四年级之前安排音乐私教，因为需要你提供五年级的成绩参加名校音乐奖学金的角逐。我是说，真的吗？我不得不说这真是够了！

总的来说，人们怀疑这些谣言的真实性。或许这是一个通过增加消费者在“必须的”教育附加项目上的支出，来提振国家经济和就业水平的计谋。更令人担忧的是，如果情况真的如此，那么那些家境不太富裕、无法负担额外学费和音乐课程的孩子们又将何去何从？莫莉现在年龄还比较小，我还无须面对这些困境，所以目前我持怀疑态度，认为这些恐慌完全没有必要。以后，也许我会为我的无知付出代价，但我相信，不管是否有家教，大多数孩子（包括“聪明的”孩子）最终都会达到应有的水平，这部分是基于我自己对教育体系的经验，部分基于科学。

20 世纪 80 年代情况是怎样的？

我和姐姐们就读于威尔士当地的一所公立小学。我父母并没有提前去了解这所学校。这是一所州立小学。我妈妈每天放学后教我们数学，由于她不会说英语，所以她没有教我们英语，而是徒劳地试图教我们汉语。我的父母都鼓励我们读英语，所以每星期六带我们去图书馆借书。他们还鼓励我们用英语写故事和诗歌，这一切都很了不起——毕竟我的父母都不会读。

在我八岁的时候，我随父母搬到了伦敦，我的父母都在那里找到了工作。我们的经济状况有所改善，但我母亲当时在一家中国台湾的公司全职工作，所以在学校之外，我们不再有她额外的学业指导，但她仍然不断鼓励我们，并期望我们努力学习以获得优异的成绩。在我们搬家的时候，我的大姐正处于重要的第二阶段过渡期，与如今大多数父母对二次择校的长远规划相反，我父母当时对“转学制度”并不了解，他们采取一种“观望”的态度。因为负担不起私立学校的学费，而大姐错过了文法学校所有的入学考试和程序，最后她被当地的综合学校录取。在那里，她上了许多快乐的课，比如制作木质铅笔盒、用黏土做大型猛禽的泥塑，同时，她毫不费力地就在每门学科上都名列前茅。我和二姐被送进了当地的小学，直到如今，这所小学仍然快乐地位居小学排名榜的末尾。我们花了很多时间在“母语非英语”的课堂上重新学习如何读和写英语。

与当前家长对选择学校时的焦虑形成鲜明对比的是，我父母持有一种当今经常被遗忘的观点，即如果事情不顺，我们随时都可以换学校。不到一年，我的两个姐姐都通过了当地文法学校的入学考试，一个通过了普通中试，另一个因为有一个免费的名额而在八年级入学。我从当地的州立小学转学到邻近更偏远但更富裕的郊区的另一所州立小学。怎么做到的？我父母刚刚申请了而已。孩子们总会因为各种各样的原因离开好学校，如果你愿意等待，没有制造什么麻烦，你很有可能会获得一席之地。你可能会认为这在今天是不可能的，尽管公开的无神论者或非基督徒家长多年来定期参加圣公会教堂的礼拜，或在当地“优秀”的公立学校附近租了一套有两间卧室的公寓，但其实班级经常有空余的位置，等上一两年，你可以把孩子送到你希望他们去的任何地方。

我父母的目的是让我跟随姐姐们的脚步去当地的文法学校。他们对教育体系天真的想象让他们认为事情必然如此。他们没有想到给我请家教，也没有想到给我安排音乐课，甚至也没有想过给我订阅一些过去的论文，即使有这种东西，他们也负担不起。我记得有一天，学校的转校主任把我从课堂上叫出来，他摇晃着一张黄色的表格，对我说：“你的父母在转校表格上只选择了一所非常挑剔的学校！如果你进不去怎么办？他们必须写下备选方案！”我当时的反应是：“但他们已经买了我的校服。”我并不知道入学考试主要取决于我的表现，我眼里只有一个事实——这就是我要去的学校，我必须去参加考试，参加面试，完成所有这些流程。回想起来，这可能不是父母最佳策略，因为假如我没有跟随姐姐们进入那所学校，我会受到沉重打击。但我的父母相信我很聪明，并且天真地无视激烈的竞争。然而，这带来了一个积极的结果：我没有感到任何压力。

我差点失去上文法学校的机会，那所学校在当时被称为“专为年轻的淑女开设”。在当时，完成数学和英语论文后，还要接受校长的面试。对于一所旨在培养“年轻淑女”的学校来说，她正是人们想象中的那种女校长，一位身材修长、优雅的上流社会女士，乌黑的头发，戴着珍珠首饰。我被要求描述一张明信片上的布拉克的画，大声朗读一段关于降雨的文字。那段话里有“渗出液”一词，此时，女校长要我解释这个词的含义，我完全摸不着头脑。我试着从上下文收集更多信息，最后我要么是给出了一个啰哩啰唆、明显错误的定义,要么是坦白地承认不知道。不管怎样,女校长亲自教我“渗透”这个词的意思。“你知道，煮咖啡的时候，你必须让水穿过咖啡粉之间的空隙，这样它才能有味道。你以前煮过咖啡，是吗？”“是的。”我说，“我往杯子里放一勺咖啡粉，加入热水搅拌。这是渗透的意思吗？”我倾向于认为我的老校长已经厌倦了总是看大提琴五级证书、体操金牌和用牙签制作的议会大厦，我最后说，这对我来说是个新奇的事，“我没有上过任何课外活动，但我很擅长数学，而且我说我煮过咖啡是指雀巢速溶咖啡。”不管怎样，我被录取了。

这个故事的寓意是什么？要相信，适合你孩子的学校会欣赏他们，欣赏他们本来的样子。

所谓智力，到底指的是什么？

智力可以被定义为“推理、计划、解决问题、抽象思考问题、理解复杂想法、快速学习和从经验中学习的能力”。大多数研究中的“智力”基于标准化智商测试的结果，所以当我在本章中提到智力时，我所指的并非是“街头智慧”“明智”或“情商”，尽管这些也都是很值得拥有的特质。在六岁之前，标准化智商测试对智力的衡量通常不是很准确，但随着孩子们年龄的增长，测试结果越来越准确，在成年后变得相当稳定。

很幸运，我曾与智力研究领域的世界领军人物之一罗伯特·普洛明教授合作撰写了一篇论文。普洛明教授和其他伟大的研究人员一直在研究智力，因为它不仅与学术成就和成功密切相关，还与许多其他积极结果有关，包括未来的职业甚至你的健康（高智商的人更长寿，如果你不相信我，你可以上网搜索“达尔文奖”——颁给那些死于自己愚蠢行为的人）。

近几十年来，遗传学家一直通过双生子研究来了解智力的遗传学。最近，随着遗传学领域对任何个体的全部基因进行基因分型能力的发展，不再需要依赖双胞胎的数据，便可以对任何人的基因进行比较。这意味着研究人员已经进入了“大数据天堂”，通过全基因组复杂性状分析等技术，可以研究成千上万的基因序列。第一项使用这些新技术的研究支持双胞胎研究中发现的证据：

1. 智力是可遗传的：它比任何其他人格特质都更容易受遗传影响。智力是由许多基因共同作用决定的，每一个基因的影响效果很小，但组合在一起就产生了巨大的影响（就像是买彩票时的数字球组合，每一个单独的球并没有什么价值，但如果找到正确的组合，就会中大奖）。

2. 智力基因是普适基因。因此，少数尚未确定的基因与智力有关但并非特指某种能力，也就是说，并不是有三个数学基因、三个语言基因、三个记忆基因，而是像上面所说的一堆“智力”基因。

3. 智商 IQ 的变化受环境的影响，但随着时间的推移，环境的影响逐渐减弱。相反，智力基因一直稳定，并不会随时间的推移而发生变化，儿童生而就有这些基因，并且它们在整个生命周期都发挥作用。随着儿童逐渐成长，外部环境的影响逐渐减弱，智力基因的影响也随之扩大。研究发现，基因对智力的贡献在婴儿时期约为 20%，青少年时期约为 40%，成年时期为 60% ~ 80%。换言之，环境因素（社会经济地位、学校等）对成年期（IQ 测试也处于最准确和稳定的时期）智力的预测性不再那么高。

这与父母有什么关系？

从数据上看，两个聪明的父母比两个智商中等水平的父母更有可能生出一个聪明的孩子。如果你想要一个聪明的孩子，最好自己变得聪明一点：寻找一个聪明的伴侣。如果你想要更保险，那应该确保你自己和配偶的各自的家庭成员都是聪明人，从而确保你和他们的整个基因库里只有聪明的基因。我希望现实中没有人会这样极端，但选择伴侣时人们常常会选型交配（见第 1 章），而研究发现，"智力"是配偶之间最匹配的特征之一（超过身高、体重和性格）。

我对智力是通才基因这一发现非常感兴趣。首先，这与我在剑桥的观察一致，即大多数"聪明"人在各个方面都很擅长。令我恼火的是，那位令人敬畏的剑桥地理专业的学生同时也是一位音乐奇才和才华横溢的水彩画家，那个执导电影的英国学生在数学和物理 A 级考试中都得了 A，医学院的同学们正在写剧本，并且表演舞台剧。其次，这与我进行智商测试的临床经验一致，测试的言语和非言语部分之间存在显著的一致性（有一些孩子可能会偏差或变化，但这些是例外情况，并非常态）。我见过许多在言语智力方面很高的成年人将自己定义为“不是一个学数学的人”，而基因研究结果表明，对于大多数人来说，一个高智商的人在数学、语言、文化上有同等的潜力，是环境（父母和环境）而不是基因决定了他们成为“不是一个学数学的人”。关于这件事，我有一些有趣的想法，稍后与你分享。

成年后，智力主要由基因决定，对此可以有不同的理解——取决于你是不是位虎爸 / 虎妈。如果你是一位虎妈 / 虎爸，那么你会只盯着婴儿时期的 20% 和青少年时期的 40%，而不是成年期 80% 受基因影响。在任何一位虎爸 / 虎妈的心中，显然，在四岁时，有 80% 的“环境辅助”机会，而在 11 岁以后到大学入学考试之前，有 60% 的智力可以提高。这就是大学院系和雇主们所面临的困境，他们所面对的学生和雇员像是被催熟的孩子，虽然学习成绩都非常优秀，但智力相当平庸。虎爸虎妈绝对可以帮助和鼓动孩子进入最好的学校。如果世界顶尖大学的社会象征对你很重要，那就直接把你的孩子送去那里吧。不过，要小心，如果你的孩子心理不够强健，万一他不那么顶尖的遗传智力被暴露出来，可能会无法面对这些挫败。另一方面，如果虎式教育不适合你，这可以给你一些安慰：无论你在育儿和择校方面多么失败，只要孩子智商足够，智力终将会占上风。我父亲的生活经历可以证明这一点。

减少饮酒可以减少辅导费

在我们停止讨论科学之前，我必须补充一点，虽然我一直在强调教育和养育对智力的环境贡献，但本质上，它们只能带来细微的调整。与怀孕和婴儿期早期环境对智力的影响相比，它们的影响微不足道。任何发生在怀孕、分娩和婴儿期早期的生理伤害（如母亲饮酒、病毒感染、母亲应激激素、分娩创伤或癫痫发作），由于大脑还在发育，这些都可能对孩子的智力产生不同程度的影响，甚至是毁灭性的影响。胎儿酒精综合征及其较为温和的谱系，是目前导致智力残疾的主要原因，而这完全由孕期接触酒精所致。在把这个问题完全归罪于女性之前，我应该补充一句，在酒精浸泡的睾丸里成型的精子也难辞其咎。此外，无论遗传的潜力如何，出生创伤和婴儿时期严重的癫痫发作也会对正在发育的大脑造成持续的损害，导致孩子智力下降。因为人类大脑天生具有可塑性，在出生后会继续发育，尤其是在出生后的第一年，直到六岁时发育速度才会有所减缓。在大脑发育活跃的这个阶段，任何伤害都会带来或多或少的影响，损害孩子一生的能力。在怀孕、分娩和婴儿期保护孩子的大脑，可能要比以后花很多时间请昂贵的私人辅导老师更有价值。然而，不幸的是，有时候事与愿违。

引导孩子接受自己的局限性，选择合适的“池塘”

科学表明，孩子的智力水平并非我们所能控制，重要的是要接受这一点。父母都想给自己的孩子最好的，在选择学校的时候，有时会陷入歇斯底里的状态，但父母应该保持冷静，客观看待孩子的能力。你应该根据“什么对孩子最好”来做决定，而不是只想着怎样才能为你赢得吹嘘的资本。积极参与孩子的教育是评估孩子学业水平的最佳方法（稍后会详细介绍）。当你对孩子学业能力有了（尽可能客观的）评估之后，请试着接受它。出于某种原因，似乎没有人愿意承认这样一个显而易见的事实，即有些人就是比其他人聪明——没有“如果”“而且”或“但是”。在学校门口，每当有人谈论孩子的阅读或数学能力时，总会有人嘟囔：“是吧，但你知道他爸妈让他在家里做些什么……”忌妒其他孩子的能力没有任何意义，想想看，其实对于世界上所有的父母来说，不管他们的孩子有多聪明，总有比他们更聪明的人。

刚进入剑桥大学，我就完全意识到在能力这件事上，毫无公平可言。我环顾四周，心想：“是啊，哪怕我一天 24 小时，一周七天都学习，再过一百万年我也不会像这些人那样聪明。”通过在 iPlayer 上观看《天才儿童》之前的剧集，你可以很快得出同样的结论。在这个节目中，有些 11 岁的孩子可以在几秒钟之内心算出 6784637×98374685 这样的算术题。我可以很确定地告诉你，哪怕 24/7 的练习，我也做不到这一点。

接受自己的局限性，而不觉得自己是个失败者，这是一种真正的满足感。我认为我们需要让孩子进行同样的现实检验。尽管对他们心怀期待并推动他们实现自己的潜力是积极的做法，但并不是所有孩子都有同样的学业潜力，最终我们需要接受、欣赏和爱他们——用《BJ 单身日记》中达西的不朽名言来说——“他们就是这样。”

竞争激烈的学校不适合所有人

我个人的观点是，如果我的孩子没有进入最著名的学校，也许他们本来就不适合在那里茁壮成长。如果我认为我的孩子被某所学校录取的可能性很小，他们甚至不会从我这里听到这件事。我更希望他们在一所学业要求较低的学校里表现优秀，在那里他们可以感到自己足够"聪明"，对自己的学业能力保持信心，而不是在一所学业竞争激烈的学校里苦苦挣扎，感觉自己很"愚蠢"。这里的基本原则和我在第 2 章中所说的一样，要为你的孩子选择正确的小学：选择一个适合的池塘。在我就读的中小学和大学，我见过很多人因为在疯狂的竞争环境中处于劣势而遭受自信心危机（尽管他们非常聪明）。它所带来的负面影响有些会一直持续到成年，而有些可能会持续终生。从专业的角度，以及就我个人经验而言，信心、安全感、自我肯定和幸福感是儿童构建幸福生活的坚实基础，学业优秀当然非常好，但绝不应该以牺牲前者为代价。也就是说，如果你已经为你的孩子奠定了人格、情绪安全和社交技能的基础，不管他们聪明不聪明，为什么不促进孩子的智力发展呢？

评估和促进孩子的智力发展：婴儿

正如我已经解释的，婴儿大脑的可塑性及其对负面环境因素的脆弱性，在婴儿早期均达到顶峰。这段时间（一直到四岁）是父母最有可能积极调整孩子大脑发育的最佳时间。而在这个阶段，很多家长让孩子自己玩，或者让他们去接受别人的看护。尽管我非常支持自由玩耍，但我终究还是一名研究儿童发展的儿童精神病学家。对我来说，要观察自己的孩子，除了了解他们的依恋、社交能力和同理心之外，还需要了解他们的智力。我相信，在这段时间，监测和加强智力的先兆（语言、注意力、记忆力、空间意识和加工速度），至少可以让我了解他们在这些领域的技能，进而帮助他们加以提高。

小贴士：跟着宝宝的节奏走

在孩子成长的过程中，你可以根据孩子的注意力广度和能力，延长你和孩子进行的“教育”活动的时间。学龄前儿童的平均注意力持续时间可达五分钟，所以我在这里说的不是填鸭式灌输，而是一点一滴的培养，对学龄前儿童来说，一天五分钟左右就很完美了。

加工速度

与智力有关的基本能力，包括语言、注意力、加工速度和记忆力。我在前几章已经提到了如何提升孩子的语言能力和注意力，所以在这里我只谈如何提高加工速度和记忆力。孩子大脑的加工速度就像电脑处理器一样，有些比其他的快。如果你的电脑可以立即下载一部电影，而其他人的电脑一直显示“缓冲中”，不难想象谁的电脑更有优势。在临床工作中，我们测量儿童大脑加工速度的方式之一是给他们一张纸，上面有很多不同的符号，要求儿童划掉某个特定形状的所有符号，并计时。他们的分数基于所用时间和正确率——任何非指定形状被划掉和任何指定形状未被划掉都会被扣分。题目难度取决于每次出现的符号的相似性。

有一种很简便的方法可以在家中测试孩子加工速度，那就是排序任务，尤其适用于婴幼儿。婴儿很容易就能掌握根据颜色对物品进行分类的方法，你可以通过对这个游戏计时，来了解孩子的加工速度（同时，考虑准确性）。同样，可以让孩子把各种形状放入形状分类器里。视觉空间能力和加工速度良好的孩子能很快地完成这项任务。通过对形状分类器反复实验，孩子最终会达到目的，但他们速度可能比不上某个能够在大脑中直接知道哪个形状适合哪个孔的孩子。空间能力可以预测数学能力，以及科学、技术和工程领域的专业潜力。D 一岁的时候，我们买了很多旧玩具，其中有几个形状分类器。第一个只有三个形状（正方形、圆形和三角形），第二个有十个形状，第三个有 24 个形状，包括复杂的梯形和平行四边形。你可以通过一组难度越来越大的形状分类器来观察孩子的发育。重复这一类的活动（每天做一点），通过强化这些任务使用的大脑回路，增强他们天生的空间感知能力，它们可以打下解决更复杂问题的基石。即使没有，了解孩子的能力水平也很有用，而且花时间和孩子一起玩耍永远都是值得的。

记忆的礼物

评估记忆力也很容易，因为日常生活离不开它。我的记忆力曾经非常好，我妈妈讲过一个我小时候的故事。在我三岁的时候，她带我去见她哥哥。当他离开的时候，他告诉妈妈他的新电话号码，她把它记在一张纸上。那天晚上，当她想给他打电话时，找不到那张纸。然而，我却把我听到的号码正确无误地背了出来。遗憾的是，在我的孩子出生后，我什么都不记得了，这让我非常沮丧。

谢天谢地，我的孩子们遗传了我的记忆力，我经常跟他们开玩笑说，他们“偷走”了我的记忆。我第一次意识到我女儿有很好的记忆力时她大约18个月大。我忘记把钥匙放在固定放钥匙的地方，她看着我把公寓翻了个底朝天，不明白我在做什么，直到我最后大声嚷嚷：“我把钥匙放到哪儿了？”我这是对自己的责问，并不是在问她，我不认为她能告诉我答案。然而，莫莉站起来，走到另一个房间，给我指了指我把它们放在哪里。我一直和她在一起，我知道她没有玩钥匙，也不是刚刚才看到它们。几个小时前她看见我把它们放下来，尽管我忘记了，但她能准确地回忆起它们在什么地方。现在每当我需要记住什么东西，我就让莫莉记住它，这样我再也不用担心忘记它了。

基于此，任何对了解儿童发展感兴趣的人都应该和自己的孩子一起玩记忆游戏。配对游戏是一个很好的记忆游戏，玩起来也很简单。选择10或20对牌，将它们面朝下按随机顺序排列。每个玩家每次翻出两张牌，如果他们是一对，他们就可以保留这两张牌。在比赛结束时，胜者拥有的对牌最多。我还玩过这样的游戏，随机放一些物品在托盘上，然后拿走一个，看看他们能否推断出丢失的物体。还有一个古老的游戏，“我去度假了，我把行李装进了行李箱……”在这个游戏中，每个人都要往行李箱里随机增加一个东西，让行李清单越来越长。通过这样的游戏，你可以很好地了解孩子的记忆力。当然，你也可以做更正式的“数字回忆”测试，比如在智商测试中，你背诵一串随机数字，然后让孩子按顺序、倒序或延迟后复述。我三岁时玩的电话号码戏法，就是一个数字延迟记忆的例子。对于一个三岁的孩子来说，能延迟回忆起七位数的号码相当不错，我很确定我现在做不到。

同样，重复做这类活动（每天做一点）可以增强他们的记忆力，并加强做这些活动的大脑连接。再说一次，即便这些未能直接提高他们的记忆力，花时间和孩子一起玩也绝对是值得的。

评估和培养孩子的智力：幼儿

当我还是个孩子的时候，我喜欢别人称赞我很聪明。因此，我很吃惊地得知其实从那时起，人们就开始猛烈抨击称赞孩子聪明。这在很大程度上要归功于斯坦福大学卡罗尔·德韦克教授提出的一些有趣的研究，即如何通过表扬孩子来让他们发挥最大的潜能。卡罗尔关于成长心态的理论极具影响力，这个理论认为那些因为努力（干得好，你很努力）而受到表扬的孩子，比因天赋能力（你很聪明）而受到表扬的孩子更倾向于自我挑战，最终比那些因天赋能力而受到表扬的孩子表现得更好。那些被告知自己很聪明的孩子往往不愿挑战自我，因为他们害怕失败。那些因努力而受到表扬的孩子会有动力，并认识到努力能提高自我。卡罗尔向孩子们解释说，大脑就像肌肉，你用得越多，它就变得越强壮。我认为这个比喻很好，对老年人也适用。大量研究表明，老年人如果一直玩填字游戏和国际象棋，相对来说不容易患老年痴呆症。即使在神经学领域，大脑的可塑性和不断进化这些概念也是成立的。

努力和能力

然而，我觉得卡罗尔的研究结果在被广泛解读和应用的过程中出现了一些问题。把“努力”和“能力”加以划分，又回到了已不再是争议的养育与天赋这个问题上。这种划分是人为的，“努力”和“能力”虽然在文化价值上存在差异，但都是影响学业成绩的因素。

在西方，基因智力是最高的追求。毫不费力地拥有知识和智慧是最高的荣誉。能在考试中毫不费力地取得好成绩真的让人很忌妒。在考试期间学生们喜欢吹牛，说自己投入的精力很少：喝酒、参加派对都是为了炫耀自己取得好成绩是“天赋异禀”。宝贝，我生来就这样。

在东方，情况正好相反。能努力、专心致志地投入学习工作，把自己能力发挥到极致的人最令人钦佩。那些没有天赋而取得成就的人，那些奋起帮助家庭摆脱贫困的人最令人钦佩。而那个在聚会上浪费了自己天赋的笨蛋只是个懒惰的家伙。想想看，如果他态度端正，他本可以取得更多的成就。这位在西方受到尊敬的傲慢的学者在东方非但没有受到尊敬反而被认为是“浪费了潜力”。在东方，人们吹嘘的是自己花了多少时间去复习，因为这是学习承诺和专注的标志。这种文化差异导致一些不幸的中国朋友想通过夸耀自己的努力付出来寻求赞赏却遭到了嘲笑：“什么？你花那么多时间去复习，却没有拿到第一名？你不够聪明！”

问题是，就像成就不单单取决于天赋或后天培养一样，很明显，考试结果是天赋和努力的共同结果。为了终结“天赋能力”的神话，我想分享一个牛津剑桥的秘密：人人都很努力。我在剑桥就读的第一年过得很糟糕，像许多“幼虎”一样，“牛”桥是我的终身成就奖。一想到这一点，我就沉浸在自己的荣耀之中：“我成功了，我可以休息休息了。成绩不再那么重要，我已经完成任务，不再有任何期待。”我上课迟到，错过奇特的实践课，在督导课中睡觉。即便是在考试期间，我也仍然经常和一位医生朋友一起去泡酒吧。泡完酒吧后，我就直接倒在床上睡觉了。第一年我的成绩是 2 : 2。我很高兴自己毫不费力就通过了考试，直到我发现这个成绩其实不怎么样。同学们会说：“哦，天哪，你这是怎么了？”最令人气愤的是，我发现那位和我一起泡酒吧的朋友拿到了第一名，因为她偷偷地学习，她在泡吧后并没有直接睡觉！

至少我从中吸取了教训，提高了我的学习意识，学习成绩也随之提高。这就是“牛”桥的秘密。媒体对牛津大学和剑桥大学五月舞会和男士风尚的描述，只是一个即时快照。如果记者们早来一个月，他们就会看到一大群胡子油腻、长发、穿着运动服的小伙子们（理发和剃须会减少复习时间），以及戴着眼镜、头发蓬乱的姑娘们躲在图书馆里。在任何最高水平的竞技场上，天赋和勤奋都必不可少,没有什么是“天生的”。有一些疯狂的同学甚至把“暂时的痛苦，永远的荣耀”这句话钉在他们的告示牌上，激励自己前进。这是下一代人需要理解的事情。努力工作的价值观正在传播，借由父母这个载体影响着孩子们。作为一名虎妈，我对此表示欢迎，但作为一名精神病学家，我有必要重申：期望必须基于现实，最终，生活中除了学业上的成功，还有很多其他的东西。

天赋和努力都值得被表扬

对“成长型思维”的解读（如上所述）存在的主要问题是，研究结果已被歪曲和简化为“永远不要赞美天赋能力，只能赞美努力”。以至于老师们都很热心地告诉家长，不要告诉孩子们他们很聪明：“可不要那么做，如果你告诉他们,他们就不会再尝试了！”对于我——一个“尊重与赞美”的爱好者——以及许多想表扬孩子的父母来说，这违反直觉。我觉得不允许赞美天赋能力有点残忍。我已经在第 2 章中描述了一些从未听到“尊重与赞美”的孩子所受到的影响，也许更有破坏性的是只表扬努力所带来的适得其反的效果。

在教育领域，强调奖励个人努力而不是能力上，在教育部门中产生了巨大的影响力。许多学校从庆祝“成就”“竞争”和“胜利”转变为庆祝“参与”“尝试”和“努力。”当然了，在我孩子的小学里，奖励的“黄金证书”并非基于成就（为什么只奖励少数那些遗传了优秀基因的人？）而是基于“努力”。这样做的一个危险是，孩子们，以及在他们长大成人后，常常被灌输一种不切实际的期望，即只要他们肯努力，就能做到“任何事情”；无论结果如何，这种努力都值得“奖励”。

在《英国偶像》节目上，许多想成为演员的人恳求考威尔先生再给他们一次机会，不是因为他们的才华，而是因为“我一直很努力 / 我已经付出了所有 / 我将付出 110% 的努力”。在这一点上，恐怕我完全同意考威尔先生的看法：除非你出卖自己的汗水，否则你怎么靠这些赚钱？

这种对努力的赞美不仅会让孩子也会让父母产生不切实际的期望。作为一名评估儿童学习困难的临床医生，我经常遇到存在严重学习困难的孩子，他们在学校的成绩令人吃惊。通过这些悲惨的经历，我破解出有时“潜力巨大”和“总是付出百分之百的努力”其实是在说：“这个孩子没有什么成就。他付出了百分之百的努力，但不幸失败了。上述卓越潜力尚未实现。”虽然多年的临床工作让我明白了这一点，但家长们往往只看学校成绩单的表面价值，为之喜悦，而对孩子的能力或不足一无所知。这只会助长父母不切实际的期望，终将有害。

这种对“全靠努力”的强调，也使得一些学校内的比赛变成了团体活动，在那里所有人都必须获胜，所有人都必须获奖。我第一次参加“非竞争性学校运动会”真是大开眼界。孩子们拿着鸡蛋和勺子对着一个计时器而不是一个竞争对手跑来跑去。这样一来，家长们感到索然无味。所有的孩子都为他们的努力得到了恰当的祝贺，尽管他们中有许多人显然没有全力参加活动。显然，我不是唯一觉得运动会很无趣的人。第二年，在许多家长抱怨之后，学校批准了一场竞争性的短跑比赛。突然间，孩子们不再无所事事了，在我看来，这是唯一让所有孩子都全力以赴的活动。即使“成就”和“胜利”已经成为教育家们的禁忌，但对孩子们来说，它们仍然意味着一切。孩子们事后都在谈论谁赢了那场比赛。

同样，请想想那些有学术天赋的学生，她知道所有问题的答案，但很少因此受到表扬，因为她不能被承认拥有不公平的优势。当然，没有哪个孩子应该比其他孩子受到特殊的优待。但如果这个孩子也很努力，可却从来没有被注意到，他们可能会得到一个暗示，即他们天生的才能并不会得到真正的重视，而这反而会让他们失去动力。

当然，在100米短跑跑道上，就像在教室里一样，遗传学也在其中发挥作用。对我来说，这就是生活。我完全同意学校应该尽最大努力培养学生，尽可能地对学生抱有同情心，但我确实认为，在某种程度上，孩子们需要知道生活是不公平的。即便我们尽了最大的努力，也可能赢不了一百米短跑。接受自己和自己的能力，容忍自己的失败都是值得学习的。

孩子的自尊不只是建立在成就上（我非常鼓励这一点），既然养育和天赋都同样重要，那么努力和能力就都应该得到赞美，而不是只有其中一个。

鼓励努力工作

家里人总是说我很聪明，但这并不影响我继续努力学习。我可以变得更聪明。无论这一道数学题是多么简单，后面总有一道更难的题，以确保我没有超越自己的能力。正是这种被灌输给我的纪律性，以及我自身努力的经验，孕育了我的毅力、决心和动力，使我能够利用自己的天赋。我父母表扬什么或不表扬什么，都与此无关。成长型思维的关键不在于“赞扬努力，而非能力”，而是把大脑比作肌肉，“你练习得越多，事情就会变得越容易”。学校和家长需要重新审视这句话，而不是转移表扬的侧重点。

动机的关键：让孩子相信努力是有效的

正如我在前面的章节所提到的，没有自尊，任何事情都不会成功。而在婴儿早期尊重和赞美对婴幼儿来说非常重要。学龄前儿童看待事物非黑即白，他们还无法理解表达中的细微差别和微妙之处，无法结合语境，也不具备理解抽象概念的能力。有些事情要么是“好选择”，要么是“坏选择”。在托儿所可不要乱来，“从本那里把熊抢过来是一个错误的选择，但考虑到是他先从你手里抢过去的，在这种情况下，我们也可以认为这是个正确的选择”。如果你这样说，没有哪个学龄前儿童能明白你的意思。因此，在这段时间里，“好”“聪明”“善良”以及所有你想要在孩子身上唤起的积极因素都应该被大量运用，因为他们脑海中唯一的备选就是“坏”“愚蠢”和“刻薄”。

比较安全的做法是等孩子们长大一点，大约在托儿所学前班的时候，让他们开始准备接受一些现实。但这并非说我们告诉孩子：“儿子，我撒谎了。你知道我说你聪明吧？我现在收回这句话。其实，你很傻！”我们只需要温和地引入语境和灰色区域的概念。

我的观点是，在孩子们能够理解的情况下，我们要尽可能地对他们诚实。与其说“你是世界上最聪明的男孩”，不如说“你是一个非常聪明的男孩”。如果他们问你他们是不是世界上最聪明的男孩，你可以温和地告诉他们更多的真相：“世界上有很多聪明的男孩，我认为你是其中之一。”你可以把卡罗尔·德韦克的观点告诉他：大脑就像是肌肉，锻炼会让它更强壮。你应该开始强调努力工作的重要性。

莫莉大约六岁的时候，我和她有这样一番谈话：

莫莉：我今天不想做数学题。

我：你必须做数学题，我们每天都做。

莫莉：我数学很好。你自己说的。我在学校一切都很好，那我为什么要做这些呢？

我：莫莉，你数学很好，但是努力学习也很重要。有些孩子在数学上不如你，但他们愿意努力学习，这样很快他们就会在数学上超过你，因为他们练习得更多。大脑就像肌肉一样，你练习得越多，它就越强大（我当时在读德弖克的书）。还有一些孩子和你一样擅长数学，他们也愿意努力学习。这些孩子将在数学上做到最好，因为他们聪明又勤奋。他们的大脑很强大，并且正在变得越来越强大！

虽然这并不能阻止她对练习的愤怒和抱怨，但随着时间的推移，这个始终如一的信息——努力工作也是必要的——已经渗入内心。这也许比单纯的语言更能激励人，莫莉的经历是这样的：随着时间的推移，她被要求/鼓励/哄骗/强迫/贿赂去做每日的数学练习，她已经能够掌握新的进度。过去对她来说很难的算术题，现在对她来说很简单了。对数学的掌握给了她坚定的信念：练习得越多，就会变得越容易。这培养了她去迎接新挑战的内在动力，这意味着我不再那么需要哄骗、胁迫和贿赂她去练习。最近，她开始意识到自己可能永远不会成为“最好的”那一个（除了在我眼里），但在这个阶段她已经足够强大，明白这并不重要，她可以接受这一点。在这个过程中，棘手的部分不是该表扬什么，不该表扬什么，而是为了达到精通某个学科而开始定期地努力。

这个良性循环是这样的：努力让孩子能精通某项技能，这让孩子相信努力可以通向成功。有了这种心态，在面对困难的挑战时，孩子就愿意付出更多的努力去克服，这样他就会形成自我激励和决心。如果一开始就努力不够，那么就会形成一个恶性循环：努力不足会导致放弃或失败，从而破坏了精通和努力之间的关系。这导致一种信念，即努力毫无意义，只会导致不断的失败。（如果社会制度被设计为人们可能因为任何因素而失败，比如性别、肤色和社会阶层，那么努力和成功也可能脱节。）

毫无疑问，对任何父母来说，最难的部分是建立良性循环的第一步：说服一个不相信努力的孩子付出足够的努力，去体会第一次掌握某项技能的滋味。它需要坚持、耐心、信念和勇气。这可能会导致孩子流泪、发脾气，会让父母华发早生，但对虎爸虎妈来说，这些都可以接受，因为他们自己也经历过这一切。

制造“天赋光环”

我要求孩日常在家做数学练习源于我自己的经验。在我八岁之前，妈妈教我和姐姐们数学，她教的内容略高于学校的课程，所以我们总是发现学校的数学作业非常简单。我们抱怨要在家里做数学，我敢肯定有很多时候我们躲在桌子底下，或者发脾气，但因为我妈妈坚持如此，所以我们也坚持了下来。当老师在学校教我们乘法表的时候，我可以很轻松地背出来。这让学校里的数学课变得非常枯燥，但也意味着从很小的时候起，我就因为“天生”擅长数学而受到同学和老师们的欣赏和表扬。

我很清楚自己和同龄人一样，学习乘法口诀表也很吃力，但我喜欢成就感和自豪感。更重要的是，我开始认为自己是一个“擅长数学”的人。这意味着如果有人给我一道数学题，我会很自信地认为自己可以解出来。或者至少，如果我解答不出来，我的同学也不行。

我母亲后来向我承认，她教我们数学并不是因为她认为五岁的孩子需要知道 12×12 等于多少，而是因为她想让我们觉得自己擅长数学，并且有想要保持领先的动力。这招奏效了，因为即使在我母亲后来不再教我们之后，我和姐姐们仍然在自我激烈下努力学习，以保持我们作为“聪明”孩子的身份。

经验的传播已经完成。在三年级家长晚会上，莫莉的老师告诉我，莫莉在数学方面有“天赋”，因为尽管全班学生才刚刚开始学习乘法口诀表，但莫莉掌握得“快得令人难以置信”。她不知道我已经在家带莫莉练习了一年——这几乎让我疯掉。我并没有多加解释，并不仅仅是因为人们对虎妈的指责，而是因为我觉得让别人以为莫莉数学方面有天赋是值得的。这样可以让莫莉意识到，正是练习和天赋使她获得了老师的高度赞扬，就像我小时候一样。因此，就像剑桥大学的学生在晚上泡吧后会偷偷学习一样，“天赋”的光环效应已经被制造出来。

家长可以亲自动手

需要强调的是，对于大多数孩子来说，想精通任何事情，首先都需要父母的大力支持，不仅仅是数学。最常见的例子是学习骑自行车。我还没见过哪个小孩子拿起一辆自行车就能自己骑走。通常需要在成年人的帮助下练习数小时，甚至数天。在这个过程中，有“我做不到”的尖叫，有默默流下的泪水，有想放弃的哭喊，但只要坚持、同情和决心，大多数父母最终能放手，然后就没有什么可以阻止孩子了。出于某种原因，大多数父母乐于花时间教孩子骑自行车，这是一种可以自夸的父母成人礼，但他们却不愿在孩子的教育上投入同样的精力，以免被称为“虎爸虎妈”。

接下来，我将介绍我如何帮助我的孩子提高计算能力。我选择分享提高计算能力方面的经验，并不是因为我不鼓励读写能力，而是因为我认为这个国家已经非常重视读写能力和创造性写作。

小贴士：帮助孩子掌握某些能力

我发现大多数孩子喜欢做自己擅长的事情。有些孩子天生擅长做某些事情，大多数孩子可以变得擅长做某些事。一旦孩子擅长某件事，他们就会投入更多时间去做，并且变得更擅长。不必一定是数学、钢琴、舞蹈、游泳或绘画这些，都需要父母投入时间和精力的项目。一旦他们有所掌握，孩子自己的动机就会取而代之发挥作用。

英国不喜欢数学，中国人天生擅长数学？

我知道这个陈词滥调——中国书呆子喜欢琢磨无聊的数学。相信我，我一直在努力摆脱这种刻板印象。我和安德鲁的开局并不好，因为他以为我是一名数学系的学生。这意味着我是一个没有什么社交技能的亚洲极客，所以他对我并没有留下很深刻的印象。

不过，现在作为一名在工作的成年人，我得感谢我的数学技能，并且后悔自己没能学得更好。而作为一名母亲，我对幼儿学校课程中缺乏对数学的重视深表遗憾。我觉得这不仅对我的孩子，甚至对整个国家都非常不利。英国曾培养出了一些世界上最优秀的科学家、工程师和经济学家，所以这并非是因为我们缺乏数学基因储备或传统。然而，为什么远东地区仍然在 Pisa 数学和科学测试排行榜上占主导地位？（在写这本书时，数学排名前 7 位的参赛者均来自远东地区，科学排名前 4 位也是如此，而英国排名未进入前 20 名。）

从我自己的成长经历来看，这是因为亚洲非常重视教育。在此基础上，数学和科学比其他学科更受重视，以至于我的父母要求我和姐姐们必须在数学、物理、生物和化学这四门学科中要有三个 A。尽管我在 GCSE 的艺术和历史考试中取得了比科学更好的成绩，我还是想成为一名科学家。也许这让人很抓狂，但我父母看到了政府对科学、数学和工程教育的重视，使得他们在一生中获得了前所未有的经济财富和个人成长。虽然中国台湾面积不过与威尔士相当，而且在 20 世纪 40 年代起步时，科技基础要落后得多，但得益于工程师的努力，台湾如今已经成为一个发展中地区，并在全球科技领域发挥着重要作用。

在远东地区，六岁孩子就可以背诵到 12 × 12 的乘法表，而这是英国政府为 11 岁孩子设定的目标。到目前为止，这一目标基本上没有实现。在我和姐姐们长大的过程中，我们在回台湾地区度假的时候被我们的堂兄弟姐妹嘲笑，他们可以心算很复杂的除法运算（在严格的数学课程体系下），而我们不得不去拿计算器。

“那又怎样？”我们会反驳，“既然有计算器，为什么还要麻烦呢？”

遗憾的是，新一代精通技术的人也用同样的理由反驳，对他们来说，拼写检查和手机上的计算器可以取代大脑。当然，在某种程度上我同意，复杂的数学运算应该使用计算器来完成，但是也必须具备基本的心算能力，以及能理解数学的常识概念。

从文化的角度来看，作为一名来自对数学大为推崇的地区的人，我很不理解在英国体会到的对数学的冷漠。工程师在远东地区备受尊敬，但在英国却被称为“古怪的人”。虽然，在台湾地区，不管男孩还是女孩，都被要求掌握数学能力，但在英国，数学属于男孩，即便是男孩，也只属于那些天生具有“逻辑的、数学头脑”的男孩。然而，与典型的数学书呆子形象相比，更有破坏性的是，人们普遍接受自己数学能力薄弱。不会心算意味着你在远东地区会被嘲笑和同情，但在英国，这是意料之中的，有时甚至会被吹嘘。令我震惊的是，许多接受过良好教育的妈妈公开表示，自己很难帮助孩子复习 11+ 的数学。他们之所以公开承认这一点，是因为他们一点也不为自己数学不好而感到羞愧，但我怀疑有谁胆敢公开承认自己在阅读和写作方面的能力不如 11 岁的孩子？为什么这件事情可耻，而数学不好不可耻？在接受过良好教育的人当中，数学不好是如何被英国社会所认可的？

鉴于国民对数学能力的渴望比较低，难怪安德鲁告诉我，大多数银行都从亚洲招聘具有定量分析能力的员工。这些技能是如此受追捧，因此我姐姐（在美国顶尖大学拥有数学博士学位，她想要离自己正在成长的侄子侄女们近一点）从美国辞职回来两周后，就在英国毫不费力地获得一份高薪职位。我敢肯定，如果她的博士学位是英国文学的话，她会很难这么快就找到一份好工作。从民众的角度来看，我很好奇，如果英格兰银行将利率提高 0.5%，那么普通人能否计算出他们每个月要偿还的按揭贷款是多少？如果我们想保持衣食无虞的生活，具备计算能力非常重要。既然数学是一项非常关键并且广受欢迎的技能，所以我们为什么不从小就给孩子打好数学基础呢？

读写能力和计算能力——两者皆备，岂不更好？

虽然幼儿园非常重视提升阅读能力，但数学似乎相对被忽视了。如果国家真的认为应该让孩子们茁壮成长，成为他们想要成为的人，难道不应该同等地重视和鼓励算术与读写能力吗？这将有利于儿童平衡发展。我再次强调，智力基因是通才基因，因此孩子天生具备跨越数学和语言的能力，这种偏好是环境决定的。

然而，在关键的第一阶段，莫莉所就读的州立小学强调阅读。他们要求所有父母都应该每天晚上和孩子一起读书。学校期待莫莉提高阅读能力，因此在预备班的时候给了她一些故事书，让她带回家和我一起读。在五岁半的时候，她被要求阅读含有“痴迷”一词的书籍。嗯，也许她能读出来这个词，但她不知道它的意思，我试图向她解释，她也听不懂。莫莉开始讨厌读书，每天晚上当我要求她为我读书的时候，她都会哭。我坚持要求她读，当时心想：“如果老师给了她这本书，她一定能读。”几周后，我放弃了，我相信自己的判断，这些书实在太难了。我肯定是唯一写信给班主任这样说的家长：“对不起，我认为你高估了我孩子的阅读能力，您可以把需要她阅读的书籍的难度降低三级吗？谢谢。”

与此同时，当我们做父母的被期望为孩子们的高级读写能力而奋斗时，却没有人期望我们定期和孩子们一起做算术。我并非是责备莫莉就读的这所学校，之所以如此，是因为数学不在国家课程中。（据我所知，英国没有任何一所学校在第一关键期以这种方式鼓励学生每天进行计算练习，但我可以很肯定地说，远东地区的学校会有这样的要求。）到了第二关键期，国家教育课程建议儿童开始学习数学的核心部分，此时，他们的专业知识和读写能力远远超过了他们的数学能力。有一段时间，莫莉在读罗尔德·达尔的《詹姆斯和大桃子》，但不知道“两倍大的桌子”是什么意思——在我看来这根本就是能力发展失衡。由于学校从一开始就推崇读写能力和英语，它们成为最受欢迎的科目；而数学则被视为比较困难的课程，因此更不受欢迎。得益于早期接触和学校的积极鼓励，向孩子们“推销”数学的机会被读写课劫持。

另一个误区：死记硬背真的是错的吗？

在远东地区，五六岁的孩子们被要求背诵 1 到 12 的乘法口诀表。在你说“我们英国人不提倡死记硬背”之前，先想想英国各地的预备班，在那里，孩子们用欢快的语调唱着“A，A, A ”“Ph, Ph, Ph”“ee，ee，ee”“ai，ai，ai”，再告诉我这是不是死记硬背。我也很确定莫莉在练习拼写的时候全靠死记硬背，而不是从拉丁词根来理解拼写。这些词从拉丁语和希腊语中派生而来，一旦通过死记硬背巩固了这些联系，那么就有可能学习拉丁语和希腊语，因此可以体验到更深刻的词意。同样，乘法口诀表中数字之间的关系所代表的意义也可以之后再学习，死记硬背是一切的开始。

当我从预备班收到莫莉的成绩单时，她在读写能力方面“超出预期”，但在数学方面是“符合预期”。我的第一反应是：“这怎么可能？她来自一个科学家和数学家的家庭！数学是我们的家庭传统。”说实话，如果“符合预期”的分数是读写能力的我会更高兴一些。更糟糕的是，当我问莫莉学习数学有没有困难时，她说：“数学太难了，数学是男孩子学的。”

我并没有接受“数学很难，她是个女孩，生来就没有数学头脑”这些说法。而是想到了我自己的童年，以及我自己是如何开始了数学之旅。我对规律的数学练习如何影响我的数学能力和数学思维记忆犹新。我开始每天早上给莫莉布置数数的练习，还有一些数学题，以平衡每天晚上学校布置的阅读。这是我两个孩子现在都要忍受的家中数学课的开始。我认为莫莉的读写能力当然比她的计算能力好——因为学校要求我每天支持她提高读写能力。从那时起，莫莉的数学就开始进步，到一年级末，她的数学和读写能力分数更加接近。她现在会自信地说“我很擅长数学”，并开始尝试解决数学问题而不是回避它们。其实，解决办法很简单。因此，我至今不明白，为什么学校不把数学分解成简单的部分，从孩子开始接受教育开始，就把计算能力和读写能力结合起来培养。我说的不是差异化和整合，但如果孩子们从很小的时候开始，每天数数，加一加糖果或者零花钱的数量，数一数到圣诞节的天数等，这难道不能去除数学“很难”的污名吗？

我确信，如果我没有采取行动，像支持莫莉识字一样支持她的数学，她现在就不会很自信地宣称自己“擅长数学”。没有对数学的良好理解，她对科学的兴趣就会受到威胁。难道现在还不是在早期教育中同等重视计算能力和读写能力的时候吗？只有到那个时候，我们才能真正说，我们给孩子平等的机会来选择他们的优势领域，不管是在科学领域，还是在人文领域。

小贴士：给自己布置家庭作业

我知道家庭作业是一个有争议的话题。有些人坚持认为，孩子们应该过自由放养的生活，不受强加于他们的结构性活动的束缚；另一些人则认为，如果没有结构化和测试，孩子们如何能在竞争激烈的考试和就业市场中生存下来？对于学校来说，要在两者之中维持一个正确的平衡很难。我能理解家长抱怨学校布置的作业太多，但我一直不明白为什么家长抱怨学校布置的作业不够。作为父母，总是可以在家中布置更多作业。我孩子的学校只规定每周的家庭作业，假期也没有家庭作业。家庭作业通常是一个艺术类的项目（做

一个帽子 / 火山 / 清真寺 / 宇宙飞船 / 恐龙栖息地等），最终是父母完成的。对我来说，这没什么难度。因为我可以释放自己被压抑的艺术气质，我可以很自豪地说，我的创作赢得了许多“金奖”。我很高兴学校的作业水平难度如此低，这样我可以自己给孩子布置作业，太棒了！我可以教他们任何我想教的东西，任何我觉得对鼓励学习和热爱学习很重要的东西，不被迈克尔·戈夫、贾斯汀·格里宁或任何教育部长的意见束缚。

鼓励热爱数学

人们对数学的态度似乎开始转变，我并不是唯一对教育系统对数学的忽视和低期望感到不满的人，即使在政府新政策下也是如此。库蒙中心在英国迅速增长的数量可以证明这一点。海报已经贴到我居住地附近的地铁站，邀请我建立自己的库蒙数学中心来赚钱，由此可以推断，对更优质的数学教育充满需求的时代已经到来。也许现在的政府应该更加努力地考虑提供更丰富更优质的教学，以免有库蒙和无库蒙孩子之间的差距进一步扩大。

库蒙是一种来自日本的学习数学的系统，它的重点是基于孩子的数学水平，借助于通用的数学作业表加强日常练习。你可以加入某个特定的“库蒙中心”，在那里你会得到数学作业表和一些指导意见，这样你可以在家中完成更多的作业表，直到下一次再到中心来。为此，你需要支付一笔不菲的订阅费，当然，这比聘请私人数学老师要少得多。

你可能会认为作为一名热爱数学的人，我会全力支持库蒙。是，也不是。虽然我热衷于提高数学能力，而且毫无疑问，每天练习数学将大大提高孩子的数学能力，但我不认为你需要为此付钱给别人。我对此持保留意见。

这有乐趣吗? 库蒙的广告可能暗示“中心”是个有趣的学习场所，特别设计的学习单“将使数学变得有趣”，然而，据我所见，这些中心只是租用一个大厅，让孩子们坐在那里做作业。学习单类似于你可以从网站打印的任何其他的学习单，或者你可以从本地购买的练习册。这些学习单针对孩子个人能力而设计，这一点可能会有额外的价值，但它们并不比任何其他学习单更“有趣”,甚至库蒙的标志也是一张不开心的脸。我一直想,不管这象征着“进入”或“离开”库蒙的孩子，似乎都没有传递出特别积极的信息。

它仍然依赖于父母的管教。我可以看到这其中的吸引力：把一个数学盲交给他们，他们还给我一个懂数学的孩子，对数学充满信心，不需要我做任何努力。然而，就我对库蒙父母的观察，发现情况并非如此。不，库蒙妈妈们(我不喜欢加入性别因素,但我只见过库蒙妈妈和库蒙保姆)通常都很疲惫,因为她们需要维持规则，让这些数学盲的孩子每周都做作业。

评估仍由教师主导。家长们被要求督促孩子完成作业，而老师则负责评估和监督孩子的学习进度，以及制订学习计划。也许我是一个控制狂，但我认为父母应该参与其中。一些家长喜欢库蒙(和数学老师)，积极避免“评估”孩子的能力。他们认为这是以某种方式对他们的孩子做价值评判，在某种程度上，这是不健康的，似乎他们应该始终相信自己孩子有无限的潜能。如果他们的孩子表现不佳，有些父母会感到不快，并将这种失望传递给他们的孩子；另一些人则指责老师们没有充分发挥孩子的潜能。我持相反的观点。我认为，评估和了解孩子的能力非常关键，这样作为父母，你才能对孩子的能力有一个准确、真实和基于证据的了解。这样，你才能引导他们进入适合的中学 / 大学 / 职业。我不认为这其中有价值评判，事实上，不管能力如何，孩子都是很了不起的。

双轨教育体制。正如我之前提到的，我认为库蒙（以及任何数学私教）只是中产阶级想要远离主流社会的另一种方式。我们不需要库蒙，我们应该给政府施加压力，提高数学教育的整体水平。“专业人士”在数学教育方面的激增，破坏了通过家长参与加强学校数学教学真正有效地提升小学数学教育的可能性。大多数送孩子上库蒙的家长至少有小学教育水平，他们应该能够帮助孩子学习这个难度的数学，而无须支付专业人士费用。如果政府投入更多精力教育父母参与自己孩子的教育，各种家庭背景的孩子都会从中受益。我父母是这样做的，我希望这对我也有用。

如何让孩子对“不擅长”的科目感兴趣

我是在我和孩子们的数学之旅中说这番话的。我不能确保最终是否可以成功，我也不能说这其中没有痛苦和挫折。我所做的和正在做的大部分事情都基于不断的尝试和许多错误。我可以总结我所掌握的最佳策略，但并不能分享全部经验，其中包含了许多咒骂、失败和调整。虽然我的两个孩子目前数学成绩都非常优异，但我不能否认基因在其中发挥的作用。尽管如此，我仍然想与你们分享我有限的见解，也许你们会觉得它们有价值。

我把数字和字母同时介绍给我的孩子们。在我的这本书中，我认为识字和算术同样重要。孩子们学习数字序列的能力，就像他们学习字母序列的能力一样强。从我的孩子很小的时候起，我就随身带着一个笔记本，如果有一段“等待时间”，比如在咖啡店等待食物，我就会给孩子们画拼图（迷宫、配对拼图、计算拼图）。如果它们很容易就被完成了，那我就会画更难一些的。如果它们太难了，我就重新画一个容易一点的。

随着孩子们年龄的增长，这些拼图逐渐转向数学特有的方向。它们不再只属于“等待时间”，而是每天早上都会进行。这样做的效果很好，因为孩子们这个时候精力充沛，而我过于热情的倾向会想要安排越来越多的练习，但这一点会被要送孩子上学和我得按时上班所限制。孩子们起初表示抗议，但随着他们逐渐接受从今往后这就是例行公事，抗议逐渐平息。

当我告诉朋友们我为自己的孩子编写数学作业时，他们看着我，好像我疯了一样。但是，还有什么比为自己的孩子量身定做作业更好的方法呢？通过每天接触孩子们觉得简单和困难的东西，我不仅能深入、准确地了解他们的能力范围，而且能为他们设计和安排最佳的学习计划。如果事实证明个位数的加法很简单，那么可以打赌，两位数的加法也很简单。如果有太多的眼泪和挫折，接下来的几张练习册将会有意用来快速恢复信心。通过编写自己的练习册，我不仅可以调整孩子的学习，而且还能极大地调控他们的信心。此外，我热爱艺术，我制作的许多练习册都用卡通画装饰，我知道孩子们都会很喜欢。

当抽象问题变得棘手时，我发现将问题重新构造成应用题可以解决问题。

莫莉被诸如“26和36的中间是哪个数字”之类的题目难哭了许多次。我试着用很多方法来解释都没有成功：“你可以把这两个数字加起来，把总数分成两半；或者，你可以把两个数的差值的一半加到较小的数上。”莫莉目光呆滞地看着我，她用手捂住耳朵直摇头——就是那种经典的“啦啦啦啦啦，我不听，我不听”的姿势。这让我很恼火。然后有一次，我在绝望中碰巧大喊：“要是我给你26块糖，再给D36块糖……”我甚至还没来得及说完，莫莉就表示抗议：“这不公平！他不应比我得到更多的糖！我们都应该……（她数着）……31个糖果。”宾果！答对了！从那时起，问题变成现实类的，莫莉喜欢计算“现实世界”的问题。当安德鲁在学校集市上举办烧烤时，数学练习册上写满了类似这样的问题：“你的朋友亨利想从你爸爸那里买三个热狗，热狗每个3英镑，那么他需要花多少钱？爸爸必须把10英镑换成怎样的零钱？”在过生日的时候，她想要一个电子鸟，我会问她：“你用奶奶给你的30英镑买多少只电子鸟？”利己主义确实对数学有帮助。哪怕没有那么有趣，但这很实用，因此没什么更多（或更少）可抱怨的。

一旦对数学有了信心，我们就开始学习书店里买到的练习册。如果练习册有些难，那么，会再做一遍这本练习册。第二次将变得非常容易，不仅能巩固知识，还能增强信心。另外，因为我在评估和监督孩子们的进步，所以在他们的家长会上，没有什么事情会出乎我的意料。拿起一份第一关键期的数学试卷，我几乎能准确地知道莫莉能正确回答哪些问题，以及哪些会让她感到有困难。

为什么了解这些细节很重要？

11+ 考试，任何其他童年阶段中重要的里程碑，或者任何需要孩子表现的时刻我都不需要依赖他人的意见，我（几乎）可以确定我孩子的表现，如果我不认为他们有较高的成功概率去参加某所学校的考试，我便不会让他们进入考场。我可以为他们设定可实现的目标。可以提前管理期望，以避免失望，最重要的是，可以保护自尊心。在这个年龄，自尊、自信和持续不断的学习热情，总是比最后的分数更重要。其实，可以说在所有年龄段都如此，因为生活是一场马拉松，而不是短跑。人们普遍认为规律练习给孩子带来了很大压力，我认为恰恰相反。“压力”来自父母的期望（尤其是不切实际的期望），而不是父母为孩子所做的准备。

如果你有时间和兴趣，就不要参加库蒙或者请家教，卷起袖子，自己试试吧。挫折必然很多，耐心和纪律必不可少。也许我这个人比较奇怪，或者因为遗传倾向（我母系家族中的教师很多），但我发现自己教孩子非常有效，甚至令人愉快，当我看到孩子们恍然大悟的表情时，我便知道我正在把知识传授给我的孩子们。我还记得自己很喜欢母亲教我数学的方式（尽管我经常流泪和发脾气），我希望我的孩子长大后也会有同样的感觉。事实上，当莫莉的朋友们开始请家教时，安德鲁告诉我，他听到她自豪地对她的朋友们说：“我不需要家教，我已经有了最好的家教：我妈妈。”

额外的小贴士

· 根据孩子的水平制定目标。

如果你很幸运，拥有一个聪明的孩子，不花费力气地顺其自然当然很有诱惑力，但是如果你可以，你应该试着挑战一下他们的能力，无论他们多么年幼。这似乎是虎爸虎妈的终极目标，但如果孩子能轻而易举地做到这一点，为什么不呢？事实上，如果聪明的孩子受到的刺激不足，就会导致行为问题。D一直具有优秀的空间意识（这与数学能力有关）。就在他一岁生日后的那个圣诞节，我决定给他买拼图玩具，一个聪明的婴儿可以动手操作的东西，比如一个三件套的拼图。他的阿姨也是中国人，因此也同样有“教育类玩具”的心态，也给他买了拼图：托马斯坦克引擎那套。不过，她给他买的是六件一套、十件一套和十二件一套的拼图。

有天晚上，我要做晚饭，便给了D三件一套的拼图玩。他想要托马斯的，所以我把那些也拿给他，这样做只是为了能让他在我做饭的时候保持安静。下一分钟当我转过身来，看见他坐在桌子边已经完成了六件一套的拼图，我惊讶得差点打翻炖锅。

好吧，聪明的孩子，我想，我给了他十件一套的拼图。

他仍然很快就完成了。

两岁时，24块和35块的拼图对D来说已经没有问题。我们甚至还玩了“拼图游戏比赛——婴儿vs老人”。D和我母亲比赛看谁能最快完成相同的24块拼图。D通常获胜。不久，我就把几家商店里的拼图都买光了。很明显，D有很强的数学能力，所以他的学习单和从书店买回来的练习簿都根据他的能力而不是年龄定制的。尽管他很聪明，我还是会告诉他，他仍然需要努力学习。我的座右铭是：努力学习，每个人都需要努力学习，包括聪明人。

同样的道理也适用于谱系的另一端。在我看来，如果你的孩子觉得事情很难，那么把事情简单化并不可耻。鼓励孩子热爱学习的最好方法是给他们设置一些挑战，而他们只要努力那么一点点，就可以完成这些挑战。虽然学校会根据班级的平均能力来布置家庭作业，但家长布置的家庭作业更好，因为它可以而且应该根据孩子的能力量身定做。

· 让学习变得有趣。

学习，尤其是对幼儿来说，并不总是需要一张桌子和一把椅子。观察、交谈、想象、思考和感受都是学习的一部分。你越有创造力、越有趣，你的孩子就会越投入，越有兴趣。如果你能把他们的学习主题和他们在学校学习的东西联系起来就更好了。那么，学习主题已经大致确定，所学内容与学校相关可以让孩子在学校赢得很多印象分。

· 给孩子读书。

我以为，一旦我的孩子长大到可以自己读书的年龄，睡前讲故事的义务就可以取消了。然而，有一位虎爸虎妈朋友建议我：继续给他们读书吧！是的，孩子可以独自阅读，也应该鼓励他们独自阅读，但他们接触书籍的时间会受到阅读时间的限制，而且，他们会选择容易阅读的书籍。另一方面，如果他们是被动阅读，他们会更愿意听词汇复杂的故事。这样，他们对语言和思想的接触面就大大扩大了。短语可以解释，概念可以讨论。我鼓励孩子们，想读什么书，就选择什么书，但我总是会在睡前给他们读一本经典名著。这样，他们的视野被大大拓宽，远超他们目前的能力。

· 那虎爸呢?

从什么时候开始，对儿童教育的关注变成了女性的专利？当“儿童养育和学校”被列为女性选民关心的问题时，我总是很恼火，因为很明显，男性并不关心他们的孩子是否能读写！在我的坚持下，只要安德鲁在家，我就会要求他监督孩子们的家庭作业，制定学习单，帮助完成数学作业和阅读。理想的情况是，父母双方都树立榜样，共同重复“努力工作是必要的”这句箴言。当然，有些父母可能比其他人需要更多指导。选择《格林·盖布尔斯的安妮》《海蒂》这一类深受喜爱的经典作品与莫莉一起阅读毫无问题，但 D 对这些故事并没有什么兴趣（可悲的是，这是由于书籍封面的性别歪曲所至）。我对他可能感兴趣的经典书籍缺乏了解，因此我让安德鲁带 D 去书店挑选一些他们可以睡前一起读的书。他们带着《乐高星球大战》凯旋……不是我想要的那种经典。

关于“强势”教育的最后一个想法

假设你想把一堆盒子从一个房间推到另一个房间，你可以用尽全部力量去推那一堆东西。如果幸运的话，你可以成功。不过，很可能那一堆东西会因为受力不均而翻倒。更加小心谨慎的做法是：花点时间整理这些箱子，把较大较重的盒子放在底层，把较小较轻的盒子放在顶部，然后从安全的底部缓慢而稳定地往前推。用这种方法成功的可能性更大。尽管在让我的孩子努力学习这一点上，我是个“凶悍的”妈妈。但我做这一切是因为我知道，我已经对他们的内心建设进行了大量投入，确信他们的核心基础很稳健，并且，他们从我这里感受到的推动力是缓慢、稳定、有分寸的。

本章总结

我想到这里你已经明白我并不相信学业成绩是世俗成功的全部。尽管如此，我相信父母可以为孩子的学业成绩做出巨大的贡献，无论孩子的起始水平如何。虽然基因和围产期健康对孩子的智力有很大的影响，但我们可以通过养育行为来提高和发展孩子天生的智力水平。

在早期，通过和孩子一起做一些能加强语言、记忆、空间意识和注意力的活动，可以对日后智力发展培养至关重要的技能。在他们长大一点后，向他们展示练习和重复如何帮助他们掌握早期所需的学业能力。如果你对他们的能力和努力给予充分的赞扬，他们就会有动力继续学习，并从中受益终生。重要的是找到热情、有用、有趣的学习方法。让你的学习活动尽可能地实用和多样化，而不仅仅是为考试做准备，这样才能激发孩子一生对学习的好奇心和兴趣，孩子会发展出有能力和有学问的身份认同。最后，如果情况未能改善，你可以安慰自己，成人的智力在很大程度上是由基因决定的，是金子总会发光。

Chapter 7

第五层：创造力和价值观

只学习不玩耍的孩子，内心是怎么想的？

作为父母，最棒的部分就是培养孩子的最后一层。大多数父母真正喜欢做的是培养孩子的兴趣和观点，这也是未来父母在想象未来孩子时首先（有时是唯一的部分）考虑的。有哪位妈妈或爸爸不是因为被幻想和孩子舒适地挤在沙发上，一起看足球、芭蕾、橄榄球、喜剧的这一幕所蒙骗而成为父母的？有哪位父母会想象自己与青春期的孩子在政治上存在激烈的分歧？因为我们都从自我中心的理想出发，想养育一个“迷你版的自己”，他将显示出我们所有的兴趣和态度。但就像养育中所有的事情一样，事情很少能按计划进行。那么，在损害限制方面，父母能做些什么呢？在这一章中，我将谈谈我在培养孩子们的课外活动和社会政治兴趣方面所做的成功以及不成功的尝试，目的是在他们走向世界前，为他们做最后一层润色。

当儿童心理学家变成崩溃的“钢琴陪练”

我曾天真地认为，一旦确保孩子们情绪稳定，亲社会行为得到培养，学业潜力焦虑得到控制，接下来只要放松下来和孩子们分享爱好就可以了。然而，不知何故，对于当代父母来说，甚至是这种育儿的闲暇时光，也已经变成了一个充满压力和竞争的课外马戏团。我承认我有时也这样，但我也意识到这种竞争可能对孩子产生不良影响，我一直在努力改变自己的方式。

典型的虎爸虎妈热爱音乐，钢琴和小提琴八级证书是中国父母工作卓越的官方标志。我的看法有些不同，在我的成长过程中，昂贵的音乐课对我来说是一种奢望，直到我进入中学。我的父母都没有接受过任何音乐训练，他们的生活比我更艰难，所以我们从小就唱歌走调，毫无希望，想让我们掌握节奏和音高绝对没戏。小时候我深受杜兰杜兰乐队的影响，而不是德彪西。到了中学，当时钢琴课和小提琴课都可以上，而我加入了学校的篮球队，我觉得这比音乐训练更重要。的确，在上了一年钢琴课和小提琴课后，在我第一次音乐考级前两周，我在一场网球比赛中摔断了胳膊，而我那从来就不是特别有希望的音乐生涯，在开始之前就结束了。

直到上了大学，我开始迷恋玩音乐的男孩，我才后悔自己是个没有音乐能力的音盲。如果你上了一所顶尖大学，而你不会演奏任何乐器，你会发现自己非常孤独。甚至会输给最不受欢迎的人，因为对方木琴三级。此外，音乐中有一种伟大的友情和社会元素，我羡慕地看着学音乐的朋友们经常一起去唱诗班/管弦乐队/乐队练习。坦白说，我开始忌妒他们可以自由地玩音乐。

基因可能一直对我不利，但我确实有一位堂兄是名音乐家，所以我一直在想："如果我早点开始上音乐课，如果学习音乐技能容易一点，我能在音乐方面取得进步吗？"

正是源于这个想法，而不是赢得"虎妈之女金奖"，促使我在莫莉五岁的时候开始让她上钢琴课。我的抱负不是钢琴演奏家，而是泰勒·斯威夫特（Taylor Swift）。我幻想在这个年龄，大脑理论上应该是一块海绵，很容易吸收知识，一位开明的老师将发挥它的魔力。你看，变！我就给这个世界带来一个酷炫并集音乐、艺术和智慧于一身的女孩和一个摇滚明星兼 DJ 的儿子。事情要是这么简单就好了。

事实证明，尽管在这个年龄大脑确实是一块海绵，但对于一个固执的孩子来说，哪怕大脑就像一块海绵，他也不愿意让自己的大脑浸泡在任何父母要求他们进入的水中。为什么？他们并不笨，而且对于任何一种乐器来说，最初的努力远远超过直接的回报。对家长来说，还有额外的痛苦：谁能想到现在伦敦钢琴的学费已经高达一分钟一英镑？我坐在莫莉早期的钢琴课上，被自己的茶呛到了。可爱的钢琴老师让莫莉再弹一遍副歌，她直视着他说："不。"请想象一下，老师温和的鼓励和友好的哄骗，换来的是无聊的玩笑和顽强的抵抗，而我却一直坐在那里，眼瞅着那些英镑从我的指尖滑过，却一个音符也没有弹出来。恐怕这有悖约定，但课后我曾愤怒地喊道："我可以用刚才你浪费的钱，给你买两个芭比娃娃！我不会为你和老师闲聊而付一分钟一英镑！去弹那该死的钢琴！"

当然，还有钢琴练习。

以前，我可能会对那些强迫孩子练琴数小时的“邪恶”的虎爸虎妈们嗤之以鼻，但现在，我对他们充满惊奇、尊重和钦佩。天啊，天啊，他们是怎么做到的？我觉得太难了，在强制要求莫莉练琴 10 到 15 分钟后，我已经没有糖果、贿赂和威胁可用——甚至每天！而我曾是一个可以让孩子每天做额外的数学练习却没遇到什么困难的人。我真的认为钢琴练习是发明出来专门折磨父母的。我知道会有人说“如果孩子不想练习,那么你就不该强迫他们”，或者“他们太小了，你为什么要让他们做这些”？但事实是，莫莉钢琴弹得非常好,非常喜欢钢琴课（在很大程度上这要归功于她非常优秀的钢琴老师）。她只是没有练习钢琴的纪律。或许这与我的参与有关……

在那个时候，我记得和一位老朋友一起去喝茶。在很久以前她和我一起接受训练成为一名精神病学家。我们选择了不同的专业方向，她选择了老年人，我选择了儿童，所以我们失去了联系。当我们发现彼此的孩子在同一所学校上学时，我们很高兴地重新建立了联系。很自然，我们的话题转向了孩子们。学校即将举办一场音乐会，莫莉和我朋友的儿子杰克都弹钢琴。

以下是两位精神病学家交谈时的情景：

我：杰克的钢琴弹得怎么样？

她：相当好。

我：我和莫莉在学钢琴上存在一些问题。我们有一位很棒的钢琴老师，她非常喜欢这位老师，也喜欢去上课。但每当我不得不帮助她练琴的时候，我们总是争吵不休。

她：怎么了呢？

我：嗯。一开始她会弹，然后，当她弹错一个音符时，我就告诉她她弹错了，她坚持说没有弹错。即便我给她看乐谱上正确的音符，她也会坚持说她是对的，继续按照错误的弹。这让我抓狂，因为一开始，我只是指出来，并没有批评她，也没有提高嗓门，但到最后，我们就像两个孩子在吵架："你弹错了！""不，没有！""错了！""没有！"就是这样。直到最后，我们中的一个怒气冲冲地走了，要么她大喊："我再也不弹钢琴了！"要么我大喊："我再也不帮你练琴了！"

她：啊！当孩子做错事的时候，你永远都不应该指出来——他们会把这当成是批评，而最终就会以你所描述的可怕的互动告终！你不记得了吗？这就像是心理治疗的第一条原则。你应该很清楚的！他们必须反思自己的表现，而不是由你指出来。我从不向杰克指出他做错了什么事，相反，我只是问他："你对自己的演奏满意吗？"

我：（面色苍白，为自己没能把临床技巧运用到自己孩子身上而感到羞愧——唉，但如果是自己孩子，那就难多了！）你说得对，也许我应该试试……

她：但我的问题是，他会对自己很生气。他弹得很好，但会因为"完美"而感到不满意，会变得非常生气，对自己感到沮丧，有时甚至会说他自己是垃圾。事实上，我从来不需要挑剔，因为他比我更挑剔。

我：哦，天啊！这很可怕。你看到了吗？他把你的评论看作是超我的自我反省。你让他不断地评价自己的表现，现在他却成了自己最糟糕的批评者！

她：啊！

我：不过我现在想起来了，让莫莉反省是行不通的。她曾给某样东西涂上颜色，涂得到处都是，完全不在线条之内。我问她是否满意，她总是说满意。即便我指出她实在涂得太越线了，她也会说："这就是我想要的。"

她：这很有趣！杰克总是对自己很失望。

我：D 也是这样。和他在一起的时候，我总是试图阻止他变得很迂腐，试着让他可以接受犯错。我总是试图说服他在线外涂色，而不必担心把整个事情搞砸，然后要重新开始！

她：哈哈！

我：我花一半的时间告诉一个孩子要更小心一点，花另一半时间告诉另一个孩子要更加无忧无虑……

从这次谈话中，我突然想到三件事：

1. 适合于一个孩子的东西，不一定适合于另一个孩子，因为孩子们的性格是如此不同。

2. 亲子互动是双向的。孩子的行为方式是由父母的行为方式决定的，但关键是，父母所采用的教养方式也是由孩子决定的。莫莉漫不经心的态度促使我指出她的错误，否则她永远不会承认这些错误。而 D 的学究作风也同样让人烦恼，这使得我鼓励他活得更自在一点，并试着容忍错误。

3. 如果不分析点什么，两个精神病医生是无法一起喝点什么的。

然而，我要很高兴地告诉大家，自从莫莉在小学一年级时学校的音乐会上赢得无数掌声之后，她开始相信，把钢琴练好是值得的。从那时起，钢琴练习对我来说不再是一件苦差事。从七岁开始，她的钢琴能力已经远远超过了我们这个缺乏音乐细胞的家庭中的任何人，在很大程度上，莫莉对自己的练习负责,她会在自己的激励下勤奋地练习（偶尔需要父母坚持做视唱练习）。所以，尽管我反对在童年时期逼迫孩子数小时地进行音乐练习，但我确实觉得有必要在一开始就大力推动，让孩子掌握基本技能。因为正是这种掌握所带来的成就感，可以让孩子学会这一点：努力和坚持是值得的，这会激励他们愿意继续投入时间练习。而如果父母和孩子过早地放弃，就会得出“努力是徒劳的或无关紧要”的结论，而这对孩子来说是一个危险的信息。

西方的虎爸虎妈通常在哪里出没？

如果音乐考试是中国虎爸虎妈们常去的地方，那么我找到了白种虎爸虎妈们的圣地：芭蕾。

莫莉最近参加了一次芭蕾舞考试。现在，我对芭蕾的态度有些矛盾。尽管我不得不承认，我确实安排莫莉从三岁开始学芭蕾，因为谁能抗拒穿着粉色芭蕾舞短裙的可爱小女孩？我推测，到七岁时，她就会抛弃芭蕾（严格的训练、古典音乐，在我看来对孩子并没有什么吸引力），也许会改学戏剧或街舞，我更喜欢这些，每年我都会建议莫莉考虑一下这些选择。但，不，这位女士喜欢芭蕾。所以我每周尽职尽责地送她去上芭蕾课，给她鼓励；我观看她的芭蕾演出，热情地给她鼓掌。同时暗自心想：她什么时候才能吃顿饱饭？因为我不希望她因为过于追求芭蕾而在青春期出现进食障碍。这是偏见，我知道，也是陈词滥调。但在我看来，芭蕾和进食障碍有关。如果优先考虑的话，我倒更愿意几年后莫莉会和滑板男孩一起出去玩，而不是悲伤地去听谁的演唱会。

在考试那天，莫莉和我就像是疯子一样冲进了考场，因为我们通常都会迟到。莫莉的头发本来是扎成马尾的，但现在全部都散开了。她满头大汗，跑得气喘吁吁，为了避免被严厉的俄罗斯女主角斥责，她不得不一路狂奔。她没有穿紧身裤，而是穿着白色的校袜。那天天气炎热，我们俩都只是往嘴里塞了一些巧克力消化饼干，当我们气喘吁吁地从门里冲进来时，粉色塔夫绸裙子上的饼干渣撒了一地。

在那里，我们遇到了其他女孩和家长。其他女孩（90% 都是高个子，金发碧眼，大腿比我的胳膊还细）都把头发整齐地绾成一个完美的发髻。发胶、发蜡和发卡像钳子一样紧紧抓住头发，以免有一缕发丝脱落。大多数女孩都化了浓妆，她们都穿着紧身衣，而不是饼干屑。天！我是不是遗漏了一份关于着装要求的备忘录？或者，我们应该凭直觉知道这一切？孩子们在走廊里认真地做着精心准备的热身活动，家长们在一旁忙碌地引导着孩子们。与此同时，莫莉站在角落里扇着她那冒汗的鼻子。

“呼！”我说，“今天他们晚了点，所以我们还没错过。我们一路跑过来的，搞得满头大汗。”我试图解释。

其他父母的眉毛高高挑起，对我的错误露出怜悯的微笑，这让我意识到自己恐怕错误地判断了这次芭蕾考试的严重性。还有一件我没有预料到的事：异端裁判所。

“那么，莫莉什么时候开始上芭蕾课的？”

“你确定她去参加了正确的考试吗？她的一些同学参加了之前的考试。”

“我女儿每周上三次芭蕾课。莫莉一周上几次芭蕾课？”

等等。

“我不知道。我们是在别人告诉我们的时候来的。”我只能糊弄地回答。我开始感到困惑，我对一项无关紧要的课外活动产生了过度的兴趣，因为我的孩子对它很有兴趣，我不得不对它充满热情，但我后来对这些问题产生了一种奇怪的熟悉感。我和我认识的其他人以前也问过这些问题。就像中国父母在数学和钢琴考试中互相问的问题一样！

“那么，你的孩子在库蒙学习多久了？”

“你的孩子今年钢琴考几级？”

“你每周给他们布置多少次额外的数学家庭作业？”

如果我的孩子们被要求参加学术考试，我可以用自己的生命打赌，我们会早到，在考场外露营，可能会在自制的某种类型的考试卡上埋头苦读。

我笑了笑。

所以，这是白虎们出没的地方！这确定了我的感觉，不仅仅中国父母咄咄逼人，这一发现让人感到安心。中国人重视学业和音乐成就，而西方人重视体育成就。安德鲁回忆说，他在南非参加国家少年游泳队时，在游泳比赛中遇到类似的父母。他的许多队友都对自己野心勃勃的父母很反感，因此在青少年时期拒绝继续游泳，就像许多中国孩子成年后从不碰钢琴一样。

我确信，朱迪·默里（和任何顶级运动员的父母）在她的儿子们不想训练时，会威逼利诱和贿赂他们起床。然而，她现在被视为国宝。而父母采用类似的养育方式要求孩子的学业，就会被批判。在最初感到被恐吓和敌对之后，我开始平静地与其他父母相处。

小贴士：课外培训的乐趣

确保孩子能从所做的事情中感到乐趣。乐趣，并不是所有的课外培训都应该有教育意义，或者为了彰显身份。在我看来，平衡是关键。多年来，我很幸运能给我的孩子们提供各种各样的机会，包括：网球、足球、象棋、滑雪、陶艺、普通话、街舞、芭蕾、钢琴和游泳。他们被鼓励但不会被强迫继续参加任何课外培训（例如，他们放弃了普通话，虽然我希望他们继续），因为这些生活技能最终是为了让他们享受，而不是我吹嘘的资格。我们必须对课程表做一些限制，因为有些课程过于疯狂。这是在我家经常听到的对话：

孩子：我想骑马。

我：你只有放弃其他课程才能骑马。你愿意吗？

孩子：不。

孩子：我想学体操。

我：你只有放弃其他的课程才能学体操。你愿意吗?

孩子：不。

孩子：我想练空手道。

我：你只有放弃其他东西才能做到。你愿意吗?

孩子：不。

（无限循环）

传递你的爱好

如果说为人父母有什么好处的话，那就是有机会把自己的爱好传递下去。当一个小人儿在做你喜欢的事情，看到他脸上洋溢的喜悦；还有和世界上最可爱的小人儿一起做你喜欢的事情，没有什么能比这更美好的了。因此，我对许多儿童俱乐部和课外班的设置感到非常困惑，在那里，孩子们可以学到从游泳、瑜伽到剪纸和烹饪的一切事物。这些课程通常与成人同类课程同时开设，但分别在不同的区域，孩子在儿童区，这样父母就可以不受孩子的约束去追求自己的兴趣。这就把父母和孩子“休闲时光”分开，就这个行业来说是好事,但我觉得对父母是一种伤害。它满足了疲惫不堪的父母“自我时间”的需要，以及父母拥有“成就卓越的孩子”的渴望，但它剥夺了父母将自己的兴趣爱好传递给孩子的乐趣。

我和安德鲁一起教两个孩子游泳。我并不是很擅长游泳，但能在深水区游泳。在我看来，游泳是一项能拯救生命的技能，孩子学得越快越好。而对安德鲁来说，游泳是一种爱好。他梦想等孩子十几岁大的时候，带他们去希腊度假，在岛屿之间游泳（我将乘船去，手里拿着葡萄酒和杂志）。当然，我内心深处的“虎妈”想要把“玩耍”转变为“游泳”。在莫莉四岁那年的夏天，我设法教她游了五米，然后是十米。无论是她还是我，当她成功做到的时候，都感觉非常棒。她面露喜色，想再来一次，再来一次。我当时就在她旁边的水里（抱着两岁大的D），兴奋地大喊：“我就知道你能行！”有一天，一位私人教练问我谁教莫莉和D游泳，因为他们“在水里很有信心”，而我得意地说“我”。那一刻，我骄傲极了。现在莫莉已经学会游泳，她参加了专业课程来学习和改进她的泳姿，而看着她慢慢掌握游泳的技巧，是我很大的乐趣。

因此，当我的一位游泳高手朋友让我给她家孩子推荐一位游泳教练时，我感到很遗憾。我问她为何不自己教孩子，她回答说：“我不能，我没有资格。”我可以理解为什么她需要专业教练来教孩子游泳或者教孩子游泳技术动作。但就像我们这一代的大多数人一样，我是爸爸教的游泳，我丈夫也是父母教他游泳的。所以，为什么现代父母觉得自己没有资格教自己孩子学狗刨呢？可能是因为许多广告大肆宣传幼儿游泳课需要专业指导，这削弱了父母对自己游泳能力的信心。这真的是非常可悲的时代，孩子被送到专业课程班学习骑自行车和烤蛋糕。因为在我看来，教孩子做这些事情，并和孩子一起做这些事情是做父母的重要标志。或者，如果你讨厌烘焙和骑自行车，那么斯诺克、双簧管、网球、滑雪、诗歌、爵士乐……不要把你的爱好藏在心里，把你的爱好传递下去。

开阔艺术的眼界

我自己的爱好是艺术。虽然父母不让我上艺术学校（在他们看来，那会穷一辈子），但我仍然以绘画、雕塑、做手工和参观画廊为乐。孩子们从小就和我们一起参观伦敦以及其他地方的美术馆。画廊是孩子们的好去处，因为它们常常空间开阔。我的两个孩子通常早上六点醒来，所以在泰特现代美术馆开放前赶到完全没有问题。周末的早晨，明智的人仍然窝在床上（或者刚刚上床——啊！我也曾有那样的时光），画廊里很安静，孩子们可以自由活动。他们的注意力维持时间很短，所以我们永远无法像没有孩子的日子里那样仔细观赏、漫步。但很多画廊都是免费的，所以可以进去随便看一看画，哪怕接着就离开，也完全不会觉得是浪费钱。大多数时候，我让孩子们选择他们最喜欢的花，或者我会说我喜欢什么，我们会仔细欣赏它们。还有些时候，我带上纸笔，他们坐在那里临摹他们最喜欢的画。有时，我们回家后会一起画一幅画，灵感来自我们参观的画廊。许多展览很适合儿童。我记得在D三岁，当他看到达米恩·赫斯特的画时，高兴地大喊："哞！"完全没有因为它被切成两半而感到不安。莫莉在安尼什·卡普尔的展览上看到一尊蜡炮，她低声说："妈妈，有人想炸毁这里。"

当然，并非总是阳光和玫瑰。很多时候，我不得不拽着生气的孩子，抱着睡着的孩子，或者用礼品店里的磁铁贿赂哭哭啼啼的孩子，但当你后来发现他们可以谈论"凡·高的向日葵"，或说他们最喜欢的艺术家是康定斯基，喜悦之情会溢满你的内心。现在很多画廊都有很棒的家庭日，父母可以和孩子们一起制作艺术品，或者至少在旁边陪着他们做，而且这些项目通常都是免费的。当我听到孩子们说“我爱艺术”，看到他们满怀信心地从自己的想象中创造东西，我感到非常满足。我也梦想着在不远的将来，因为我把自己的爱好传递给了他们，我们可以一起去托斯卡纳进行绘画之旅。

审视优越感：为什么孩子应该学会感激他们的幸运？

除了课外活动和兴趣班，孩子的态度无疑是由他们的日常生活塑造的。我的孩子很幸运，在伦敦一个令人向往的地方长大。在这里童装童鞋设计师、儿童玩具设计师和儿童排队设计师处处可见，以至于对于我来说显得有些疯狂，毕竟我的整个童年都在向朋友求乞一分钱的糖果，用麦片盒做国际象棋。偶尔我也想知道，所有这些优越感是否也带有其扭曲的价值观。

我想起莫莉三岁的时候和朋友在超市外面开儿童车找我们要钱的那次经历。她的朋友很高兴，说她要开车去看电影。莫莉带着孩子气的沉着说：“我要开车去剧院。”她朋友的母亲对我扬起眉毛。啊，当时我感到既骄傲又尴尬。公平地说，在那个特定的时刻，莫莉去剧院的次数的确比去电影院次数多（但我说的是《老虎来喝下午茶》，而不是契科夫的《海鸥》）。所以这不是她的错，但，这透露出一股优越感。

还有一次，莫莉和 D 同他们的朋友玩玩具雪橇。他们假装雪橇是一架飞机，收拾好行李准备去度假。他们的一个朋友哭着说：“我们要去马尔代夫了。”“不，去圣卢西亚。”另一个说。好吧，为什么不可以呢？之后，因为莫莉和D想要在飞机上卖食物给他们，几个孩子打了起来。其他人说不需要花钱买，因为飞机上的食物是免费的。而莫莉和D说，你们吃了，就得付钱。我知道问题出在哪旦了……

儿童派对

儿童派对是另一个可以无限度投入的场合。让自家孩子的派对胜人一筹似乎是最重要的事。我们参加过在健康水疗中心举办的儿童派对，派对邀请了马戏团的演员们来表演。而我的孩子们的派对毫无例外都是花销很小但气氛不错的，来表演的要么是装扮成海盗的安德鲁，要么是一位被我用酒水贿赂来弹吉他唱歌的朋友。我告诉你，大多数孩子分辨不出来！别管这些派对了，我也不喜欢给孩子们买礼物。邀请我的孩子们参加派对的孩子如果能从我这里得到一个小的玛丽莎 & 道格的木质拼图，那他们就很幸运了。所以，我们只给了对方带了一个小的玛丽莎 & 道格的木质拼图，回家的时候包里却装着一个更大的玛丽莎 & 道格拼图，还有糖果、铅笔和一件夹克，这真的是让我相当尴尬！换成一块蛋糕和几便士的糖果会怎么样……

当然，我很高兴，我的孩子们生活的世界如此丰富多彩，他们有幸能体验到生活中各种美好的事物，但我同样也希望他们知道努力工作是一切的基石，不要把这一切视为理所当然。我相信，我自己不那么优越的成长环境让我的生活不受“经济衰退”的影响，这是一个很大的好处。我看不出公立小学、廉价航空公司和露营度假有什么不妥，我也不认为麦当劳是一种罪恶的快乐。这意味着我赚了钱就可以真正地享受它，而不是以被期待的某种方式去花。而且，我知道，童年的快乐并非由物质财富所决定。我在十几岁的时候靠照看孩子攒钱，早上五点排队，为自己能抢到温布尔登网球公开赛的门票而高兴不已，而现在我昂首阔步地走进亨利球场的管事区喝香槟。我听说一些受经济衰退影响的家庭把在廉价超市购买的产品包装成维特罗斯超市的产品，以在买不起的时候玩“攀比”游戏，这样的消息让人感到难过。不仅仅是因为它假定贫穷在某种程度上是不好的，而且还因为羞耻感和认知失调是心理健康不良的先兆。

传递价值观，以及价值观的价值

在传递我们的兴趣和爱好的同时，我们（有意无意地）也在传递我们的价值观。我将在下一章更详细地讨论这个问题，这一章将着眼于如何帮助孩子形成一种强烈的认同感。我的父母教导我要为自己感到骄傲，为我的出生感到骄傲，为我不那么富裕的家庭感到骄傲。不过在青春期，也不免有让人感到极为难堪的时刻。比如，有一次，我的父母——他们从来，甚至现在也不会在博物馆和艺术画廊购买食物，因为觉得它们的价格简直是敲诈——让我坐在梅菲尔区（伦敦上流住宅区）附近的皇家艺术学院的台阶上，吃自制的午餐。这有什么错？我听到你在哭？嗯，我妈妈包了粽子，绝对的美味，也方便携带。但是想象一下我们的样子，一个散漫的中国家庭坐在辉煌的皇家艺术学院的台阶上，舔掉别提有多大的叶子上的米饭！我们这可能是在助长偏见和仇恨。

有人可能会想，作为一个成年人我会努力避免这些童年经历，发誓永远不会让我的孩子遭受这些痛苦。但相反，这些是我童年最喜欢的记忆——我的家人做他们喜欢的事情，而不担心别人会怎么想。因此，如果你在蒙特塞拉特宏伟的西班牙修道院外，看到我的孩子们从纸巾袋中拿出火腿芝士卷吃（打包自酒店的自助早餐），可能不会惊讶。谁会在度假的时候还给食物裹上保鲜膜？请想象一下，当我发现高档酒店里给你的小塑料带正好适合装一个迷你法棍面包卷时，我是多么高兴！

此外，我有意识地决定把我的孩子送进公立小学，尽管我们已经凑足了送他们去预科学校的钱。我的理由是，由于我们将来可能会把钱花在他们的教育上，如果他们希望的话，也许他们可以享受不少优越感，但对我来说，重要的是让他们经历一个像我一样“正常”的童年。在孩子们成长的过程中，我希望他们能像我一样，明白幸福并非印在钞票上，好朋友可能来自同一个住宅区，也可能来自转角处的豪宅，美好的时光无价。

因此，有一天莫莉的抱怨让我深感忧虑。她说：“我们的房子太小了，我朋友的房子要大得多，而且他们家有一个大花园。”实际上我们家的房子大小正合适。不久之后，在我们去南非度假拜访安德鲁的家人时，我特意带莫莉和D参观了路边的棚屋。“你看见那些在踢球的孩子了吗？那是他们的孩子。”我指着一件小铁皮棚屋说。“不，不可能，你在开玩笑。”他们说。他们花了一段时间才相信我所说的，我回答了他们所有的问题，我想他们彻底明白了。

我希望这次的经历，以及此后许多类似的现实检验类对话能让他们脚踏实地。

传授价值观的价值

在上次大选期间，议员特里斯特拉姆·亨特询问一名小学生：“你在选举中支持谁？”男孩回答说：“英国独立党，因为我想让移民们从哪里来回到哪里去。”这个答案让他大为震惊。这么小的男孩不可能研究分析过他所说的话，并形成自己的社会政治理解，最有可能的是，他是从字面意义上重复家人的观点。这表明，单靠学校和公共项目无法令人信服地传播包容和团结的信息，还需要来自家长和家庭的支持。由于父母和孩子之间价值观的渗透是如此之强，我们有责任对我们传递给他们的信息保持高度的警觉。他们不仅会模仿我们表达得很明确的想法，还会从我们的言行中拼凑出他们推测的我们的想法。孩子们并非只是从社会中汲取政治正确的想法，如果缺乏明确的解释，他们往往会自己得出歪曲的结论，所以非常有必要和孩子们进行观点和价值观的解释和讨论。

我绝不是要求其他人接受我的观念和价值观（如果那个男孩说“因为移民加重了国家公共服务的压力”，那么尽管我们观点不同，但我会尊重他的这一观点），而只是希望父母审视自己的言行，并意识到这些言行是否准确地代表了他们想要传递给孩子的价值观。我个人的观点是，如果成年人和儿童学会宽容、爱、好奇心、接纳和开放的价值观，而不是偏见、仇恨、冷漠、抗拒和僵化，他们会更快乐，心理也更健康。这是我尝试教育孩子的方式。

纳尔逊·曼德拉和绿色 M&M

有一次我和安德鲁带着孩子开车穿过开普敦，孩子们坐在车的后座上，一包 M&M 巧克力糖让他们安静下来。在某一刻我们经过奴隶旅馆。

安德鲁：看，孩子们，那是奴隶旅馆。

莫莉：什么是奴隶？

安德鲁：是没有自由、属于主人的人。在过去，曾经有人是奴隶。但这是错误的，现在没有奴隶。

我：嗯，有现代奴隶制。

安德鲁：是的。但规模不同，而且本质很不一样。

我：还有，在南非，曾经有一种叫作种族隔离的制度，这种制度也是错误的、不平等的制度。

安德鲁：那就不一样了。这与奴隶制无关。

我：我知道，但这仍然是对人民的压迫。我们现在正在南非，我认为孩子们应该了解这个国家重要的近代史。

安德鲁：好吧。当爸爸还是一个小男孩的时候。政府曾有一套根据肤色来区分人的系统。白皮肤的人得到最好的土地和最好的工作，而其他肤色的人必须为白皮肤的人工作。

我：是的。如果那个制度还存在的话。你们两个就不会来到这个世界。因为我的肤色不同，所以不允许你爸爸娶我。这个制度很愚蠢吧？

我们在前排座位享受这一刻。看看我们，正在将复杂的政治简化成孩子可以理解的语言。

安德鲁：当时有一位名叫纳尔逊·曼德拉的人。还记得在他去世的时候，大家在学校集会中谈论他吗？

我：他是一个非常重要、非常善良的人。你们的爸爸以前见过他。

安德鲁：他支持肤色较深的人，而且终止了那套愚蠢的制度。

我：是的。但在那之前有很多暴力和暴行，他还曾被关进监狱。

安德鲁：哦，是的。你想要深入讨论这些吗？

我：是的。重要的是他们得了解这个国家的历史，而不仅仅是海滩和美丽的风景。

安德鲁：好的……

接着安德鲁简短介绍了一段种族隔离史，我也插入了一些有用没用的话，做了一些有用没用的纠正，足足持续了半个小时。

安德鲁：事情就是这样。

我们正在为自己完成了详细的政治和历史教育课而沾沾自喜。

莫莉对 D 说：我更喜欢绿色的 M&M 豆，你呢？

我养了个法西斯分子吗？！

其他试图培养社会道德感的尝试也失败了。有一天，我开车送孩子们回家，看到一个非洲裔男子满头大汗地用一根铁钩子疏通池塘里密集的藻类和水草。“这是怎样可怕的工作啊！”我发出一声感叹。这是一个陈述句，而不是一个疑问句。所以我并没有期待得到任何回答，但令我吃惊的是，过了一会儿，一个微弱的声音从后座喊道：“他应该回到他来的地方去。”

我吓得差点撞了车。我很确定，我相信那句话会伤到这个国家每一个少数族裔的心，也会烙进许多白人的心里。在我成长的过程中，在校园里，人们常说：“滚回你的老家去！”（有趣的是，考虑到我的父母热衷于教我科学，而不是社会学和政治，有一段时间，我认为人们希望我爬回母亲的子宫。）我以自己的自由主义倾向而自豪，我到底做了什么，养出了一个会这样谩骂的孩子？

“你这话是什么意思？你为什么这样说？”我试探地问道。我脑海中闪过这样一幅画面：我要假装和善地责备她的朋友、朋友的父母、老师、保姆，以及任何她可能在没有我监督的情况下接触并用这些右翼观点污染她的人。

“因为你所说的话。”

“什么？什么时候？”我追问她，我确信我从未有过这样的想法。

“两周前，当我们在做数学作业的时候。”

她这句话让我面无血色，我回忆起我们两周前的对话：

莫莉：我为什么一定要这么做？

我：因为这是你的家庭作业。

莫莉：是的，但这太无聊了。我们为什么要学数学？

我：因为如果你不学数学，不学阅读，你就找不到好工作。你最终将不得不打扫洗手间。

莫莉：这是不是意味着赛义德既不能阅读也不会数学？

赛义德是学校的清洁工。必须要赶紧修正。我能想象得到莫莉小声地和同学们说："我告诉你们，她不会读书也不会写字，所以她就只能打扫厕所。"太可怕了！

我：不是这样。赛义德很聪明，但她不是在这个国家长大的。她可以读书、写字，数学也很好，但只能用她自己的语言。她搬到这里之后，因为她无法很好地用英语读写，这是她不得不打扫学校的原因。

莫莉似乎接受了这个解释，所以我大松一口气，和她一起完成了作业。

但从这段无知的谈话中，莫莉推断从其他国家搬到这里来的人，应该回到自己的国家，以便有更好的工作。所以当她看到那名非洲男性在做一份很辛苦的工作，她觉得由于语言可能是他在这里找到一份"好"工作的障碍，他回到"自己的国家"会有更好的工作机会。

由此，我得出一个结论：向孩子们解释社会问题太难了！

随便什么时候都可以问我一些科学问题，比如"彩虹是什么？"（白色的光被菱柱形的雨滴分解成复合色）和"为什么草是绿色的？"（叶绿素）。但如何解释社会不平等、贫困、种族主义？太难了！让我略感放心的是，至少莫莉不是个有偏见的人。我想到还有许多其他难以回答的问题（比如，她为什么认为深色皮肤的人不是来自这个国家），不由得想要退缩。还有很多可能出现的问题，比如，要求解释世界财富的偏态分布，移民问题、外交避难、社会阶层和种族主义，真的是很难啊！

总有一天我会向孩子们解释清楚的，我只是需要想想应该怎么做……

小贴士：启蒙运动

向你的孩子解释这个世界。这个世界是一个令人困惑的地方，孩子们会受到来自老师、朋友和媒体的各种各样混杂的信息，也会解读他们自己的生活经历。尽管我们可能认为年幼的儿童对政治不感兴趣，或者不应该受到政治的影响，但不管我们喜欢不喜欢，社会和政治方面的事情都会影响他们，无论是通过老师的罢工，还是操场上听到的有关种族歧视的谩骂。帮助你的孩子以一种平静、公平和明智的方式理解和解释事情及其原因，允许他们问问题，承认你并不知道所有的答案，可以帮助孩子开始理解这个社会，发展出他们自己的观点和态度。

给他们光亮，让他们带路。有时候，我们这些做父母的倾向于认为，基于我们多年的生活经验，我们无所不知。其实，我们的孩子可以教我们很多东西，我希望随着年龄的增长，我能从中受益越来越多。

我的父母成长于一个非常保守的时代，一个相对保守的地区。当我奶奶第一次来英国看望我们时，她一想到要见一个“黑”人就不寒而栗，因为她以前从未见过活生生的黑人，只在电视上看见过，而在电视里他们往往都被描绘成流氓和歹徒。多年来，我父母坚持认为男孩乔治是个女孩。几十年来，他们的三个孩子接连不断地指责他们是种族主义者、性别歧视者，以此希望他们能变得开放、包容。令我感到相当自豪的是，我的父母现在已经成长为一对宽容的夫妇，他们为面临家庭暴力的女性挺身而出，对中国台湾导演有关同性恋牛仔的电影(《断背山》)而哭泣。我期待着有一天,我的孩子们在爱、团结和开放的氛围中长大，会为我指明未来的道路。

本章总结

孩子的外层——他们的态度、观点和课外兴趣——也许是最直观的。随着孩子的成长，这些东西会根据自己的兴趣和个人生活经历自然地发生改变和发展，但在人生的最初七年，这些是被我们塑造的。在鼓励孩子的创造力时，没有绝对的对错之分。但我认为父母应该抓住在孩子早年这个绝佳的机会，把自己的价值观印在孩子身上。如果这些变得根深蒂固，父母可以永远影响自己的孩子。虽然我在青春期时常感到被父母弄得很尴尬（这种事情常常发生），但成年后，我却用纸巾包着自制的面包卷；我试图效仿他们，而不是与他们断绝关系。他们赢了，他们永远影响着我。

也许你相信，无论你做什么，孩子们在成年后都会走向同样的终点。由于缺乏任何反事实的证据，这一点很难反驳；但我的观点是，如果人生是一段旅程，你的结果就是你的目的地，基因会把你送到机场。如果你幸运的话，它是伦敦城区机场；如果你不那么幸运的话，也许是卢顿机场公园路。养育为你提供了一个背包：它可以是个空背包，你也可以在里面装满地图、餐厅、酒店点评、旅游指南、有意义的书、指南针、一保温瓶的热可可和一袋巧克力曲奇。它可能不能满足你全部的需要，但它确实能帮助你。

最终，你走向何方，将取决于你自己。

Chapter 8

第六层：身份认同感
为什么熊妈妈要穿围裙？

“熊妈妈一定要穿围裙”

在预备班，莫莉在她的班会上扮演熊妈妈，学校要求父母准备服装。我和莫莉去看她的化妆游戏盒，看看能找到什么。棕色的长袖T恤，棕色紧身裤，粉色裙子。很好，很好。但这些只是普通衣服，给熊妈妈加点装扮，让她更像个角色怎么样？

这是我们的对话。

我：我知道，我知道（兴奋地），熊妈妈去当医生怎么样？那样你就可以背上这个包，把听诊器挂在脖子上？

莫莉：但是熊妈妈穿着围裙。

我：她不必一定如此，她可以成为一名医生。或者，我知道，你可以穿上消防员的服装，熊妈妈也可以成为消防员。

莫莉：熊妈妈穿着围裙，因为她需要煮粥。

我：你确定吗？也许熊爸爸煮了粥？你爸爸有时候也会给你煮粥和做煎饼。

莫莉坚持道：在学校的书里，熊妈妈煮粥，还戴着围裙。

莫莉穿上围裙。

这是我为打破社会上普遍存在的性别偏见而进行的一系列的失败尝试之一。

第一次尝试是在莫莉三岁生日之前，当时托儿所决定整整一周都让孩子们穿着化装舞会的衣服。当我看到可怜的孩子们整整一周穿着同样的蜘蛛侠睡衣，被看上去很不高兴地赶着去上班的父母送到托儿所，我觉得这真是托儿所开的一个虐待狂式的玩笑。我发誓，我们至少尝试了五种不同的服装，不管效果是多么糟糕。莫莉在当时还不到三岁，但当时我并未赢得粉红蓬蓬裙战争。第一天，她装扮成一只猫去了。她戴上一个泡沫的猫的面具——来自她过去参加的某个派对，穿着黑色长袖 T 恤和黑色紧身裤。第二天，我决定让她去当海盗。她穿了一件印有骷髅头和交叉骨的套头衫，一条牛仔短裤，还用手帕包着头。我半强迫地让她穿上了这套衣服。她很不高兴。

莫莉：我不想当海盗。他们是男孩。

我：不，有女海盗。海盗不只是男孩的专利。

莫莉：没有任何其他女孩会做海盗。

我：嗯，做个与众不同的人挺好。

我已经把她送到了门口，但她拒绝跨过门槛进入外面的世界。最后，她泪流满面哭得瘫倒在门口。

莫莉：为什么我不能像其他人那样做个公主呢？

这对我这样的女权主义者来说也太过分了。难道我真的要基于我自己的意识形态强迫我女儿做一些违背她意愿的事情吗？我让她去当海盗，但答应第二天她可以去当公主，这就是粉红蓬蓬裙之战失败的原因。

第二次尝试是莫莉想要一个粉红色的听诊器作为她四岁生日的礼物。我去玩具反斗城买了这个听诊器，却发现他们唯一的粉红色听诊器是挂在护士制服上的。与此同时，医生的服装上挂着的是蓝色听诊器，十分华丽。毫不夸张地说，我在这些戏服面前站了好几个小时，犹豫不决。是该买医生的制服，鼓励她打破一些性别成见，这样她也许会渴望成为一名像我这样的医生，还是这只会导致她在生日那天流泪、尖叫，带来许多麻烦？最后，她生日那天没有眼泪。

第三次是莫莉和 D 一起玩耍的时候。

莫莉：你当医生，我当护士。

我：等等，为什么 D 不能当护士，而你当医生呢？

莫莉和 D 异口同声地说：因为医生都是男孩，护士是女孩！

我：（无法相信这样的事情发生在我的家里）不，并不是这样。我是一名医生，而我是一名女性。

莫莉和 D 默默地看着我，思考着这个令人困惑的难题。

莫莉：是的，但是他想当医生，我想当护士。不管怎样，护士的制服有一条裙子，所以是给女孩穿的。

该死的玩具反斗城！我就知道我不该买那个粉红色的听诊器。

正因为这些事，我觉得我不能写一本没有性别中立养育和父母一章的育儿书，我对这个问题非常有兴趣。随着我们进入双收入家庭和同性父母的新时代，我们这些“育儿专家”也需要适应这种新的情况。首先，我们需要停止对母亲的抨击（“冷若冰霜的母亲”“足够好的母亲”“精神分裂症源性母亲”“母亲的内疚感”——这些术语均为我的专业前辈们所创造），并创造一些新的说法。的确，哪怕是在双收入家庭，母亲仍然承担了大部分的养育工作。然而，儿童精神病学家、心理学家和其他在养育子女方面有发言权的人应该带头指出，我们前辈所倡导的母亲（相对于父亲）在养育中起到关键作用缺乏科学证据基础。同样，男孩和女孩应该作为个体而不是按照他们的性别来抚养，因为我们在养育和教育方面无意识的偏见可能会产生深远的影响，阻碍男孩和女孩的潜力。我认为，男孩和女孩比我们所认为的更相似，为他们分别制定养育策略的时代应该成为历史。

为孩子撕掉“性别标签”

我把我所取得的所有学业上的成功都完全归功于我没有兄弟这个事实。我父母那一代人都非常渴望有个儿子，而没有儿子意味着我父母别无选择，只能把希望和抱负寄托在我们三个女孩身上，培养和提升我们的能力，就像我们是男孩一样，因此，我们能做任何事情。我父母很少直接为我们做事情，而是教我们如何为自己做事情，从做饭到更换插座的保险丝。我们被鼓励独立而不是依赖。在我们上小学的时候，父亲花时间教我和姐姐们计算机编程和电子技术应用。我对这个方面不感兴趣，但我姐姐们继续在顶尖大学学习工程学和数学。如果我们有个兄弟，我相信情况就不一样了。他会成为那个受到鼓励、背负家族重任的人，而我们女孩子就只能去培养一些消遣了。不幸的是，和我一样，我的父母不能完全反抗社会规则，除了鼓励我们在学业上参与传统上由男性主导的学科，我们仍然被要求做饭、打扫卫生、举止端庄、照顾父亲。

在性别偏见不那么明显的西方社会，人们往往认为根本不存在这种问题，但当你更仔细地审视行为时，你会发现基于性别的养育仍然很普遍。现实是，我们都是有罪之人：从我们购买的玩具到我们的兴趣爱好、我们的期望、我们接受的行为、我们选择做的活动、我们所欣赏的行为和我们自己日常的言行举止。

即便我们认为自己持性别中立态度或试图保持性别中立，往往也不是，因为性别偏见是如此微妙。有多少男孩的父母会积极地去玩具店给他们的儿子买一个娃娃、一辆小折叠式婴儿车和一个奶瓶？有多少女孩的父母曾这样做过？从我对我认识的小男孩的卧室的观察来看，很少有专门给男孩买娃娃的。父母会辩解："哦，这是因为他从来对洋娃娃就不感兴趣。"然而，据我从小男孩和他姐姐一起玩的经验来看，大多数孩子都喜欢在学前班的时候玩娃娃（在同伴压力到来前）。而且，如果你鼓励孩子玩娃娃，很自然地你会鼓励女孩子这样做。这只是众多例子中的一个。你曾多少次称赞你女儿长得漂亮？又称赞过几次儿子漂亮呢？有多少次，你责备女儿把衣服弄脏了，但却允许儿子把自己弄得脏兮兮的？你曾多少次在称赞你儿子数学能力的同时，表扬你女儿的社交能力？有多少次，你坚持和女儿一起做一对一的手工活动，哪怕她感到很无聊，最终都是你自己做了，而你却说你儿子没有耐心，带他去公园里跑步？在孩子的生日派对上，你有多少次给男孩买乐高作为礼物，而为女孩挑选手工珠宝套件？至于最后一个问题，我可以告诉大家，在最近一次为我的孩子们举办的联合生日派对上，莫莉的手工活动总分为 5/20，乐高为 0/20，而 D 的乐高总分高达 8/20，而手工活动为 0/20。我们都或多或少地延续了上述性别刻板印象（正如我自己）的存在，甚至连想都没想过为之感到内疚。

无意识的性别偏见随处可见

已有人对学界和职场女性的这种无意识的性别偏见和缺乏晋升空间进行了研究，研究结果认为这是科学领域缺乏女性参与的原因之一。伦敦国王大学的无意识偏见训练将无意识偏见定义为“我们无法有意识控制的偏见。这些偏见自动产生，是大脑根据我们的成长背景、文化环境和精力，对人和情境做出的快速判断和评估”。该领域一项重要的研究强调了无意识偏见可能导致的不平等程度。这项研究分别要求男性和女性学术领导人评估申请科学实验室负责人职位的申请者。完全相同的申请表递交给了127位评审人，但一半的申请人名字是约翰，另一半是詹妮弗。尽管申请表的内容完全相同，但评审人认为约翰明显比詹妮弗更适合这个职位，他们还为约翰提供了更多的资金和指导。这些实验表明，要实现真正的性别平等还有很长的路要走。

我认为这些无意识的偏见不仅发生在工作场所。因为它是无意识的，所以它们渗透到我们生活的方方面面，包括对孩子的养育。早在“詹妮弗”面临就业歧视之前，父母、学校和社会就已经对她进行了长达二十年的基于性别的“大脑塑造”，这本来就限制了她申请科学实验室管理负责人职位，对吗？

在第5章中，我们讨论了“行为管理”作为一种育儿技巧，通过有区别的鼓励、奖励和表扬来塑造孩子的行为。事实上，这种方法可以帮助孩子做任何事情，从集中注意力到吃蔬菜。如果父母受无意识性别偏见的影响，那么就会根据无意识的性别偏见鼓励、奖励和表扬孩子，那么我们就会无意识地把孩子培养成性别范式。如果在不同的环境中（例如，家庭和学校）都对相同的行为给予一致的奖励，行为管理就会更加有效。性别范式的关键信息几乎普遍一致。

以下是一些常见的性别期待：

女孩：漂亮、行为端庄、乐于助人、谦虚、善于倾听、善良、干净、善于交际、温柔、善解人意、会安慰人、喜欢支使人、恶毒、蛮横、有创造力、喜欢语言和沟通、敏感。

男孩：充满活力、吵闹、注意力有限、活跃、喜欢运动、喜欢户外活动、擅长数学、喜欢打闹、有野心、厚脸皮、脏、坚定自信、固执、善于分析、勇敢、直率。

一致性使传递的信息更加有力，以至于会认为不一致是一种病态。在诊所里，我发现很多不快乐的女孩有更多的“男孩特质”，而很多不快乐的男孩有更多的“女孩特质”。这些孩子经常感到悲伤、孤独、被欺负和被排斥，因为他们不符合社会期待。这一现象是如此普遍，以至于当我们开始能够公开谈论这些问题时，因性别认同问题前来诊所的人激增。然而，这是孩子们的问题，还是我们作为一个社会，对他们进行分类的方式有问题？只有通过将我们无意识的性别偏见意识化，我们才能以儿童为中心，而不是以性别为中心与孩子互动。如果从出生时对待他们的方式就与性别无关，那么女孩和男孩会有多大不同？

当我的中国女儿认为她金发碧眼

我在这里绕个弯子谈谈种族差异。这看起来可能很奇怪，但有一点可以肯定的是，即便是近些年，不同种族的人也仍然受到区别对待，哪怕是当今时代，无意识的偏见可能在种族和性别方面都很普遍。

种族和肤色是一个棘手的话题。作为一位移民到英国的人，我也曾经历种族主义歧视（尽管比较温和），这引发了我对种族认同的一些思考。我希望我的孩子们尽可能避免这种“身份危机”，我也觉得自己可以处理这方面的问题。但和所有与孩子有关的事情一样，这并不总是完全按计划进行。

大多数父母很自然地把自己的童年经历作为一个参照点，包括做什么以及不做什么。在从中国台湾移民到英国后，我的种族在我的成长过程中有时候会成为一个问题。众所周知，移民与心理健康密切相关，因为移民者承受着离开原有社会支持网络的压力，在新的国家感觉自己像个局外人，要么感到自己“不属于”这里，要么觉得“不被接受”。背井离乡的压力给我父母造成的困扰远胜于我，但我确实有时会有“缺乏归属感”的感觉。虽然我在很大程度上已经英国化，但我的外表显然是中国人，这让我困扰了很长一段时间。我记得在我十岁时，有一次我紧闭双眼，非常希望当我再次睁开眼睛的时候，我的皮肤变成白色的。我不想改变我是谁、我的家庭，只是想改变我的肤色。并非因为“中国佬”之类的嘲讽，也不是因为有人经常对着我模仿武术动作，这些我都能反唇相讥，而是因为无处不在的刻板印象。

无论对错，我觉得所有“中国人”（实际上包括从日本到印尼的任何东亚民族）都被视为“书呆子”是非常不公平的。我遇到的每一位老师和雇主都说我“认真负责”。为什么他们不直接说“有效率”呢？“有效率”和“认真负责”有相似的部分，但不包含“努力”的意思。我觉得这其中存在一种偏见，即人们认为聪明的白人孩子“天生聪明”，而聪明的中国孩子“工作努力，但除了工作之外什么也不做，所以有些无趣”。

现在比过去好多了。Susie Bubble（红遍伦敦的华裔时尚博主）、Jemma Chan（英国华裔女演员，毕业于牛津大学伍斯特学院）、Alexa Chung（华裔演员）、Gok Kwan、Myleene Klass（歌手）、刘玉玲（Lucy Liu）、Devon Aoki（模特、演员）和我的老朋友黄瀞亿（Ching He Huang），都经常在屏幕上展现亚洲的风采。我认为，如果是这个年代我在伦敦长大，我不会因为自己是中国人而感到有问题。但在我成长的年代，电视上的中国人都是身着奇装异服的彼得·塞勒斯。一位印度朋友也谈到他所遭受的类似的刻板印象的问题，他说《夺宝奇兵 2》是他最讨厌的电影，因为在他就读的伊顿公学，他总是因为吃猴脑而受到嘲笑。有趣的是，同样也是在最有优越感的环境中——剑桥大学，我经历了最无知、最小心眼的种族刻板印象。人们经常评论我的英语有多好，但疑惑我怎么会有中国口音，我回答说：“伦敦北府（实际是说伦敦北部），不是吗？”还有人觉得我喜欢“羊肉饼”很奇怪：“我以为中国人只喜欢米饭！”这些都不是我杜撰的！我那可怜的就读于伊顿公学的朋友也好不到哪里去。他与一个校友去尼泊尔徒步旅行，回国后，这位校友告诉他说，家人误把他当作“拿行李的雇工”。这证明，对一些人来说，即便是伊顿公学和剑桥大学的教育也不能阻挡肤色带来的偏见。

我曾非常忌妒我的一位罗马尼亚的朋友，尽管她也是移民到这个国家的，但由于她的金发碧眼和欧洲名字，她成功地把自己伪装成典型的英国玫瑰。她从未被人问及过罗马尼亚，也不曾被人用“我认识一个罗马尼亚……”这样的话搭讪。这让我感到皮肤颜色在这里很重要，因为尽管第二代东欧移民将完全被当作英国人接纳（如果他们的名字没有暴露的话），而我的孩子和孙子们可能并不会。

在给莫莉和D起名字的时候，这个想法一直萦绕在我心中。作为混血儿，他们是肤色“含混”的种族。我想让人们记住他们是谁，而不是他们的名字或肤色代表的意义。他们使用主流的欧洲名字，用的是我丈夫的欧洲姓氏。因此，除非他们愿意公开自己中间的中文名字，否则没人能在报纸上看出他们不是欧洲人。这完全是一个经过思考的决定，因为即便我们生活在一个开明的时代，即使在像伦敦这样的大都市，我认为种族和肤色仍然被赋予了意义。

我非常重视向孩子们灌输文化自豪感和认同感。他们被告知自己是中国台湾人，并在学校文化日自豪地穿上中国服装。他们经常吃中国菜，他们去过台湾，他们经常和在伦敦的台湾祖父母共同生活。他们认同自己是中国人。

听起来是不是很不错？我的计划奏效了。知识、意识和对自己民族根源的自豪感，并且保留了必要时隐藏在完全“欧洲化”的面具后的可能性。

接下来发生的事完全出乎意料。首先是关于迪士尼公主的讨论：

我：你最喜欢的迪士尼公主是谁？

莫莉：睡美人或者灰姑娘。她们是最美的。

我：我喜欢茉莉。

莫莉：我不喜欢她。

我：为什么？

莫莉：因为她穿裤子。

我：（哦，这和时尚有关，而不是和种族有关）好吧，那木兰呢？你看起来最像木兰。

莫莉：不，我不像她。

我：是的，你像她。

莫莉：不，我不像她。

我：你有黑头发，木兰也是。

莫莉：不，我的头发是黄色的。

这并非独立事件，类似的事情还在继续。在预备班毕业的时候，莫莉六岁的小伙伴送给她一个看起来像中国女孩的芭比娃娃。

我：这很好呀，她送给你一个中国芭比娃娃。

莫莉：她怎么知道我是中国人？

我：因为你看起来像中国人。

莫莉：不，我不像。

我：你有黑头发。

莫莉：不，我没有。

我：你的皮肤是黄褐色的。

莫莉：不，不是那样的，我的皮肤是浅色的。

我：（这到底是怎么回事？）沉默。

在一年级时，莫莉制作了一条茶巾——上面印着每个孩子的自画像，当我看到她给自己画上了一头金发时并不感到吃惊。我没想到的是，和她关系要好的金发朋友们画上的都是黑色的头发，这让我松了一口气。也许莫莉把自己塑造成金发碧眼与种族无关，而是与身份和归属感有更深层次的关系：想和她的朋友们一样。我突然想到我可以从中学到的东西：这种差异存在于观察者的眼中，当我们试图寻找相似点而非差异时，我们总能找到它——无论多么不可能。

从科学的角度来看，人们过去花了大量的精力寻找不同种族之间的差异。我很惭愧地说，学界的前辈们曾发表过几篇关于高加索人在智力和身体上比其他种族优越的论文。这样研究基于头骨大小和形状、智商测试以及其他各种“基于科学的数据”。这项研究的信度基于皮肤色素沉淀的明显差异。天啊，要知道不同种族之间的肌肉结构、血液和骨髓类型都存在差异，所以种族差异肯定很真实也很重要，应该由它决定社会政策。人们就是这么想的。

然而，在更开明的时代，我们乐于忽略这些细微的差异。似乎理智占了上风。就像莫莉和她的伙伴们一样，当人们寻求相似之处而不是不同之处时，毫无疑问，也会找到相似之处。

打破性别偏见，男孩和女孩比你想象的更相似

所以，性别是否也同样如此？我们不再说“你不能成为总统，因为你是黑人”，那为什么我们还要说“你不能照顾孩子，因为你有阴茎”？

是的，是的，我受过医学训练，因此很清楚人类男性和女性在基因、解剖学和荷尔蒙上的差异。作为一名对基因—环境相互作用感兴趣的科学家，我提出如下问题：

1. 测量发现的性别差异有多少是基因 / 生物因素上的，而不是社会有意识或无意识塑造的？

2. 性别差异是否足够大，以至于我们需要在家庭、学校和职场中对男孩和女孩采取完全不同的规则？

事实上，男孩和女孩的差异性并没有你想象中那么大。

儿童的性别差异要小得多。对于七岁以下的儿童来说，性激素的雌激素和睾酮还没有开始发挥主导作用，这个年龄段的男孩和女孩比其他年龄段的男孩和女孩更相似。男孩仍然可以唱出高音，女孩可以不受身体发育的阻碍自由奔跑。然而，从他们出生开始，父母、学校、媒体和整个社会便以不同的方式对待他们，等他们到了快七岁时，这种差异就会显现出来。

如果你寻找差异，就会发现差异。我有几个朋友和我说——女王广场的

神经学家和神经放射科医生约翰·拉德克利夫（毕业于牛津大学）——如果他们拿到一个大脑或大脑的磁共振成像扫描图，他们无法分辨它是属于男性还是女性。然而，我们总是被告知男性和女性大脑存在巨大差异。几乎每一篇有关医学的科研论文都会报告性别差异。作为一名科学家，我知道数据分析的第一步是报告样本的性别，以及性别带来的影响。每一份针对人类样本的科学出版物，都在大力寻找性别差异。科学家们被训练得像是寻找松露的猪一样，去嗅出并带回我们所知道的隐藏在统计数据中的性别差异。有时有，有时没有。如果你发现了性别差异，你就会写入文章；如果没有，那就毫无意义，不值一提。这是一种伪科学，这是本·高达克所提的出版偏见，一种不断报道性别差异的偏见。如果我们要绝对公平地对待这件事，我们应该列出一个巨大的清单，上面写着男孩和女孩之间所有相似之处与差异之处。我非常肯定，相似之处将远多于不同之处。

有重叠，并非是完全不同。无论你想说哪一种差异，语言能力、社交能力、看地图能力、速度、力量等，即使这些差异在男性和女性的大样本测量中得到证实，结果也会显示存在重叠的部分，而不是两个完全高度差异化的群体。简而言之，这意味着一部分女性会表现得像男性，而一部分男性会表现得像女性。即使男性和女性之间存在明显的生理差异，比如肌肉质量，但在性能表现上并没有那么巨大。不到五十年前，这种差异被放大到女性被认为太弱而不能参加马拉松比赛的程度，因此女性被禁赛。如今，我相当肯定保拉·拉德克利夫能够在马拉松比赛中击败 99% 以上的男性，而女性参加马拉松比赛的人数也在逐年上升。虽然男性的平均力量 / 速度超过女性，但两者也有大量重叠。

典型的“男性”特质，如攻击性、高性欲、较差的语言/社交能力、看地图的能力、不愿问路等，也可以在女性身上发现。20世纪的女性解放运动使得女性得以自由地表达她们的性欲和攻击性，她们也表现出以前只属于男人的恶习：吸烟、酗酒、反社会行为、斗殴，等等。而与人们普遍认为的相反，许多男人能够同时处理多项任务。

这些差异是生物上的还是环境上的？男孩是否有打架、偷窃和警察对着干的遗传倾向，还是社会鼓励这些行为？男孩们被鼓励玩混战游戏，如果有必要，要用武力捍卫自己的权力。毕竟，男孩就是男孩。女孩是否有抑郁和饮食失调的生理倾向？还是社会在某种程度上鼓励这些？女孩被鼓励关注自己的外表，不鼓励对他人表现出愤怒和攻击性。很难找到证据证明这些，因为还没有一种文化能够消除父母、教育或社会中的性别偏见。我认为，如果你刻意寻找那么一定能找到真正的性别差异，但正如我们已经看到的，早期环境会塑造孩子的大脑，它会放大性别差异。最关键的是，社会赋予了这些微小差异重要性。

最后……即使你认为我所说的一切都是无稽之谈，并且坚信存在压倒一切的生理上的性别差异，你是否同意人类安全感的基本要素——温暖、爱、赞扬、情感和指导——是普遍的，而不是某个性别所特有的？那么，为什么要因为性别的不同而区别对待男孩和女孩呢？重要的是，我们是一样的。

那么，当我们发现，除了我们对待男孩和女孩普遍存在的无意识偏见之外，最近还出现一种刻意区别对待的养育方法，会不会觉得很恐怖？我认为，在基于性别的社会压力的主导下，制订的专门针对不同性别的育儿计划，会使旧有的性别刻板印象永久化，这是有害的，是一种倒退。社会正在朝着性别平等的方向发展，为什么养育要有所区别呢？我们应该在养育和教育领域呼吁停止性别偏见。但这并不意味着我们总是要对男孩和女孩一视同仁，这意味着我们把每个男孩和女孩都作为独一无二的个体来对待，给他们平等机会去探索自己的女性特质和男性特质，无论他们的生理性别是什么。

解药

我喜欢最近爆发的旨在鼓励女孩进入传统男性领域的运动。英国体育局一场光彩夺目的广告宣传活动展示了各种身材和肤色的普通女孩和成年女性享受体育运动。表面上是关于运动和健身，但归根结底是关于自尊。它的潜在信息是，女性应该对自己的身体有信心，这也是为什么这项运动如此受欢迎。还有一些其他积极的运动使妇女获得学习数学和科学的权利，要志存高远，雄心勃勃。太棒了！尽管在过去的一百年里，女性取得了很多成就，但我可以证明，她们仍然低估了自己在职场上的能力，我非常欢迎媒体的这种鼓励。

然而，它本身并不起作用。

我怎么知道的？因为我和其他所有在 20 世纪 90 年代就读于一所雄心勃勃的、高期望的女子学校的女孩，早就接受过这些信息。我们早已志存高远，让旗帜继续飘扬。然而，就像我们之前的几代妇女一样，我们在前进的道路上遇到障碍——当我们进入企业的高管层，或者当我们怀孕时。我们中的许多人甚至因自己在学校时受到的鼓励而感到痛苦，因为我们被灌输了一个社会还无法圆的梦。

最终结果是女性能改变的只有这么多，社会也必须发挥作用。仅仅通过广告宣传鼓励女性“改变”（这是鼓励她们变得更加自信和有抱负的另一种说法），以适应已经存在的男性化的社会组织是行不通的。事实上，它延续了这样一个误解，即平等尚未实现的原因是女性没有付出足够的努力去改变：“她们不主动”“她们回避领导职位”“她们选择退出”。这些破绽百出的论调对许多在高水平专业领域中被性别歧视、霸凌和大男子主义文化拒之门外的女性视而不见。（这也让许多男性望而却步。）此外，事实是，如果社会想要有下一代，就得有人照顾孩子。我们很多人都坚信这是父母的职责。如果我们继续片面地赋予女性权力，让她们从事有价值和有地位的职业，那么社会如何解决“养育子女”和“家庭生活”的问题？任何一位精神病学家或心理学家都会告诉你：照顾孩子和养育并非同一回事。仅仅赋予女孩权利并不能解决问题。

解决方案是什么？

我认为，每一个“女孩可以做过去人们只期待男孩做的事”的广告，都应该有一个相应的“男孩可以做我们做过去只期待女孩做的事”的广告。拍摄男孩们哭泣，谈论他们的情感，帮助其他孩子、阅读、画画、跳舞、装扮成公主的镜头。拍摄男人贴创可贴、倾听女同事的想法、和女儿聊天、照顾年迈的父母、帮助孩子做家庭作业、接孩子放学、洗衣服、打扫房间、给家庭做晚餐的镜头。这些都是让英国继续前进的活动。英国的经济引擎不只是董事会，还有全国各地的客厅、餐厅和厨房。没有这些家庭引擎，没人能外出工作。只要这些活动的价值被低估，并被定义为“女性的”或较低层次的任务，女性就无法走出家庭，总的来说，对女性的尊重就会很少。

小贴士：选择和表达的自由

· 注意你的语言。

语言无处不在，这就是为什么战胜它如此之难。每一个传统的故事和历史都带有性别刻板印象。我们选择使用的每一个词都可能带有性别偏见（有野心的男人/强势的女人），甚至“当爸爸”和“当妈妈”这两个词的意思也完全不同（前者意味着让一个女人怀孕，后者包含着溺爱的意思）。我的观点是，语言是一个不错的出发点，因为它是我们的文化和社会的组成部分。为此，我希望你们能理解，在这本书中，当我说“家长”时，我用“父母”这个词，而不是“母亲”。大多数和养育有关的科研论文、新闻、网站和媒体都不这样。由于“父母”如此根深蒂固地被等同于“母亲”，要做到这一点也比我想象的要难，哪怕我是一个坦率而自豪的女权主义者。

· 允许自由选择课外活动。

在选择课外活动时，我的两个孩子都有机会参与对方（异性）选择的项目。所以当莫莉想跳芭蕾的时候，D也有同样的机会。当D想下棋和踢足球时，莫莉也有同样机会。结果，D拒绝了芭蕾，选择了街舞，而莫莉下象棋、踢足球。父母可以通过为孩子安排课外活动塑造孩子。然而比利·艾略特(《舞出人生》故事原型，芭蕾舞演员）一开始被送去学拳击，而不是芭蕾。

· **游戏。**

我不知道这是否有科学依据，但我发现有姐姐的小男孩更喜欢玩洋娃娃和厨房套件。然而没有任何兄弟姐妹的男孩或家庭中的长子通常不这样。他们的卧室风格是男性化的，充满了汽车、球、乐高玩具和丛林动物。许多父母认为男孩不应该玩洋娃娃。如果我没有女儿，我会给我儿子买洋娃娃和厨房套件吗？说实话，我不会。但我想说的是，很多男孩喜欢这些，应该允许他们去探索这些玩具，就像不应该拒绝女孩去踢球打球、玩乐高和汽车一样。如果我们想让男人关心家庭，参与家庭事务，他们需要从小就练习这些技能，并且知道这些是有价值的。对于女孩而言，她们对科学和体育的投入也是如此。在孩子生命的最初几年里，父母提供给他们的玩具和环境，哪怕不是全部，也在很大程度上决定了孩子第一次接触这个世界的经验。在这个年龄，环境的限制将影响终身。

许多男孩和男人已经这样做了，但他们需要知道自己的努力值得赞赏。那些不参与家庭事务的人需要得到允许，并有能力去做，否则任何赋予妇女权力的方案都将徒劳无功。如果我们想让女性进入董事会，就需要男性能进入托儿所。只要我们继续把野心、抱负、决心和冷酷视为唯一值得奖赏的美德，就意味着我们在贬低和损害同样宝贵的美德，即同情、忠诚、理解和敏感。如此一来，我们将拥有这些特质的优秀人士（男性和女性）边缘化，我们将用扭曲和失衡的理想创造下一代。在赋予女孩权力的同时，我们还必须把重点放在教育男孩上。为了平衡那些试图赋予女孩权力的运动，我们迫切需要一些运动来赋予男孩成长为真正的自我。

如何让孩子拥有身份认同感？

我谈了很多关于角色扮演作为孩子学习工具的重要性。如果我们想让孩子在没有性别刻板印象的限制下成长，最好的起点是在家里。在这里，许多家庭（包括我自己的家庭）已经摔倒在性别中立养育的第一个障碍前：性别中立的父母。正如我之前所说，在这本书中，我使用“父母”这个词，一个刻意中性的词，因为我在写书的过程中考虑到母亲和父亲双方。然而，以防这条信息没有被人完全理解，以下是我对这个问题半开玩笑的看法：

性别中立的父母

男人可以换尿布吗？

是的，他能。（宇航员用各种尼龙黏扣把东西系牢，而宇航员主要是男性。污水处理厂的工人处理粪便，他们也主要是男性。）

男人可以做蔬菜泥吗？

是的，他能。（我在《厨艺大师》上见过很多男人这样做。）

男人可以用奶瓶喂牛奶或配方奶吗？

是的，他能。（兽医和农民一直用奶瓶喂小羊羔。他们主要是男性。）

男人能给瓶子消毒吗？

是的，他能。（科学家们总是给他们的设备消毒。他们主要是男性。）

男人能洗衣服吗？

是的，他能。（单身汉做这些毫无问题。）

男人能做饭吗？

是的，他能。（大多数专业厨师都是男性——尤其是那些高薪厨师。有意思吧。）

男人会唱童谣吗？

是的，他能。（贾斯汀·弗莱彻，英帝国勋位军官：男性。）

男人能带孩子去看医生吗？

是的，他能。（无任何技术含量的任务，谁都能做。）

男人可以去托儿所接孩子吗？

是的，他能。（无任何技术含量的任务，谁都能做。）

男人能读懂从学校寄回的信吗？

是的，他能。（任何有文化的人都可以做到这一点。）

男人能检查孩子的家庭作业吗？

是的，他能。（如果他有能力完成家庭作业，就有能力去检查家庭作业。）

男人能从学校接回一个身体不舒服的孩子吗？

是的，他能。（无任何技术含量的任务，谁都能做。）

男人能把名牌熨在衣服上吗？

是的，他能。（如果他能熨衬衫上班，他就能做这件事。）

男人可以在同意书上签名吗?

是的，他能。（我想他可以写自己的名字。）

男人能做复活节帽子吗?

是的，他能。（梅克先生是个男人。）

男人能和孩子一起读书吗?

是的，他能。（任何有文化的人都能做到这一点。）

男人可以面试保姆 / 互惠生 / 临时保姆吗?

是的，他能。（许多男性会在职场面试员工。）

男人能去参加家长会吗?

是的，他能。（无任何技术含量的任务，谁都能做。）

男人可以给一个拥抱吗?

是的，他能。

就是这样。这是一份来自医学、遗传学、精神病学和心理学专业人员的观察证据。没有任何医学、遗传学、精神病学或心理学方面的原因，可以解释为什么男人不能做以上任何一件事。

如果男人不做这些事情，只有两个原因：

1. 男人不想做。

2. 女性不想让他们做（她们不想和伴侣唠叨或争吵，她们想要掌控养育和家庭）。

我希望你能以一种轻松愉快的态度来看待这一切。我是一个女权主义者，但没有“厌男症”。相反，我爱男人，我重视男人，我相信他们能给他们的孩子带来比薪水更多的东西。在养育子女方面，男性是一种高技能且未得到充分利用的资源，他们理应摆脱配角的安排，应积极鼓励他们的参与。正如董事会里的性别平权有利于公司一样，父母的平权也有利于孩子成长。有些男性可能会用不同于女性的方式养育孩子，就像有些女性可能用不同于男性的方式领导公司，而新的思路和方法总是受欢迎的。

安德鲁在带薪休假期间要照顾七个月大的莫莉，他没有带她去上我带她去上的音乐课，而是买了一辆慢跑童车，和她一起跑了好几公里，去了一个小型训练场，她坐在那里看他做仰卧起坐。这完全不是我想做的，但是，嘿，莫莉还活着，谁能说新鲜的空气和肾上腺素比一个热情过度的年轻人鼓励我摇铃铛更糟糕呢？如果有更多的男性积极参与育儿，如果有更多的女性允许他们这样做，那么，职场和社会中的平等就会随之而来。

角色困境：为什么爸爸总是那个“缺席的家长”？

几个月前，我参加了一场关于产后抑郁症对儿童影响的精彩演讲。正如我之前提到的，对孩子来说，由于在出生后的第一年婴儿大脑进入快速发展期，因此这种影响会持续到母亲抑郁结束之后，直至终身。目前有许多临床试验寻找治疗产后抑郁的方法，以防止对孩子的不良影响，例如认知行为治疗（CBT）和抗抑郁药，但效果微弱。

当谈及可能的解决方案时，人们给出了相似的答案：增强意识，为母亲提供更多的 CBT 资源；以及一些医疗创新：大量使用催产素鼻腔喷雾剂。催产素是在怀孕和哺乳期间释放的一种“母性的”激素，研究发现，给大猩猩打催产素会增加它的“母性行为”。

我举起手来，我试探性地说：“嗯——让爸爸们站出来承担起养育孩子的责任不是更容易吗？”如果最好的抗抑郁药不利于母乳喂养，CBT 需要很长的治疗时间，人们不应该指望像催产素这样尚未开发出来的新药“治愈”母亲，而应该寻求额外的支持，可以接手与婴儿之间的“温暖、爱、响应式养育、参与和社会互动”。线索就在“父母”这个词上，爸爸也是父母。

令我惊讶的是他们的反应。

也许我问了一个愚蠢的问题，也许有大量的把父亲排除在抚养孩子之外的研究我尚未读过。一阵尴尬的沉默，仿佛我违反了某种神圣的潜规则。坐在第一排的尊贵的男同事们低声议论着一些什么。演讲者是一个可爱的男人，但显然具备他那一代人固有的意识形态，他大概是这样回应我的问题的：“是的，但是父亲们已经为妻子们付出很多，父亲们常常在工作。”

天啊！

我怀疑我回到 20 世纪 60 年代。

这真的是在 21 世纪吗？我那受人尊敬的、荣耀的、有才华的、有爱心的职业还停留在时间隧道里吗？几十年前，我的前辈们给“母亲”加上“冷若冰霜的”“精神分裂症源性”“足够好的”这些前缀，治疗中强调“告诉我关于你母亲的一切”，还有无数强调与母亲的关系、对母亲的依恋的重要书籍——我们难道还没有把母亲的原初重要性转移到婴儿身上吗？

亲子关系：母亲与父亲，谁才是养育的主角?

· 亲子关系和积极响应对婴儿至关重要。

· 通过怀孕、分娩和母乳喂养，生物学会为母亲提供一些比父亲更有利的条件，一旦母亲停止母乳喂养，这种荷尔蒙驱动的优势就会丧失。在英国，仅有不到 30% 的母亲在宝宝六个月大时仍在母乳喂养。

· 有些母亲不具备这种优势，对婴儿不感兴趣。

· 有些母亲患有产后抑郁症，完全不能或非常难建立亲子关系，也无法积极响应孩子。

结论应该是，那些强烈希望与孩子建立亲子联结、那些愿意照顾孩子的父亲与母亲一样，也同样有能力与孩子建立亲子关系和养育孩子。一旦母亲停止母乳喂养，在提供支持婴儿发育所需要的爱、关怀和养育方面，她们和她们的丈夫生理地位平等。如果母亲患有产后抑郁症，或者出于某种原因对养育子女不感兴趣或无能为力，那么父亲更有可能提供爱、关心和支持（前提是他既不冷漠，也不抑郁）。

然而，并没有证据支持这一点。

只有一堆又一堆针对存在养育困难的母亲抚养孩子的不良后果的研究。这是为什么呢?

“不可或缺的母亲”的神话

在过去，养育和照料孩子是母亲的职责。因此，随着时间的推移，关于母亲养育的证据越来越多。写研究申请的人和为研究提供资金的资助机构都希望看到他们资助的工作有“证据基础”。很少有人对父亲作为婴儿的主要照顾者进行研究，哪怕直到最近几十年，这种事情也很少发生。即使在今天，绝大多数养育领域的研究项目都在观察母亲和她们的孩子。没有证据表明父亲可以照顾孩子，但同样也没有证据表明他们不能。没有强有力的科学证据表明母亲的照料比父亲的要好。

本·高达克（他写过关于“伪科学”的文章）迷们知道，为了有力地证明这一点，科学要求的是盲性研究和对照研究，随着时间的推移，样本量逐渐增加。换句话说，你必须追踪研究一大批主要由男性抚养的婴儿和另一群主要由女性抚养的婴儿（经济、教育和社会因素匹配），而这些孩子不知情——不知道他们是由母亲还是父亲抚养。

猜猜怎么着？这种情况从未发生过。由于越来越多的同性恋父母的出现，自然观察法现在才成为可能。我们应该很快就能科学地比较两个爸爸和两个妈妈的养育情况，并能回答母亲养育的必要性的问题。但在证据出来之前，我不赞同“专家”在他们的建议中投入如此多的性别偏见和评判。

养育的未来

从我与同性恋家庭合作的经验来看，有些男性已经成为非常好的父母。我所见过的同性恋的爸爸们（无论是从个人角度，还是从专业角度）都有着很好的给予爱的能力，温暖，养育孩子时尽职尽责。所以，我不理解为什么要用两条 X 染色体来换尿布、炖汤和唱《公车上的轮子》。如果有人能找到这方面的证据，请发表出来。在我看来，在 Y 染色体中，没有什么固有因素会妨碍良好的养育；让我们面对现实吧，是社会、专家、媒体，甚至是你我阻碍了这方面的进步。许多人仍然很抗拒进行可能会支持父母教育能力平等的研究和数据分析。

我认为是时候挑战那些在不那么平等的年代里得出的不公平的证据了，是时候产生关于“父亲”的新的科学证据了。我的职业应该站在这项研究的前沿，帮助消除父母在养育子女方面的性别偏见。当我们在工作场所慢慢走向平等的时候，我不明白为什么儿童精神病学家和心理学家不能在父母的责任和照顾孩子的问题上做更多的工作来促进性别平等。与此同时，政府倡议将越来越多的儿童照料工作交给国家。我们需要重新掌管育儿这件事。父母双方应尽可能地协调一致，性别无关紧要。父亲陪产假的出现是朝着正确方向迈出的一小步，还有更多的事情可做。

我再次想起哈洛的灵长类试验。那只小猴子选择躺在用人造毛皮覆盖的金属猴子身上，这样可以给它带来温暖和舒适的感觉，而不是那只喂它牛奶的金属猴。重要的是爱，而不是乳腺。我坚信，父亲和母亲同样有能力做到这一点。

母亲如何适应角色：婴幼儿期

我尊敬的同事们没有意识到，在这个时代，许多母亲也在工作。许多母亲也是养家人，她们热爱自己的工作，并且在工作中表现卓越。我爱孩子，当我怀孕的时候，我非常开心。我一直想要孩子，事实上，我是同龄人中第一个怀孕的。我完全没想到我会出现心理障碍。

孕产妇适应障碍

这不是一种真正的心理障碍，但它应该是。适应障碍是一种真正的障碍（已经被世界卫生组织的精神健康分类收纳），我把“孕产妇”这个词放在“适应障碍”前面，来描述我和我认识的许多其他母亲在第一次成为母亲时的感受。

对适应障碍正确诊断的描述是“一种主观痛苦和情绪紊乱的状态，通常会干扰社会功能和行为表现，并在适应重大生活变化或生活压力事件的后果时出现”。压力源可能影响个体社会支持网络的完整性，或更广泛的社会支持和价值观体系。压力源包括移民、丧亲以及对疾病或残疾的适应，那么为什么不能是当代的母亲呢？

生孩子是一个重大的人生改变。我发现令人苦恼的不是那些显而易见的事情——失眠的夜晚、经济压力、母乳喂养等，而是女性在成为母亲那一刻所经历的身份和权利的微妙而又剧烈的变化。尽管我很想说，这种人生改变的经历对两性的影响是平等的，但不幸的是，我不认为真的如此。对于大多数家庭来说，首当其冲的是母亲。当然，这是一个现代现象。哪怕一代人之前，女性仍然在没有经济独立、经济自主的环境中长大。因此，成家立业之时，她们并没有感到很大的损失。她们原本处于不平等的地位，在怀孕生子之后继续处于同样的地位，因此几乎不需要做出调整。

身份危机

在生孩子之前，我一直经济独立。我对自己作为医生的身份，以及我聪明的同事和朋友们都非常满意。我有一份丰厚的薪水，我租了自己的公寓，拥有自己的汽车，我自己赚钱买我想要的任何东西。有一些时候，安德鲁住在我的公寓里，开我的车。另一些时候，我住在他的公寓里，开他的车。我们分担家务，是 AA 制的亲密关系。那么，哪里曾写过，一旦你生出一个西瓜大小的东西，你和你的伴侣、社会、你自己的身份之间的契约就必须被你的胎盘撕毁？从那时起，我不再是我自己，我是安德鲁夫人，尽管我一直保持自己的姓氏，但一旦莫莉和 D 加上他们父亲的字母组合，我不可避免地被称为安德鲁夫人。我坚决拒绝更改护照上的名字，这导致我在希思罗机场被怀疑拐卖儿童而受到审讯。当时，由于我们的姓氏不匹配，这位官员怀疑我与两岁的莫莉的关系。谢天谢地，莫莉救了我们。当时，我的女权主义开始咆哮："用丈夫的姓氏是一种过时的歧视的做法。"当着这位官员的面，莫莉说："妈妈，你为什么这么生气？"

当然，就身份而言，我仍然是一名医生，但并不是我原本想成为的那种高高在上、在临床和学术上备受推崇的医生，也不是那种坐飞机去参加国际会议的专业人士。许多像我这样有进取心的父母所面临的最艰难的决定是在职业生涯和孩子之间做出选择，我尊重个人的选择，因为我知道这是一个非常艰难的决定，大多数情况下，我们都不得不在进退两难的情况下做出决定。

就我个人而言，我很幸运地嫁给了一个有能力偿还抵押贷款的人，因为我的税后收入只够为两个孩子提供体面的托儿服务。安德鲁的工资比我高很多，所以我们从没有真的想过让他放弃工作去照顾孩子。钱的问题并非是做决定的主要动力：我可以工作赚钱支付育儿费，也可以自己照顾孩子。前者更有利于我事业的发展，后者对我的孩子更有利，但眼前的经济差异可以忽略不计。另一方面，即便是在国内，安德鲁经常也是在早上六点半之前出门，晚上八点才回来，所以很多时候，养育孩子的责任都落在我身上。我感到了这份责任的分量：我们的孩子的成长取决于我。作为一名儿童精神病学家，我多年来一直在倾听并帮助那些挣扎的儿童和家庭，如果不实践我所宣扬的“花时间和自己孩子在一起”似乎很不合情理。在孩子和事业的斗争中，孩子必须胜出。

因此，尽管直到完成专业训练，我一直在全职工作，但我决定只接受顾问职位，每周最多工作三天，这样我每周至少都有几天可以和我的孩子在一起。在一个每天晚上工作到十点，甚至周六也被认为是工作日的行业里，每周工作时间如此之短着实令人不满。我曾希望在一个以女性为主导、关注儿童的专业领域情况会有所不同，但在咨询师圈子里，情况并非如此。为了家庭，我接受那些允许我每周工作三天的职位，接受薪水远低于资历的现实。当朋友们和同事们在专业领域攀登顶峰时，我只能在旁边看着。这个时期，挫败感、眼泪、自我憎恨和绝望是免不了的。我没有预料到的是，最具有破坏性的竟然是身份的丧失。当我被剥夺了一份有名望和高薪水的职位后，那种感觉真是难以描述。一方面，离开我一直为之奋斗的事业的确让我感觉轻松了许多，但身份和地位的丧失也让我非常痛苦。

我心不甘情不愿地带着刚生完孩子的赘肉去健身房报名，接待员在听完我对工作情况的描述之后，在职业那一栏写上：家庭主妇/医生。这几个字让我感到很受伤。

我从不认为自己是家庭主妇。母亲，是的，但不是家庭主妇。我觉得我绝不会、恐怕也没有能力给丈夫补袜子（尽管婆婆曾主动教我）。我经常和安德鲁开玩笑说，我正考虑放弃我的职业，去经营一家亏损的精品店，他必须为我出资以让我保持沉默。

我当然是在开玩笑，但有些笑话说出了大实话，在这个国家，有无数受过高等教育的基金经理/律师/医生/管理顾问/科学家/会计师都在接受培训，以成为营养学家、室内设计师、助教、综合治疗师、亏损的精品店老板，这样她们才有可能兼做母亲。（这些职业没有任何问题，女性经常转向它们是因为它们提供了更多的灵活性，不需要那么长时间努力训练的积累。）

我认为这种身份剥夺感足以造成“主观痛苦、情绪困扰和干扰社会功能的状况”“影响个人社会网络的完整性”。工作不仅关乎金钱，还关乎尊严、智力刺激、友谊和智性的交流。失去这些，取而代之的是整天和其他疯狂的妈妈讨论婴儿粪便是否正常，对着一个不会说话的婴儿唱“盘子里有果冻”，老师/父母/朋友/超市收银员/随便哪个陌生人都可以随时指责你，恣意提供育儿建议，看你的眼神就像是在看一个白痴，这真是天壤之别。如果你觉得这不过是一个女人“絮絮叨叨的抱怨”，她们应该为能够在家中照看孩子、经济上依靠丈夫感到幸运，请想一想，男性一直面临退休所带来的类似状况，众所周知，退休损害了他们的心理健康，甚至导致其过早死亡。所以，适应障碍真实地存在，可能是彻底抑郁的前兆。

权力的转换

同样有害的是婚姻关系中权力的不知不觉的转移。安德鲁第一次（也是最后一次）敢对我说“你把我的钱花到哪里去了”时，我真是如鲠在喉，无言以对。自从毕业以来，我从来没有需要别人允许我花钱。我自己挣钱，我按照自己认为合适的方式花钱。然而，随着带薪工作时间减少，收入也减少，我们关系中内在的权力格局发生了变化。当我“更多地待在家里”时，不知何故，我们很默契地知道，那种共同洗衣、做饭、打扫房间和做家务的日子已经结束了，我们心照不宣地认为钱是“要来的”，是“善意地给予”。我有一种无法排解的担忧：如果最糟糕的事情发生了，如果我们的关系出问题了怎么办？在我的职业生涯中断之后，我怎么生存？养老金受损，等我老了怎么办？或者更糟糕的是，我会因此再也不敢离开这段关系吗？幸运的是，我足够坚韧可以为自己辩护，如果安德鲁再次提“他的钱”，我可以礼貌地请他“一边凉快去”。我开始计算他实际上欠我的工资，包括失去的职业机会、儿童保育、家政服务，以及他孩子的教育和医疗卫生费用。但我可以看到，如果我没有纠正他，我的自尊——以及我们之间的关系——都会受到侵蚀。这也使我下定决心不会完全放弃我的事业，我知道有时候放弃是最容易做的事情。

正是在这种生活中需要更多目标和身份认同感的情况下，我开始尝试写作，起初是为了恢复理智，后来是出于享受。我慢慢地但是确定地感到自己信心增长，我开始意识到，即使这个体系不能同时支持我工作和照料孩子的需要，我也可以用我的技能来养活自己。我开始和朋友们谈论 NHS 以外的工作，尽管我很喜欢 NHS，但由于我坚持有限的工作时间，它以我缺乏足够的野心、职业道德和奉献精神拒绝了我。我开始和一些朋友一起做一些私人职业的工作，这让我对自己的能力更有信心，同时也带来了越来越多的机会。最终，NHS 接受了我每周工作三天的条件。更好的是，写作，原本只是我自我治疗的手段，却最终带来了写这本书的绝佳机会。

小贴士：内疚感

母亲很大的心理负担是内疚感。我承认，在生孩子之前，我是一名让母亲们感到内疚的罪犯。在过去，如果父亲带孩子来诊所接受心理评估，我会想："母亲呢？这是问题所在吗？"如果一个孩子是母亲带来的，我从来没想过他的父亲在哪里（我会猜想父亲可能永远失踪了，或者是在工作）。好在我现在已经没有这种偏见，但我知道，这种偏见在与孩子打交道的专业人士中很普遍，这可能是造成母亲内疚感的一个主要原因。

当莫莉和 D 在托儿所生病时，我总是比我丈夫先接到电话，尽管托儿所有我们俩的电话号码。只有在联系不上我的时候，老师才会给安德鲁打电话。牙医、医院、教师、验光师——即便我们都是全职工作，但基本上任何与孩子打交道的专业人士都会打电话给我，让我处理与孩子有关的任何事情。言外之意？无非是孩子是母亲的责任，父亲的工作更重要。为什么呢？

更糟糕的是，母亲甚至会因为父亲的罪过而受到谴责。安德鲁去托儿所接莫莉和D时经常迟到，当他终于到达时，托儿所的工作人员并不会责备他，反而态度和蔼可亲。然而，第二天他们却因为这件事而责备我。我立刻反驳说，迟到的是我丈夫并不是我。他们承认了这一点，并让我告诉我丈夫以后不能这样。幸运的是，那天早上我很坚定地对他们说："你知道，如果我告诉他，他会觉得我在唠叨抱怨。如果你在工作时间给他打电话，亲自告诉他，效果会好得多。"令我吃惊的是，幼儿园的老师面露难色，她说："我可以这样做吗？"这是我第一次意识到这一切是多么不公平。专业人士更乐于批评职场女性的育儿方式，但不敢批评职场男性，"B太太，"我说，"我不仅允许你这样做，而且如果你这样做了，我会很高兴。"

因此，我的首要建议是，如果你是一名与儿童打交道的专业人士，无论是教师、托儿所的工作人员、助教、医生、护士、牙医还是其他人士，请公平地对待父亲和母亲，让他们都承担起养育的责任。责任分担，内疚感也减半。

我并不孤单。受挫的妈妈重新掌握命运的故事如此常见，以至于"母亲企业家"一词应运而生。这些都是富有进取心、受过良好教育、才华横溢的女性。难道不是到了改变体制来留住这些人才的时候了吗？我知道许多公司正在推出“重返工作岗位计划”，这只是一个开始，但机会太少也太晚。企业运营这些项目所需的培训成本巨大，而母亲们需要重新接受培训，以便从事他们以前能够胜任的工作，这是一个巨大的障碍。公司一开始就不应该让这些女性离开。对于父母双方而言，兼职和灵活的工作时间是更好的解决方案。

母亲如何适应角色：童年时期

随着孩子的成长，想要平衡工作和生活的两难局面也发生了变化。当孩子们被送到学校之后，父母的参与就会减少，因为一天中大部分时候照顾孩子的工作交给了学校。不幸的是，即便孩子已经到了学龄，也并不意味着职业父母的难题已经终结。在我得到来之不易的伦敦 NHS 咨询工作之前，我虽然每周只工作三天，但这仍然意味着我不能再每天送孩子上学了。我不知道是谁想出的每天早上 8:50 开始上学、9:00 上班的制度，在伦敦谁能在十分钟内赶到办公室？又有多少保姆愿意每天只工作一个小时，仅仅是来送孩子们上学呢？

然后，还有放学后的看护。我很幸运，一个星期有两天，我母亲可以在孩子放学后照看他们。我说“幸运”,但其实这和运气并没有多大关系。为此，我特意搬到了伦敦的另一边，尽管那里离我工作地点相当远。结果，为了能够离我妈妈近一点，我每天不得不忍受 75 分钟的上下班路程，但对我来说，这是可以忍受的，因为我绝对相信妈妈会帮我照料孩子。每周我只有一个下午需要付费请人照顾孩子，所以我并不考虑请保姆或互惠生。而且，不管怎样，我一直努力在找一份兼职工作，以避免需要托儿服务。有一年夏天，我遇到几位年轻女性，她们有可能每周有一天下午能在放学后照看孩子，我选择了其中一位，并祝贺自己解决了这个问题。开学前一周，我发短信与这位女士确认安排，却发现无论如何联系不上她。我突然感到极为痛苦：就在我即将重返职业生涯之际，我又一次被这样一个烦人的问题击倒：谁来照顾我的孩子？

我想过在学校里和家长们组织一个早餐俱乐部，大家轮流来照看孩子，或者付钱给莫莉或 D 班上的另一个家长来照顾他们俩。我研究其他家长可能感兴趣的课程。每一个“异想天开”的计划都失败了，我深受打击。就在那时，我突然灵光一现，找到了解决办法。它是如此简单，以至于现在回想起来，我不敢相信自己没有立即想到它。

在告诉你我的解决方案之前，我想和你分享一个古老的脑筋急转弯。

一个从未见过父亲的十几岁的男孩，发生了一场可怕的交通事故。他被紧急送往医院，直接进入急症室。外科医生围成一圈准备动手术，但就在这个时候，主治医生看着男孩的脸，倒抽一口冷气：“我不能给他做手术，这是我的儿子。”发生什么了？

就在你猜测这名外科医生如何认出这个男孩是他儿子之前（比如，他们长得太像了），我想告诉你，答案很简单：外科医生是男孩的母亲。

是的，这是一名女主刀外科医生。

我“新颖的”解决方案

你可以看到，我们中有多少人被性别偏见蒙蔽了双眼。所以你可能没有猜到我的解决办法是让安德鲁参与进来。他被要求至少在我上班的某一天把孩子送到学校，还要安排孩子们每周去一次课外俱乐部。当我意识到父亲们实际上可以承受每周例行的育儿任务，而不仅仅是周末的时候，我感到非常吃惊，而我的要求也让安德鲁很惊讶。在我没完没了地抱怨我们该如何付钱给“世界上任何一个人”来照料孩子的时候，他却一次都没有暗示过这也是他的责任。当然，随之而来的是典型的牢骚：“我的工作很重要……”“不可能……”“钱……”“影响晋升……”“废话……”“废话……”“废话……”

然而，我碰巧知道他的一位同事能够设法晚一点上班，以便每周有几天可以送孩子上学。这位同事刚刚离婚，并花了一大笔钱争取到孩子的共同监护权。对他来说，能够送孩子上学是一种特权。因此，我向我亲爱的丈夫指出，我正在给他这种特权，而他不用支付离婚和监护权之争的费用。我们讨价还价！

不过，认真地说，照顾孩子不是我们共同的责任吗？为什么这个问题总是落在母亲身上？即便父亲在照顾孩子，往往也是因为母亲告诉他们要这么做，并给他们明确的指示，告诉他们东西在哪里，该做什么。有一天，我刚打扫完厨房，就请安德鲁为莫莉的学校旅行准备午餐。他回答说：“好的。但午餐要准备什么呢？”我没有回答这个问题，以免显得我很重视它。一个收入颇丰的成年人应该有能力自己解决这个问题。就我个人而言，我希望有一段时间不去思考和计划如何养育孩子，也不做任何事。

父亲角色的变化

然而，在我抱怨的同时，我知道时代在改变。性别角色正在发生缓慢的变化。正如我这一章中一直在说的，在过去五十年里，女性角色发生了巨大的变化，女性几乎可以在所有的职业中身居要位，而女孩在所有教育评估中都胜出男孩。现在，男人需要面对自己内心的挣扎，适应新的社会秩序。

当然，情况已经明显不同。在过去，父亲的职责是养家糊口：要让家庭衣食无忧。父亲是一家之主，常常让人畏惧，在情感上与家人疏远。你只需要看 20 世纪的电影，就能看出过去的父亲和当代父亲的区别（比如《欢乐满人间》《彼得潘》和《音乐之声》）。再往前追溯，你会看到灰姑娘的父亲并没有死（迪士尼的版本），而是与继母合谋奴役她。有意思的是，灰姑娘的父亲从来没有被描述为一个“邪恶的”父亲，这个形容词专属于继母。（在那个年代，父亲很自然地把家庭事务都交给妻子，而且显然不觉得有必要介入，哪怕他们的孩子被人当作奴仆一样虐待，被迫睡在壁炉里。）

很不幸，对于一些男性来说，改变的压力非常大，已经导致一种身份危机。他们的父亲穿着烟斗和拖鞋，母亲穿着围裙烤肉，他们从小就被教育要相信自己的角色和自我价值在于他们的事业。因此，他们的工作时间越来越长，理由是“这对家庭有好处”。他们担心，如果他们安于一个不那么显赫的职位，会被同伴嘲笑，会被视为“失败者”，或者对女性没有吸引力。

然而，越来越多的男性拒绝这些传统的男性范式。当年，作为一个新手爸爸，我丈夫用婴儿背带带着莫莉突然出现在邻居的化装舞会上，根本不理会化装舞会的主题。一位参加派对的客人说："嘿，打扮成一位住在郊区的爸爸真是个好主意。"他没有意识到孩子是真的，这不是化装舞会的服装，安德鲁真的是个住在郊区的爸爸。如今，自豪的新父亲胸前绑着一个婴儿四处走动的画面如此普遍，以至于它已经不能带来任何喜剧效果。胸前有一个婴儿，就像是挂上了竞选花环：对任何男人来说，这都是一种荣誉。

从迈克尔·麦金太尔《父亲的体验》，到杰米·奥利弗的《几分钟就能吃上一顿饭》，过去令人敬而远之的父亲形象 / 工薪阶层的形象正在逐渐被颠覆，取而代之的是理想的男性榜样与性感女星一起旅行的画面（我想到的是贝克汉姆和他的同伴们）。事实上，我非常肯定，未来那些强大而美丽的女性会积极地寻找那些愿意卷起袖子换尿布的男性，而不是那些希望在工作日结束时拿起一份报纸、喝一杯威士忌的男性。

小贴士：在家庭中，争取责任平等

我们所有人都应该推动伴侣之间应平等地承担家庭责任，关注政府公共部门和企业雇主的陪产假、弹性工作时间、工作分担、丰厚的薪水、高社会地位、兼职和家庭友好政策，以及如何以创新的方式为男性和女性提供灵活的工作方式。

这很好，因为父亲可以成为孩子们的榜样。他们可以向男孩子证明，做饭和打扫卫生并非超出他们的能力范围，也并非配不上他们的能力。他们所显现出的敏感，是一种力量而非软弱的标志，他们能向女孩示范，什么是我们希望女婿拥有的那种体贴的伴侣。在养育的过程中，第二种观点往往非常关键。父亲可以提供不同于母亲的视角，这样孩子可以接触到更广阔的世界观，他们可以平衡母亲的不足（我非常感谢安德鲁在我感到焦虑的时候他能保持更为放松的心态），更为关键的是，通过参与育儿，父亲更能理解和欣赏他们的妻子在做什么。看到现在的年轻男性满怀激情地为腌制鸡肉，为《英国达人秀》热泪盈眶，积极地想要和孩子们在一起，让我感到非常受鼓舞。如今，通往平等的最大障碍似乎是“各种机构”：比如政府、警察、军队、法律、银行、大型企业，可悲的是，NHS，仍然由传统的男性主义者掌管，他们尚未用开阔的眼界审视未来趋势——未来的男性和女性将推动工作—生活平衡的改变。

在我孩子们的眼里，我和丈夫是可以角色互换的父母。他和我一样有能力（尽管如此，我还是觉得我更胜一筹）在他们生病的时候安抚他们，给他们洗澡，为他们读书，检查拼写，看学校的演出，为他们做晚餐（尽管他倾向于认为他做得更好吃）和洗衣服。他同样能够让我的孩子们开怀大笑，理解他们的问题，了解他们的情况。晚上我可以睡得很安稳，因为我知道，哪怕我明天就死了，孩子们也可以得到很好的照顾，他们不会去清扫壁炉。

本章总结

帮助孩子建立一个稳健的自我认同是我自内而外的养育的最后一层。我认为，每个孩子都应该被当作一个独特的个体来对待，而不应该受到他们的性别或种族的任何限制。目前，无论我们认为自己多么自由，仍然常常无意识地延续性别偏见和性别刻板印象。这些内容根深蒂固地存在于我们的社会和语言之中。我们无意识的偏见会无声无息潜移默化地塑造我们的孩子，限制了他们的潜力。只有使我们自身和整个社会意识到这些问题，才能开始纠正自己的行为，从而纠正我们孩子的行为，并给下一代真正平等的机会。

/后记

在过去的八年里，我经历了人生中最美好的旅程。当然也少不了眼泪、恐惧和失眠，但是看到我两个哭闹、整天需要人给擦屁股的孩子成长为快乐、自信、聪明和善良的孩子，我所体会到的快乐和骄傲大大弥补了这些。我坚信良好的养育是塑造孩子的过程，在这个过程中，早期养育最为关键。我希望通过我所介绍的各种方式，父母不仅在能支持孩子数学和钢琴，而且在真正重要的领域——自信、自我控制、人际交流和善良——也为孩子提供支持。我每一天都在思考有关养育的问题，我相信我还会继续这样的思考，因为一日为母，终身为母。

能够与他人分享我的想法和经历，对自己是一种启示，也是一种荣幸，我真诚地希望它们能给你带来一些帮助、安慰和乐趣。既然基本的知识都已涵盖，我想知道未来会发生什么，以及我的育儿之旅的下一步。随着孩子们进入不可思议的童年中期，我也将进入亲子关系的下一个阶段，在这一阶段中，书中描写的那种紧张、直接、让人精疲力竭的参与必须后撤，让位于同样充满压力的“放手”过程。在为我的孩子们打造了一个强大的核心和坚实的基础之后，下一步就是支持他们，让他们继续找寻自己和身份的道路，让他们为自己发光。

祝所有的父母好运！

/致谢

如果没有许多鼓励我写作的人的支持，这本书是不可能出版的。谢谢你们！特别感谢克尔斯滕·韦斯特莱克、露西·皮克科和亚斯明·里亚尔他们阅读了本书的初稿。也要感谢所有订阅和评论我博客的人们，尤其是玛丽娜·索菲亚，她“喜欢”我的每一篇文章，她的支持性评论非常受欢迎，还有克里斯汀·陈、杰西卡·波依德和斯蒂安·韦斯特莱克的宣传工作。

感谢利蒂希娅·卢瑟福和沃森·利特尔的团队给我的手稿一个机会，并鼓励我使用社交媒体。我也非常感谢卡罗尔·汤金森、路易斯·麦克纳马拉、塔妮娅·王尔德和蓝鸟的团队，他们相信我的工作，并在整个过程中鼓励我。感谢他们的润色。

如果没有已故的艾伦·弗雷斯尔的指导，我不会有今天的成就。他让我第一次尝到了儿童精神病学研究的滋味。我非常感谢所有我有幸与之直接或间接共事的优秀教授和研究人员。感谢你们富有启发性的工作。特别感谢伊泽贝尔·海曼、帕特丽夏·里欧斯和菲奥娜·麦克尤恩在艰难时期给予的友谊和支持。感谢埃伦妮·派力奥科斯塔、史蒂芬诺斯·马尔特宙斯和苏珊娜·惠特韦尔给予的专业指导。

最为感谢我所有的朋友和家人，感谢你们给予我的全部支持，没有你们，就不会有今天的故事，尤其是苏川、希恩·钟、文岚、晴岚、梅·安妮、依云、弗雷德、索菲、佐伊、杰西卡、佩吉、凯蒂、塔尼娅、查特、袁和安东。